网络空间安全技术丛书

数字政府网络安全合规性建设指南

密码应用与数据安全

DIGITAL GOVERNMENT CYBERSECURITY COMPLIANCE GUIDE

Cryptography and Data Security

姜海舟 王学进 王少华 潘文伦 孙烁 柳晶 漆骏锋
李姝婷 陈彦平 罗影 刘文华 王鹏 何光辉 著

机械工业出版社
CHINA MACHINE PRESS

图书在版编目（CIP）数据

数字政府网络安全合规性建设指南：密码应用与数据安全 / 姜海舟等著．—北京：机械工业出版社，2024.5（2025.4 重印）

（网络空间安全技术丛书）

ISBN 978-7-111-75298-1

Ⅰ. ①数…　Ⅱ. ①姜…　Ⅲ. ①电子政务 – 网络安全 – 研究 – 中国　Ⅳ. ① D63-39

中国国家版本馆 CIP 数据核字（2024）第 051538 号

机械工业出版社（北京市百万庄大街 22 号　邮政编码 100037）

策划编辑：杨福川　　　　　　责任编辑：杨福川　董惠芝

责任校对：曹若菲　王　延　　责任印制：常天培

固安县铭成印刷有限公司印刷

2025 年 4 月第 1 版第 2 次印刷

186mm × 240mm · 16.5 印张 · 260 千字

标准书号：ISBN 978-7-111-75298-1

定价：89.00 元

电话服务　　　　　　　　　　网络服务

客服电话：010-88361066　　机　工　官　网：www.cmpbook.com

010-88379833　　机　工　官　博：weibo.com/cmp1952

010-68326294　　金　　书　　网：www.golden-book.com

　机工教育服务网：www.cmpedu.com

作者简介

姜海舟 北京海泰方圆科技股份有限公司董事长兼总经理，北京市正高级工程师，科技部科技创新创业人才，中组部、人社部第3批国家“万人计划”（国家高层次人才特殊支持计划）科技创业领军人才。曾任中国网信产业桔皮书副主编、《网信自主创新调研报告》编委会委员、大学生网络安全尖锋训练营尖锋导师。获技术发明专利10余项，参与编研多项行业标准，为推动我国网信自主创新的发展做出了积极贡献。

王学进 副研究员，专注于信息安全及其应用研究，曾获省部级科技进步成果一、二、三等奖，参与起草并已发布的国家标准和行业标准10余项，获技术发明专利10余项。

王少华 10余年密码应用从业经历，精通政务、金融、交通、医疗、教育等行业及相关场景的密码应用，具有丰富的商用密码解决方案及咨询规划服务项目经验。现任北京海泰方圆科技股份有限公司方案中心总监。

潘文伦 高级工程师，拥有近10年密码产业工作经验，专注于密码前沿技术研究、商密算法应用与密码标准制修订等，申请密码相关技术发明专利30余项。

孙烁 北京海泰方圆科技股份有限公司产品总监。致力于信息安全研发工作10余年，曾主持多项国家课题，参与多个省部级项目建设。曾荣获科技进步三等奖、国家档案局“全国档案工匠人才”、北京市档案局档案科技成果一等奖。

柳晶　国家密码行业标准化技术委员会委员，中国人民大学电子文件研究中心研究员，北京市密码管理局商用密码应用安全性评估专家。多次牵头中办、工信部组织的国家级科技项目，先后2次获党政机要密码科技进步奖。

漆骏锋　高级工程师，电子科技大学电子信息专业博士。长期从事移动通信安全、物联网安全和密码应用等方向的技术和产品研究。曾承担多项国家重点研发计划课题，申请10余项国家发明专利，《物联网安全技术》作者。

李姝婷　英国利兹大学商业分析与科学决策专业硕士，北京海泰方圆科技股份有限公司产品经理。曾主导研发多个成功的、深受业界认可的数据安全产品，如隐私计算服务平台、数据安全沙箱、内容智能分析平台等。

陈彦平　毕业于对外经济贸易大学，北京海泰方圆科技股份有限公司方案中心副总监。在密码应用咨询与规划、密码应用解决方案设计、行业标准及指南编制、重大项目规划与实践等方面拥有10余年的经验。

罗影　高级工程师，CISP。主要研究方向为密码算法高性能实现及其应用，跟踪研究工控安全、物联网安全、新兴密码技术等，发表论文10余篇，获发明专利30余项，参与编写行业标准10余项。

刘文华　中国科学院计算机专业硕士，北京海泰方圆科技股份有限公司浏览器事业部副总经理。从事信息技术研发20余年，先后主导过多个科技产品研发，获国家发明专利3项，在核心期刊发表多篇论文，参与制定多项国家及行业标准。

王鹏　毕业于北京邮电大学，北京海泰方圆科技股份有限公司产线首席运营官。多年就职于商用密码应用、安全浏览器等领域，曾主持或参与国家发改委、工信部等组织的课题。获多项发明专利，主导或参与过10余项国家及行业标准制定工作。

何光辉　高级工程师，长期从事密码学与信息安全领域研究工作，多次承担国家级科研项目。在电子政务信息化系统规划、建设、管理等方面拥有丰富的经验。

序

在数字化时代的背景下，数字政府的安全合规建设已经成为一个不可忽视的重要议题。随着大数据、人工智能等前沿技术的突飞猛进，政府部门正在经历一场深刻的数字化变革。这场变革不仅旨在提升政府工作的效率和服务质量，还致力于使政府决策过程更加科学、透明和公开。然而，数字化的步伐也带来了前所未有的安全挑战。面对数据泄露、网络攻击等日益严峻的安全威胁，政府信息系统的安全性面临着严峻考验。在此背景下，各国政府纷纷加强对数字政府网络安全合规建设的关注，并出台了一系列相关政策，不仅支持数字政府的发展，更强调了安全合规的重要性。同时，公众对政府的透明度和工作效率提出了更高的要求，对个人数据隐私保护的关注也日益增加。因此，构建一个安全、可靠的数字政府环境已成为当务之急。

《数字政府网络安全合规性建设指南》这本书在这样的时代背景下应运而生。该书深入探讨了当前数字经济时代对数据安全的严格要求，以及密码技术的关键作用，旨在应对数字政府在数据安全和密码应用方面所面临的挑战，满足不断增长的合规性需求，并为相关领域的专业人士提供宝贵的知识和实践经验。

本书内容从密码技术的基础知识，到具体的数字政府密码应用合规性建设步骤、安全评估，为读者提供了一个全面而系统的学习框架。通过政务云、政务办公、政协履职、公积金管理等多个实际案例的分析，本书生动地展示了密码应用合规性建设与数据安全合规性建设的实际操作和应用效果。此外，本书的实用性也是一大特色，介绍的一系列数字政府密码应用与数据安全解决方案，不仅基于最新的技术研究，而且经过了实际应用的检验，确保能够为数字政府网络安全的建设提供有效、实用的指导和支持。

本书特别适合那些在数字政府负责数据安全治理和密码应用建设的专业人员（如政策制定者、方案规划与实施人员、安全管理专家和技术培训师等）阅读。同时，对于那些提供相关产品或服务的专业人员，如方案及产品策划人员、咨询服务人员及项目实施人员等，本书同样提供了丰富的参考和指导价值。

本书是数字政府网络安全领域从业者和研究者的宝贵参考资料，对数字政府网络安全和合规性建设具有重要指导意义。在数字化的大潮中，本书将成为探索和塑造一个更安全、更高效数字政府的优秀工具书。

吕述望

中国科学院大学教授

前　言

为什么要写这本书

当今时代，数据已成为新型生产要素，不仅是个人、企业乃至国家的重要资产，更是我国数字经济发展的基石。自2021年起，我国相继推出了《“十四五”国家信息化规划》《“十四五”数字经济发展规划》等关键国家数据战略，旨在构建数字中国，推动数据要素的市场化流通，并创新数据开发与利用机制。在数字经济的健康发展中，数据安全的重要性日益凸显，对数据安全治理的需求也日渐迫切。

然而，数据的开发与利用伴随着风险。数据在创造价值的同时，也可能面临被泄露、篡改、滥用等风险。这不仅威胁到个人和组织的安全，甚至可能损害社会公共利益和国家利益。为此，我国陆续出台了《中华人民共和国网络安全法》《中华人民共和国数据安全法》《中华人民共和国密码法》《中华人民共和国个人信息保护法》等法律法规，旨在规范数据处理活动，确保数据安全，同时促进数据的合法、有效利用。这些法律法规的核心在于平衡数据发展与安全防护，保障数据在安全和隐私保护的前提下得到合理利用。

鉴于当前国内外数据安全事件频繁发生，数据安全风险不断上升，我们编写了本书。本书致力于全面系统地整理、分析、归纳和总结当前数据安全治理和密码应用建设的各种方法，并提出专业的解决方案，旨在为数据安全治理和密码应用的相关工作人员提供实用的参考，助力提升数据安全管理的效率和效果。

读者对象

- **数字政府数据安全治理与密码应用建设相关人员**：本书特别适用于在数字政府负责数据安全治理和密码应用建设的专业人员，包括决策制定者、方案规划与实施人员、安全管理专家以及技术培训师等。本书旨在深入解析数字化转型过程中遇到的数据安全威胁、安全风险和合规性要求，帮助这些专业人员更加主动地进行数据安全治理和密码应用的安全性评估，从而提升信息系统的安全性和合规性。
- **密码应用与数据安全治理相关产品和服务提供商**：本书同样适用于提供数据安全和密码应用相关产品和服务的专业人员，如方案及产品策划人员、咨询服务人员、项目实施人员等。通过提供数据安全治理框架、密码应用技术等相关知识，本书旨在为这些提供商制定治理方案、研发产品和实施服务提供指导，以便它们能够更有效地满足用户的需求。

本书特色

- **全面系统的内容**：本书深入探讨了数字政府在密码应用合规性建设和数据安全合规性建设方面的核心内容，不仅介绍了相关的密码技术，还详细阐述了建设步骤、安全评估方法等关键内容。这种全面而系统的内容布局，旨在为读者提供一个宏观又细致的理解框架，确保读者完成从理论到实践的无缝对接。
- **丰富具体的案例分析**：本书精选了政务云、政务办公、政协履职、公积金管理、政务数据分类分级、政务大数据中心等多个实际案例。这些案例涉及多个关键领域，为读者提供了生动、具体的实践展示平台。通过这些案例分析，读者可以更直观地理解密码应用合规性建设与数据安全合规性建设的实际操作和应用效果。
- **高实用价值的解决方案**：本书以“开展高效且高质量的合规性建设、深度融合且赋能各类应用场景、普遍适用且具有显著参考价值”为目标，精心挑选了一系列专家认可并在实践中验证过的数字政府密码应用与数据安全解决方案。这些方案不仅基于最新的技术研究，而且经过了实际应用的检验，能够为数字政府的建设提供有效、实用的指导和支持。

如何阅读本书

本书遵循国家法律法规要求，依据商用密码应用标准规范，参考数据安全治理相关框架，结合海泰方圆多年的密码应用和数据安全治理实践，系统地介绍了数字政府密码应用合规性建设与数据安全合规性建设的相关技术和案例，以及典型的密码应用产品、数据安全产品的功能与架构。

本书分为三部分，具体内容如下。

第一部分　数字政府密码应用合规性建设（第 1 ～ 5 章）：详细介绍了密码基础知识、密码应用建设步骤、密码应用建设方案、密码应用安全性评估以及密码应用案例等。

第二部分　数字政府数据安全合规性建设（第 6 ～ 10 章）：详细介绍了数据安全合规性要求、数据安全治理建设方案、数据安全治理关键技术、数据安全全生命周期管理以及数据安全合规与安全治理案例分析等。

第三部分　典型产品功能与架构（第 11、12 章）：详细介绍了典型密码应用产品和数据安全产品的功能与架构。

读者可按照章节顺序阅读，也可根据需要选择部分章节阅读，以快速获取所需知识，例如通过阅读密码基础知识来快速了解相关密码技术，通过阅读相关案例来了解密码技术在具体场景中如何应用等。

勘误与支持

由于编写时间仓促，本书在内容上可能存在一些疏漏或不准确之处，非常欢迎读者提出宝贵的意见和建议。读者有任何反馈，请通过 marketing@haitaichina.com 与我们联系，我们会尽力为读者提供满意的答复。期待读者的真诚反馈，让我们在技术探索的道路上携手前行，共同进步。

致谢

我们深感撰写本书不仅是一次学术探索，也是一次跨学科、跨领域合作的宝贵经历。在此，我们衷心感谢所有为本书的撰写、出版、推广做出贡献的个人和机构。

我们特别感谢海泰方圆公司安晓江等技术专家的宝贵建议和深入指导。他们在密码学、信息安全、网络安全等领域有深厚的造诣和丰富的经验，为本书提供了宝贵的理论和实践指导。他们的专业见解和建议极大地提升了本书的学术价值和应用实效。

我们也非常感谢方案部的同事们，他们为本书中的方案提供了专业的指导和珍贵的真实案例，极大地丰富了本书的内容，使本书具有更强的现实指导意义。

我们还要感谢研发部和产品部的同事们，他们为本书提供了丰富而专业的相关产品知识，同时深度展示了相关产品的创新性和独特性。

我们衷心感谢在撰写过程中提供编辑和校对帮助的张娟、刘雪梅等同事，以及在出版事项中提供协助的李丹、谢秀秀等同事。他们的专业精神和细致入微的工作态度，确保了本书的高品质和良好的阅读体验。

感谢为本书付出时间、精力和智慧的每一位朋友。我们期待本书为推动数字政府安全建设发挥积极和重要的作用。

目　录

第一部分 *Part 1*

数字政府密码应用合规性建设

由国家信息中心牵头，海泰方圆、华为、浪潮、深信服、新华三等安全细分领域领军企业共同参与，编制了《数字政府网络安全合规性指引》(以下简称《指引》)，于2023年3月通过专家评审，8月由清华大学出版社正式出版（ISBN：9787302644163）。

以国家信息中心为研究指导单位，海泰方圆牵头编制了与《指引》配套的《数字政府网络安全合规性建设指南：密码应用与数据安全》(以下简称《指南》)。来自中国信息协会、北京电子科技学院、中国电子技术标准化研究院、中国科学院信息工程研究所、水利部信息中心等单位的专家组成的评审组对该《指南》进行了评审。评审组专家一致同意通过评审，并充分肯定了其编制的必要性和实践意义，认为它将助力数字政府信息化系统实现安全可靠的运行，对于加快数字政府建设具有较高的实用价值。

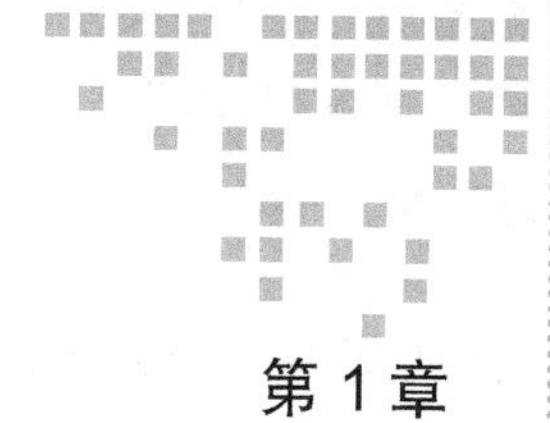

第 1 章 *Chapter 1*

密码基础知识

密码是网络安全的核心技术和基础支撑，是数字化空间的坚固防线。从简单的保密通信到复杂的金融交易，密码学确保了我们的信息安全、完整、真实和可用。在本章中，我们将探讨密码学的核心概念、主要技术及数学原理等，旨在为读者揭示密码的奥秘，并为后续的数字政府建设中的密码技术应用提供基础。

1.1 密码的重要作用及“四性”

密码是国之重器，是国家的重要战略资源，直接关系国家政治安全、经济安全、国防安全和信息安全。密码是网络信任的基石，是网络空间安全的“内在”基因。密码是目前世界上公认的，保障网络与信息安全最有效、最可靠、最经济的关键核心技术。

密码是指采用特定变换的方法对信息等进行加密保护和安全认证的技术、产品、服务。我国密码工作坚持总体国家安全观，遵循统一领导、分级负责，创新发展、服务大局，依法管理、保障安全的原则，对密码实行分类管理，将密码分为核心密码、普通密码和商用密码。核心密码、普通密码用于保护国家秘密信息，核心密码保护信息的最高密级为绝密级，普通密码保护信息的最高密级为机密级。商用密码用于保护不属于国家秘密的信息。公民、法人和其他组织可以依法使用商用密码保护网络与信息安全。

密码在网络与信息安全领域扮演着关键角色。它不仅可以用于数据加密，还可以用于实体身份和数据来源的安全认证。密码具有以下4个关键特性。

1）机密性：保障信息不被未经授权的个人或计算机等实体泄露是网络安全的重要目标。信息是当今网络空间中最宝贵的资源，一旦泄露可能给国家政治、军事、社会等各个层面造成严重威胁。采用密码学中的加密技术，可以有效实现信息的机密性保护，确保只有授权的人才能访问敏感信息。

2）完整性：确保数据在传输和存储过程中不受未经授权的篡改或破坏。在信息时代，海量数据的安全传输和存储是一个巨大挑战。密码学中的杂凑算法等技术可以帮助保障数据的完整性，防止数据在传输过程中被篡改。

3）真实性：确保信息的来源可靠，未被伪造或篡改。验证信息的真实性、确认身份、防止冒充等任务在网络与信息安全领域至关重要。密码学中的安全鉴别技术，如数字签名、消息鉴别码和身份验证协议等，能够解决信息真实性问题，从而确保信息的合法性和可信性。

4）抗抵赖性：确保发生的操作无法被否认。防止网络上的电子合同、声明等被否认是实现网络安全的一项关键任务。基于公钥密码学的数字签名技术等可以解决行为的抗抵赖性问题，确保相关行为的真实性和可信性。

密码学是致力于研究信息和信息系统的安全及保密的科学，可分为密码编码学和密码分析学两大分支。密码编码学探讨如何对信息进行编码，以实现信息与通信的安全；密码分析学则研究如何解密或攻击已被加密的信息。随着密码编码学与密码分析之间的竞争不断升级，以及计算机技术的不断进步与应用，密码学持续发展，已经演变为一门综合性而又交叉性强的学科。目前，密码学与语言学、数学、信息论、计算机科学等领域紧密相连，相互之间具有广泛而深刻的联系。

1.2　密码学基本模型

在保密通信系统中，通信双方借助密码技术来确保信息的安全传输，使未经授权的人无法获取信息内容，如图 1-1 所示。在这个过程中，发送方待发送的消息称为明文。通过加密过程，明文被转化成看似随机的数据，这个过程叫作加密，而加密后的结果则称为密文。密文通过解密过程，重新转化为原始明文。

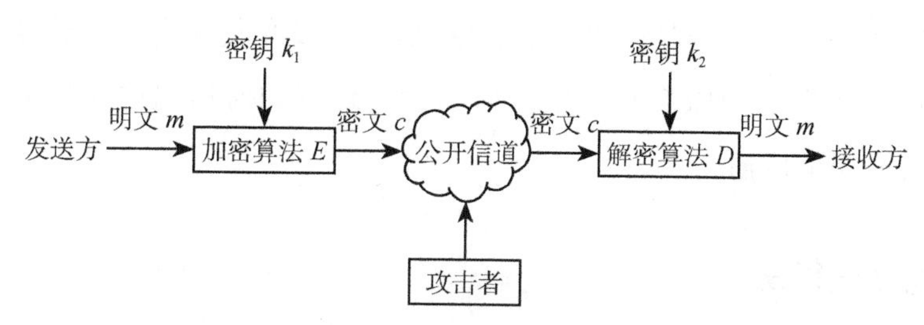

图 1-1　保密通信模型示意

在加密和解密的过程中，所使用的数学算法称为加密算法和解密算法。这些算法通常是在一对相关联的密钥的控制下执行，分别称为加密密钥和解密密钥。如果加密密钥和解密密钥是相同的，或者可以很容易地从其中任意一个密钥推导出另一个密钥，那么这样的密码算法称为单钥体制或对称密码体制。在这种体制下，密钥的保密性变得尤为关键，因为知道了密钥就能够轻松进行加解密操作。相反，如果从其中一个密钥推导出另外一个密钥是困难的，或者是计算上不可行的，那么这种密码体制称为双钥体制或非对称密码体制。在这种体制下，加密密钥和解密密钥是不同的，通常称为公钥和私钥。公钥可用于加密信息，私钥则用于解密信息。

常见的密码技术包括密码算法、密码协议、密钥管理以及公钥基础设施等，它们在多种产品形态（包括软件、芯片、模块、板卡，以及整机和系统等）中得以实现。

1.3　密码算法

密码算法是密码技术体系的核心，在保护信息安全和数据传输方面发挥着至关重要的作用。密码算法的实现和应用是密码学的基础，是实现密码技术和保护信息安全的关键。

在密码技术体系中，密码算法可以用于加密和解密，保护信息的机密性；也可以用于数字签名、数据完整性校验与消息鉴别等，保护信息的真实性、完整性、抗抵赖性等。

本节将详细介绍各种密码算法（包括序列密码算法、分组密码算法、公钥密码算法、密码杂凑算法、数字签名算法、消息鉴别码），以及我国商用密码算法体系。本节将介绍这些密码算法的原理和应用，帮助读者理解如何利用这些算法来保护信息安全和实现数据安全传输。

1.3.1 序列密码算法

根据对明文的加密方式不同，对称密码算法可分为序列密码算法与分组密码算法。序列密码算法也被称为流密码算法。根据密钥流生成方式不同，序列密码算法分为同步序列密码算法与自同步序列密码算法。

同步序列密码算法（见图 1-2）使用种子密钥 k 和初始向量 $\boldsymbol{IV}$，根据密钥流生成算法生成密钥流序列 $z=z_0z_1z_2\cdots$，然后使用密钥流序列依次对明文序列 $m=m_0m_1m_2\cdots$ 加密：

$$c = c_0c_1c_2\cdots, c_i = E_{z_i}(m_i), i = 0,1,2,\cdots$$

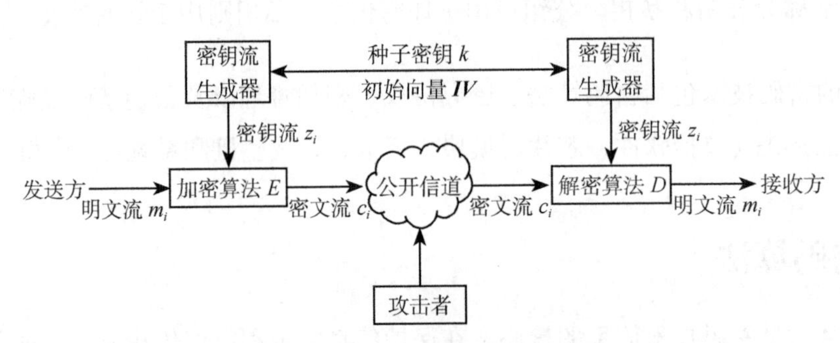

图 1-2 同步序列密码算法示意

其中，密钥流序列对明文加密的过程通常为异或运算，即依次将每个密钥流与明文流异或得到密文：$c_i = E_{z_i}(m_i) = m_i \oplus z_i$。

相应解密过程只需使用同一密钥 k 和相同的初始向量 $\boldsymbol{IV}$，根据相同的密钥流生成算法生成同样的密钥流序列 $z=z_0z_1z_2\cdots$，然后依次对密文序列 $c=c_0c_1c_2\cdots$解密：

$$m = m_0m_1m_2\cdots, m_i = D_{z_i}(c_i), i = 0,1,2,\cdots$$

其中，D 为 E 的逆过程。当 E 为异或运算时，D 也为异或运算，即 $m_i = D_{z_i}(c_i) = c_i \oplus z_i$。

同步序列密码算法具有加解密速度快、便于软硬件实现等特点，适用于大量数据加密，广泛应用于数据通信领域，例如保护互联网通信、VPN 通信和无线通信等。

与同步序列密码算法不同，自同步序列密码算法（见图 1-3）在生成密钥流的过程中，密文流会参与后续的密钥流生成。这种特性使得即使密文流的部分比特出现错误，当一定数量的正确密文流被反馈回密钥流生成器后，加解密过程也能够重新同步并恢复到正确的状态。这一特性在通信中尤其有用，因为它允许系统在不稳定的信道环境中运作，即便存在信号干扰、传输错误或数据丢失等情况，也能保持一定程度的加密能力。自同步序列密码能够容忍一定程度的错误。然而，为了实现这种错误容忍的特性，系统可能会变得更加复杂，而且可能需要更多的计算开销。

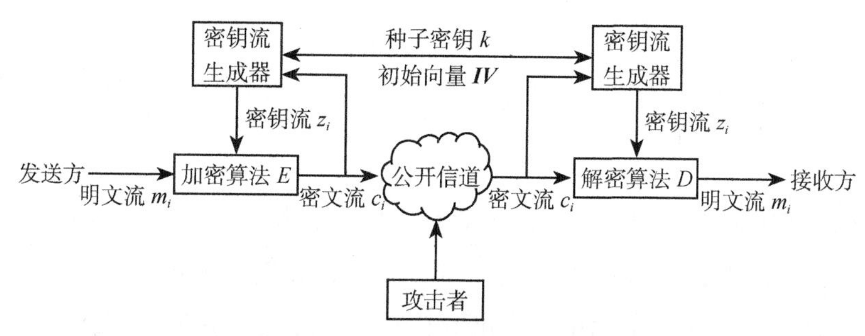

图 1-3　自同步序列密码算法示意

1.3.2 分组密码算法

与序列密码算法通过生成密钥流对消息加解密不同，分组密码算法（见图 1-4）用于对固定分组大小的消息加解密。

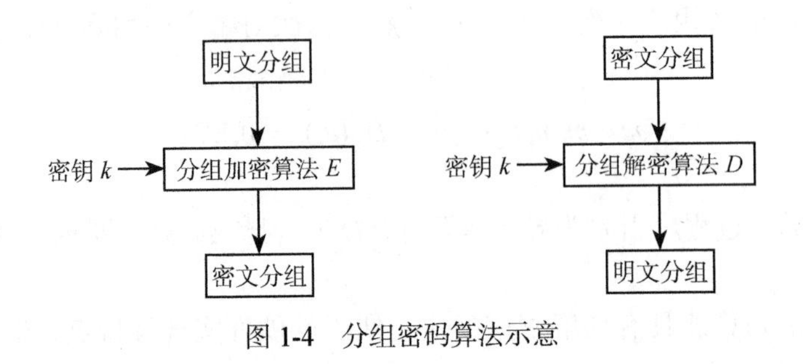

图 1-4 分组密码算法示意

分组密码算法通常包含以下要素。

1）分组大小：分组密码算法用于固定大小的消息块加解密，常见的分组大小有 64 bit、128 bit 等。

2）密钥长度：分组密码算法使用密钥来控制加解密过程，密钥长度关系着算法的安全性。通常来说，较长的密钥能够提供更高的安全性。

3）加密算法：用于将明文分组转换为密文分组。分组密码通常采用迭代结构，通过多轮运算实现加密过程。每一轮包含不同的步骤，如代换和置换等。

4）解密算法：加密算法的逆过程，通常与加密算法结构相似。

5）密钥扩展算法：将初始密钥扩展成加密或解密算法的每一轮运算所使用的轮密钥的过程。

6）填充方案：如果明文块的大小不是分组大小的整数倍，通常需要使用填充方案来将数据填充到合适的大小。

分组密码算法定义了固定长度的消息块上的置换操作，当实际应用分组密码时，需根据应用场景需求，结合适当的工作模式使用。分组密码算法的工作模式规定了分组密码的使用方式。GB/T 17964—2021《信息安全技术　分组密码算法的工作模式》中规定了多种分组密码算法的工作模式。

1）电码本（ECB）工作模式：加密时，每个消息分组独立加密，适用于会话密钥加密。因相同的消息分组会被加密成相同的密文，ECB 工作模式不适用于对较长消息加密。

2）密文分组链接（CBC）工作模式：加密时，前一个密文分组会与当前明文分组进行异或操作，然后再进行加密。加密过程串行执行，解密过程可并行处理。

3）密文反馈（CFB）工作模式：加密时，用前一个密文更新初始向量，以用于后一块消息加密。CFB 工作模式相当于基于分组密码构造的自同步序列密码，适用于低误码率网络中的流数据加密等。

4）输出反馈（OFB）工作模式：加密时，通过反复加密初始向量生成密钥流序列，再与消息序列异或得到密文。OFB 工作模式适用于噪声环境下的流数据加密。GB 35114—2017《公共安全视频监控联网信息安全技术要求》规定 OFB 工作模式用于视频数据的加密保护。

5）计数器（CTR）工作模式：加密时，通过加密计数器生成密钥流序列，然后与消息异或得到密文。CTR 工作模式具有高度并行性的特点，适用于高速网络数据加密，可应对突发的高速加解密需求。

6）带密文挪用的 XEX 可调分组密码（XTS）工作模式：适用于磁盘加密等场景。

7）带泛杂凑函数的计数器（HCTR）工作模式：适用于磁盘加密等场景。

8）分组链接（BC）工作模式：单一错误将导致所有后续密文分组解密出错。

9）带非线性函数的输出反馈（OFBNLF）工作模式：是 OFB 与 ECB 模式的变体，密钥随每个分组改变。

1.3.3　公钥密码算法

在对称密码体制中，通信双方需共享同一个秘密密钥。该密钥既用于加密，也用于解密通信内容。然而，随着系统中用户数量增多，密钥管理将变得较为复杂。例如，在有 n 个用户的系统中，若每对用户之间都需要加密通信，则每个用户需存储 $n-1$ 个不同的密钥，系统中的密钥总数将达到 $n(n-1)/2$。

与之不同，公钥密码体制的最大特点是采用两个相关联的密钥，将加密与解密能力分开。其中一个密钥是公开的，称为公开密钥或公钥，用于加密；另一个密钥为用户专有，是保密的，称为秘密密钥或私钥，用于解密。当系统中有 n 个用户时，每个用户只需拥有自己的公私钥对，并公开自己的公钥，即可实现两两之间的加密通信（见图 1-5）。例如，当用户 1 需要将消息 m 加密发送给用户 k 时，用户 1 使用用户 k 的公钥 Pub_k 对消息 m 加密得到密文 $c=\text{Enc}_{\text{Pub}_k}(m)$，然后将密文 c 发送给用户 k。用户 k 收到密文 c 后，使用自己的私钥 sk_k 解密得到明文 $m=\text{Dec}_{\text{sk}_k}(c)$，从而实现了用户 1 与用户 k 之间的加密通信。

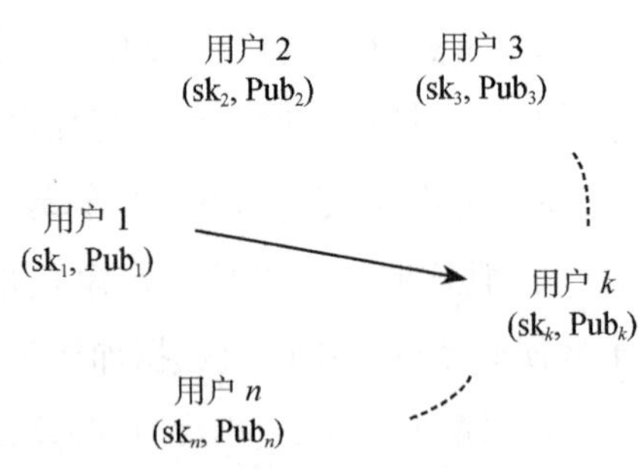

图 1-5 多用户公钥加密通信示意

公钥密码体制降低了密钥管理的复杂性，使每个用户只需维护自己的公私钥对。因为公钥是公开的，所以任何人都能用它来加密信息并发送给持有私钥的用户，实现安全的加密通信。公钥密码体制为密钥分发和管理提供了更大的便利性。

公钥密码体制需满足以下要求。

1）产生一对公私钥对是计算上可行的。

2）使用公钥对明文加密是计算上可行的。

3）使用私钥对密文解密是计算上可行的。

4）由公钥计算私钥是计算上不可行的。

5）由密文和公钥恢复明文是计算上不可行的。

6）可选的要求是，加密与解密次序可交换。

公钥密码体制常基于数学困难问题设计，如整数分解、离散对数问题等。公钥密码体制的安全强度依赖于这些数学困难问题的求解难度。尽管公钥密码体制提供了更灵活的密钥管理方式，但公钥密码的加解密速度常常远慢于对称密码的加解密速度。在实际应用中，通常将公钥密码算法与对称密码算法结合使用，如可以使用公钥密码算法加密传输对称加解密所需的密钥，然后使用对称密码算法实现大量数据的加密传输。

1.3.4 密码杂凑算法

密码杂凑算法是一种将任意长度的输入数据映射成固定长度（通常较短）输出数据的算法。这个输出值通常被称为“杂凑值”或“摘要”。密码杂凑算法具有以下特点。

1）确定性：对于相同的输入总是产生相同的输出。

2）输出长度固定：无论输入数据的长度如何，密码杂凑算法都会生成固定长度的杂凑值。

3）高效性：对于给定的输入消息，密码杂凑算法能快速计算出对应的杂凑值。

4）单向性：从杂凑值推导出原始输入数据在计算上不可行。

5）抗碰撞性：寻找与给定消息产生相同杂凑值的另一个消息在计算上是困难的，找到两个不同消息具有相同杂凑值在计算上也是不可行的。

6）雪崩性：输入信息的任何微小改变都将导致输出杂凑值发生巨大变化，且变化不可预测。

7）均匀性：一组消息的杂凑值在空间上均匀分布等。

密码杂凑算法在计算机科学和密码学领域有着广泛的应用，可实现数据完整性验证、数字签名、密钥存储、数据检索等。

1.3.5 数字签名算法

数字签名算法是实现电子文档或数据的完整性、真实性和抗抵赖性的重要密码技术。数字签名算法使用公钥密码算法的原理，结合数字证书和密码杂凑算法，实现身份验证和消息完整性保护，在网络安全通信的密钥分配、消息鉴别以及电子商务系统中具有重要作用。

《中华人民共和国电子签名法》以法律形式确立了电子签名的法律效力。数字签名是一类基于密码技术的电子签名，具有以下特点。

1）完整性：数字签名提供了对文档的完整性验证，任何对文档内容的篡改都会使签名失效。

2）真实性：数字签名提供了对签名者的身份验证，确保签名来自合法的实体，防止冒名顶替和伪造签名。

3）抗抵赖性：数字签名提供了对签名者的抗抵赖性，即签名者无法否认他已经进行了签名的事实。

4）安全性：数字签名使用了公钥密码技术，确保签名和验证过程中信息的安全性。

一个数字签名体制由以下 6 部分构成。

1）明文消息空间 M：所有待签名消息的集合。

2）签名空间 S：所有可能的签名结果的集合。

3）密钥空间 K：所有用于签名与验签的密钥对集合。

4）密钥生成算法 (sk，pk) ← Gen(1^λ)：给定安全参数 λ，能有效生成密钥空间 K 中的一对公私钥对 (sk，pk)，其中私钥 sk 用于签名，公钥 pk 用于验签。

5）签名算法 s=Sign(m，sk)：给定消息 $m \in M$ 及签名私钥 sk，能有效计算签名结果 $s \in S$。

6）验签算法 {True，False} ← Verify(s，pk)：给定签名值 s 及验签公钥 pk，能有效验证签名结果的正确性，若签名正确则返回 True，若签名错误则返回 False。

数字签名体制的安全性基于公私钥对的安全性，即根据公钥难以推出私钥，以及根据消息 m 及其签名 s 难以推出签名私钥，伪造一个签名 (m'，s') 使 Verify(m'，pk)=True 是困难的。即使拥有大量的签名信息，攻击者也难以伪造一个新的签名。

数字签名几乎总是和密码杂凑算法结合使用，用于缩短签名长度。首先，使用密码杂凑算法 H 将待签名消息 m 转换成消息摘要 z=H(m)，然后再对消息摘要 z 进行签名。因密码杂凑算法的抗碰撞特性，即寻找 m' 使 H(m')=(m) 是困难的，所以对消息的杂凑值签名，攻击者也难以伪造签名。

为了将验签的公钥与用户身份信息绑定，数字签名体制通常与数字证书结合使用。数字证书由证书认证机构颁发，将签名者公钥与签名者身份进行绑定。验签者通过检查与签名者公钥相关联的数字证书来确保其有效性、完整性和吊销状态等，从而保证该公钥确实属于签名者本人。

1.3.6 消息鉴别码

消息鉴别码（Message Authentication Code，MAC）是一种用于验证消息完整性和鉴别消息来源的技术。在公开信道上传输消息时，我们不仅需要对消息本身进行加密保护，还需要确认消息来源的真实性和完整性。MAC 技术正是为满足这一需求而提出的解决方案。通过在消息上附加 MAC，接收者可以验证消息是否在传输过程中被篡改或伪造，并确保消息的来源可信。MAC 在保障通信安全和防止数据篡改方面发挥着重要作用。

MAC 使用对称密码技术，通信双方需预先共享对称密钥 k。在消息传输过程中，发送方使用密钥 k 对消息进行计算，生成 MAC 值，然后将消息和对应的 MAC 值一同发送给接收方。接收方使用相同的密钥 k 来验证收到的 MAC 值的正确性。在攻击者没有掌握密钥 k 的情况下，任何对消息的伪造或篡改都会导致接收方无法通过验证，从而有效地保护了消息来源的真实性和完整性。这种方法确保了通信过程中的安全性，防止了未经授权的数据修改或伪造。

消息鉴别码是一个四元组 (M, C, K, A)。其中，M 是所有消息的集合，C 是所有消息鉴别码的集合，K 是密钥空间，对每个密钥 $k \in K$，对应一个 MAC 函数 $A_k \in A$，使得对任意消息 $m \in M$，$A_k(m) \in C$。

1.3.7 我国商用密码算法体系

商用密码是密码技术的重要组成部分，在维护国家安全和主权、促进经济发展、保护人民群众利益中发挥着不可替代的重要作用。密码算法作为商用密码技术的核心，受到国家密码管理局的高度重视。在科技和产业发展方面，密码技术的创新能力持续提升，形成了较完善的标准体系，构成了包含序列密码算法、对称密码算法、非对称密码算法、密码杂凑算法、标识密码算法等在内的完整的和自主研发的国产密码算法体系，对促进商用密码技术的发展、保障我国信息安全起到了巨大作用。

国家密码管理局已经发布了一系列国家标准，包括 GB/T 32918《信息安全技术 SM2 椭圆曲线公钥密码算法》、GB/T 32905—2016《信息安全技术 SM3 密码杂凑算法》、GB/T 32907—2016《信息安全技术 SM4 分组密码算法》、GB/T 38635《信息安全技术 SM9 标识密码算法》、GB/T 33133《信息安全技术 祖冲之序列密码算法》等。相关算法简介如下。

1）SM1 算法：一种分组密码算法，分组长度为 128 bit，密钥长度为 128 bit。

2）SM2 算法：一种椭圆曲线公钥密码算法，包含数字签名算法、密钥交换协议与公钥加密算法等。

3）SM3 算法：一种密码杂凑算法，输出长度为 256 bit。

4）SM4 算法：一种分组密码算法，分组长度为 128 bit，密钥长度为 128 bit。

5）SM7 算法：一种分组密码算法，分组长度为 128 bit，密钥长度为 128 bit。

6）SM9 算法：一种基于身份标识的非对称密码算法，包含数字签名算法、密钥交换协议、密钥封装机制与加密算法等。

7）祖冲之算法：一种序列密码算法，密钥长度和初始向量长度均为 128 bit，包含保密性算法和完整性算法。

这些标准涵盖了序列密码、分组密码、公钥密码、密码杂凑算法等，促进了商用密码技术的发展，为保障信息安全、促进密码技术的创新和实际应用做出了重要贡献。

1.4 密码协议

密码协议也称为安全协议，是指基于密码技术的一组规则、流程和算法，用于在通信过程中保护信息安全性和通信可靠性。密码协议的设计目标是抵抗通信过程中的各种攻击（如窃听、篡改、伪造、重放等），满足安全性、真实性、机密性、完整性、抗抵赖性等基本要求。

密码协议已广泛应用于互联网、物联网、移动通信等场景，在网络通信和数据传输中起到了关键作用。根据所要实现的目的，密码协议可分为鉴别协议、密钥交换协议、安全多方计算协议、安全通信协议等。以下简要介绍鉴别协议与密钥交换协议。

鉴别协议指在声称方与验证方之间定义的消息序列，使得验证方能够执行对生成方的鉴别。其中，声称方指被鉴别的本体本身或者代表本体的实体，验证方指要求鉴别其他实体身份的实体本身或其代表。实体鉴别指通过鉴别协议来证实一个实体就是所声称的实体。实体鉴别机制主要有两种模型：一种是通过声称方与验证方的直接通信确认声称方身份，另一种是通过可信第三方来证实声称方身份。实体鉴别协议的选择基于系统的安全需求，主要包括以下几点。

- 是否抗重放攻击。
- 是否抗反射攻击。
- 是否抗暴力延迟。
- 单向或相互鉴别。
- 是否存在预设的秘密信息可以使用，或者是否需要可信第三方帮助建立共享秘密信息等。

密钥交换协议是在网络通道上实现各方建立共享秘密密钥的基础工具。这些协议在密钥的生成和传输过程中保障了数据的保密性、完整性和真实性，是确保通信安全的重要环节。密钥交换的过程涉及在通信实体之间安全地生成和分发密钥。这些密钥随后用于数据的加密和解密，从而确保通信内容在传输中免受未经授权的访问或篡改。密钥交换协议采用多种加密技术（包括对称密码、公钥密码、数字签名、密码杂凑与消息鉴别码等）来实现这些安全目标。密钥交换协议的主要目标是以安全高效的方式解决密钥分发问题，并追求以下目标。

1）保密性：密钥交换协议应确保共享密钥的保密性，确保只有通信各方知道密钥，防止第三方窃听者或攻击者获取密钥。

2）身份认证：密钥交换协议应提供身份认证机制，验证通信各方的身份，确保他们所声称的身份是真实的，从而防止冒充和未经授权的访问。

3）完整性：在密钥交换过程中，密钥交换协议应确保交换的密钥在传输中未被篡改，以保障密钥的完整性，防止任何可能危及后续加密操作安全性的修改。

4）前向保密性：密钥交换协议通常致力于实现前向保密性，即使攻击者获得了长期秘密（如私钥），也不能事后解密之前交换的消息或推导出共享密钥。

1.5 密钥管理

密钥是密码系统的核心，保护密钥至关重要。密钥管理是指密钥全生命周期的管理，涉及密钥的产生、分发、存储、使用、更新、归档、撤销、备份、恢复和销毁等环节。有效的密钥管理是确保数据安全、防止未经授权的访问与避免数据泄露的关键。

密钥管理需对密钥的整个生命周期进行保护。密钥的生命周期指密钥经历的一系列状态，具体如下。

1）待激活：在待激活状态，密钥已生成，但尚未激活使用。

2）激活：在激活状态，密钥用于加密、解密或验证数据。

3）挂起：在挂起状态，密钥仅用于解密或验证。

若明确某个密钥已受到威胁，应立即将密钥状态变为挂起状态，之后该密钥仅可用于解密或验证状态变化前收到的数据，不可用于其他场景。需要注意的是，确定受到威胁的密钥不能被再次激活。当密钥确定受到未经授权的访问或控制时，可认为该密钥受到威胁。密钥生命周期中的状态如图 1-6 所示。

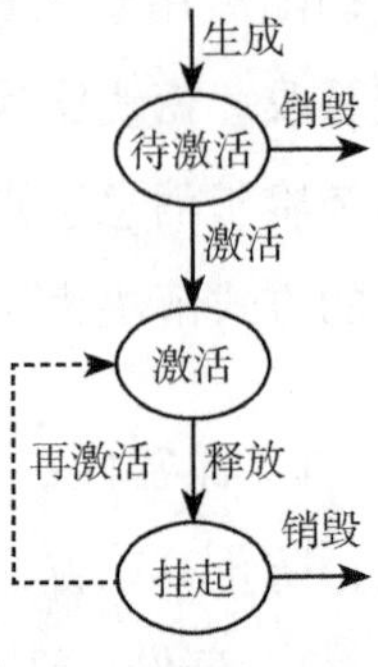

图 1-6 密钥生命周期中的状态示意

密钥的有效性应在时间和使用次数上受到限制。用于派生密钥的原始密钥比生成密钥需要更多的保护，同时应避免密钥乱用，如使用密钥的加密密钥去加密数据等。

密钥状态转换指密钥从一个状态迁移到另一个状态。密钥状态如下。

1）生成：应根据指定的密钥生成规则生成密钥。密钥生成过程中使用的随机数生成器应满足相关标准。

2）激活：使密钥有效，可用于密码运算。

3）释放：限制密钥的使用，密钥过期或被撤销都会发生这种情况。

4）再激活：允许挂起的密钥重新用于密码运算。

5）销毁：终止密钥的生命周期，包括对密钥的逻辑销毁，也可包括物理销毁。

密钥状态转换由以下事件触发：需要新密钥、密钥受威胁、密钥过期、密钥生命周期结束等。密钥管理涉及多种密钥状态转换与服务。

1）对称密码技术：密钥生成后，从待激活状态到激活状态的转换包括密钥安装，也可包括密钥的注册和分发。在某些情况下，安装涉及派生一个特殊的密钥。密钥的生命周期应限制在一个固定的期限内。通常，释放终止激活状态是因为密钥过期。如果发现处于激活状态的密钥受到威胁，撤销该密钥可使它进入挂起状态。一个处于挂起状态的密钥可被归档。如果在某些条件下需再次使用已归档的密钥，它将被再激活，在它完全激活前，可能需再次安装和分发；否则，释放后，密钥可能会被注销和销毁。

2）非对称加密技术：密钥（公钥和私钥）对生成后会进入待激活状态。注意，这对密钥的生命周期有关联但不相同。在私钥进入激活状态之前，注册和分发给用户是可选的，但安装是必需的。私钥在激活状态和挂起状态间的转换，包括释放、再激活和销毁，与上述对称密钥的情形类似。当签发公钥时，通常由 CA 生成一个包含公钥的证书，以确保公钥的有效性和所有权。该公钥证书可放在目录中或其他类似服务中用于分发，或传回给所有者进行分发。当所有者发送用其私钥签名的数据时，也可附上证书。一旦公钥被验证，该密钥对就进入激活状态。当密钥对用于数字签名时，在私钥释放或销毁后，相应的公钥可能不定期地处于激活状态或挂起状态。为了验证相关私钥在原定的有效期内产生的数字签名，我们可能需要访问公钥。当采用非对称技术实现保密服务，且用于加密的密钥已释放或被销毁时，密钥对中的密钥仍可能处于激活或挂起状态，以便后续的解密。对于签名密钥，对应的公钥将处于激活或挂起状态；对于加密密钥，对应的私钥将处于激活或挂起状态。

1.6 公钥基础设施

公钥基础设施（Public Key Infrastructure，PKI）是基于公钥密码理论和技术提供安全服务的基础设施，包括创建、分发、管理、撤销数字证书所涉及的所有软件、硬件、人员和策略等。PKI遵循既定标准，在网络信息安全中扮演着关键的角色，为网络中的各类实体提供安全服务，具体如下。

1）身份鉴别：PKI用于实体的身份鉴别，通过数字证书验证实体的身份信息和公钥，确保通信双方的真实性和可信性。这种认证机制有助于防止身份欺骗和冒充。

2）数字签名：PKI使用数字证书和私钥来创建和验证数字签名。数字签名能够验证信息的完整性、真实性和抗抵赖性，确保数据在传输过程中没有被篡改，并且签署者无法否认其签名。

3）数据加密：PKI支持使用公钥进行数据加密，保护敏感信息在传输过程中的机密性。公钥用于加密数据，相应的私钥用于解密，确保只有授权方能够访问和解读加密数据。

4）密钥管理：PKI提供了密钥的生成、分发、存储和吊销等管理功能。它确保密钥的安全性和可信性，以及及时地吊销失效的密钥，保护系统免受未经授权的访问和攻击。

5）安全通信：PKI建立的加密通道和数字证书，保障了在公共网络上通信的安全性。它确保敏感数据的保密性和完整性，防止被窃听和篡改。

6）权限控制：PKI可以用于实现对网络资源和数据的访问权限控制，通过数字证书和加密机制，可以限制只有经过授权的用户才能访问受保护的资源，确保数据的安全性和合规性。

7）合规性：PKI提供了数字证书的可追溯性，为电子商务、电子签名、合同等领域的合规性提供了支持，并满足各国法律对数字身份和电子交易的要求。

PKI 系统由不同的功能模块组成。这些模块具有不同的功能，具体如下。

（1）证书申请和审批

证书申请和审批是 PKI 系统最基本的功能。证书的申请和审批可直接由证书认证中心（Certificate Authority，CA）或由面向终端用户的注册审核机构（Registration Authority，RA）来完成。根据不同的应用，证书的申请方式分为离线申请方式、在线申请方式等。完成证书申请后，我们需进行相应的证书审批。具体来说，用户提交的证书申请表需经过 RA 或 LRA 中的审查人员进行审核。审核方式分在线审核和离线审核等。如果证书申请通过了 RA 或 LRA 的审核，该申请将通过专用的应用程序在 PKI 系统中注册用户，完成证书审批。

（2）密钥管理

密钥管理是 PKI 系统的重要功能。PKI 系统可以产生 CA 的根密钥，并通过密钥备份与恢复系统保障根密钥的安全，避免密钥丢失导致无法解密的问题发生。PKI 系统也为用户产生、分发、备份公私钥对，对用户的密钥强度和持有者身份进行审核，并通过数字证书将用户的公钥与用户身份绑定，将用户密钥存放在 CA 的资料库中备份。PKI 系统具备密钥自动更新功能，可用于解决证书到期失效问题。对于加密密钥对和证书的更新，PKI 系统采取对管理员和用户透明的方式进行，提供全面的密钥、证书及生命周期管理服务。PKI 系统提供密钥历史档案管理，可管理密钥更新产生的新旧密钥。

（3）证书签发和下载

证书签发是 PKI 系统中 CA 的核心功能。完成了证书的申请和审批后，CA 签发该请求的相应证书。

（4）证书的验证

在验证信息的数字签名时，用户必须事先获取信息发送者的公钥证书，以对信息进行验证，还需要CA对发送者所发的证书进行验证，以确定发送者身份的有效性。在发送数字签名证书的同时，CA可以发布证书链。这时，接收者拥有证书链上的每一个证书，从而可以验证发送者的证书。

（5）证书和目录查询

因为证书有有效期，所以进行身份验证时要保证当前证书是有效而没有过期的。另外，还有可能存在密钥泄露以及证书持有者身份、机构代码改变等问题，证书需要更新。因此在通过数字证书进行身份认证时，要保证证书的有效性。为了方便对证书有效性的验证，PKI系统提供了对证书状态信息的查询，以及对证书撤销列表的查询机制。CA支持实时访问证书目录和证书撤销列表，提供实时在线查询，以确认证书的状态。

（6）证书撤销

证书在使用过程中可能会因为各种因素而被废止，例如密钥泄露、相关从属信息变更、密钥有效期中止或者CA本身的安全隐患等。因此，证书撤销服务是PKI系统的一个必需功能。

第 2 章 Chapter 2

数字政府密码应用建设步骤

密码技术在数字政府建设中起着不可或缺的作用。在这一章中，我们将深入探索数字政府在密码应用上所面临的典型问题，以及如何通过明确的建设步骤来有效地解决这些问题。通过“三步走”策略，即从规划、建设到运行的完整流程，我们可以确保数字政府工程在每个关键环节都得到充分的保障。这不仅将助力数字政府更好地服务于民，还将为政府的信息安全提供坚实的防护屏障。希望通过本章的探讨，读者能够对数字政府的密码应用有更加深入的了解，并为日后的数字政府建设和运营提供有益的参考。

2.1 数字政府密码应用典型问题

随着数字化时代的到来，数字政府建设已经成为国家治理的核心策略。密码技术为数字政府建立、公民信息保护和国家整体安全提供了坚实的屏障。当前，国家正在大力推进密码应用工作，普及密码技术的应用。我国的商用密码应用仍有较大的发展空间。为了确保密码技术真正起到应有的作用，密码产品和服务应合规、正确、有效地应用。遗憾的是，在实际中，由于不用、乱用、错用密码技术，或对密码技术的疏忽或误解，应用系统的安全性并没有得到有效保障。以下是数字政府密码应用的一些典型问题。

2.1.1 密码应用不广泛

尽管密码技术在信息安全中具有至关重要的地位，但由于某些行业中没有明确的强制性密码应用要求，密码技术的应用受到制约，很多需要使用密码进行保护的场景中并未使用密码。信息系统应用开发商对密码在安全防护中的重要地位缺乏认识，为了节省成本而忽视密码应用。由于缺乏密码算法、协议等技术支撑，信息系统中数据的保密性、真实性、完整性和抗抵赖性得不到保障。

同时，由于不同行业的特点和需求差异，信息系统对密码产品及服务的要求、应用场景、手段和管理方法等不尽相同。因此，不同行业应根据行业特点尽快出台对应的商用密码应用指导性文件。目前，尽管商用密码技术已经开始获得关注，商用密码推广还处于起步阶段，由于一些行业尚缺乏明确、强制性的密码应用安全要求，商用密码应用可能会面临管理、技术、成本等方面的问题，进而制约商用密码技术的发展。

2.1.2 密码应用不规范

在密码标准化建设工作中，我国已发布系列商用密码算法，但密码应用方面的标准体系仍不够完善。同时，部分信息系统应用开发者对密码的重要作用缺乏深入理解，导致在实际应用中经常偏离或忽视已有的密码标准。不严格执行密码标准，不规范调用密码技术，导致系统无法对接，甚至出现安全漏洞。

随着移动互联网、物联网、云计算等新业态的快速发展进一步暴露密码应用标准缺失的问题，标准缺失将成为制约这些行业发展、数据互联互通的主要障碍。现行密码标准与关键信息基础设施、重点行业的密码应用要求难以契合，商用密码标准化推进难度大，导致了商用密码未能规范应用。

2.1.3 密码应用不安全

开发人员在密码应用方面经验不足，特别是对于密码算法和技术标准的理解缺失，常常导致密码的误用。信息系统应用开发商如果对密码应用缺乏技能和经验，或不清楚合规性要求，不了解密码算法的类型、协议参与方的角色要求、关键参数的类型和规模等基本知识，可能会错误调用密码技术，从而不可避免地导致安全漏洞。例如，某些系统中可能继续使用已被破解的密码算法，如MD5、SHA-1等，或者错误调用密码支撑资源等。

密码技术不用、乱用、错用都将导致系统安全问题，因此，合规、正确、有效使用密码技术是信息系统应用开发商必须熟练掌握的基本能力，并应该始终将用户安全需求作为首要考虑因素。在构建信息系统密码安全应用时，应做到“正确规范”。

2.2 数字政府密码应用建设“三同步一评估”

《国家政务信息化项目建设管理办法》第十五条规定，“项目建设单位应当落实国家密码管理有关法律法规和标准规范的要求，同步规划、同步建设、同步运行密码保障系统并定期进行评估”。国务院印发《关于加强数字政府建设的指导意见》（国发〔2022〕14号）第三条“构建数字政府全方位安全保障体系”第（二）点“落实安全制度要求”中也明确指出：“建立健全网络安全、保密监测预警和密码应用安全性评估的机制，定期开展网络安全、保密和密码应用检查，提升数字政府领域关键信息基础设施保护水平”。这些法律法规明确规定数字政府信息化系统中的密码应用建设应做到“三同步一评估”，即数字政府信息化系统的密码应用与安全性评估贯穿于系统的规划、建设和运行阶段，具体实施过程如图2-1所示。

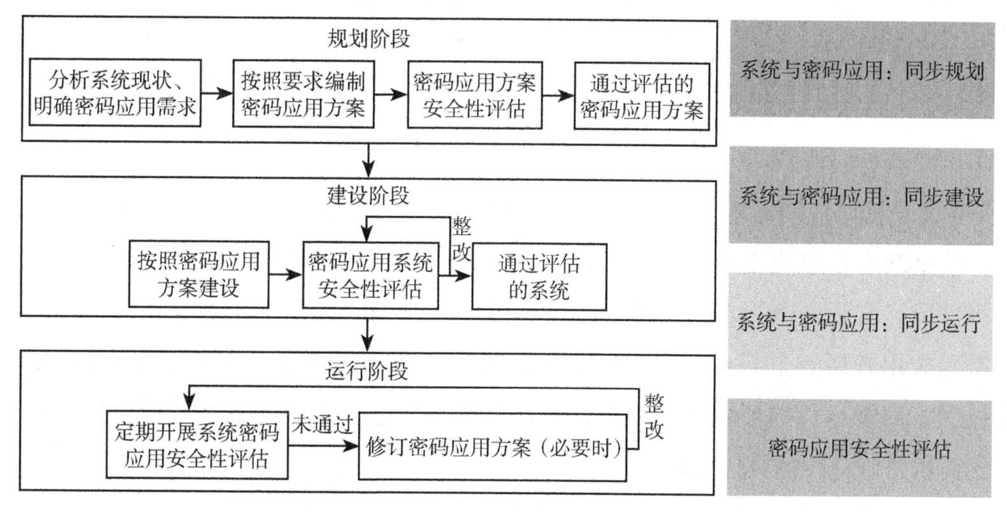

图2-1 数字政府信息化系统密码应用与安全性评估实施过程示意图

为了确保密码应用建设的安全性和稳健性，密码应用建设方案及其相关服务可依托具备相关资质的专业商用密码厂商提供支撑，以获得必要的技术和服务支持。

2.2.1 数字政府密码应用工程规划阶段

在数字政府信息化系统密码应用规划阶段，项目建设单位应首先对现有系统密码应用进行深入分析，明确面临的安全风险、风险控制需求与密码应用需求等；然后，根据系统密码应用的网络安全保护等级，依据GB/T 39786—2021《信息安全技术 信息系统密码应用基本要求》等相关标准，编制数字政府密码应用方案，并申请进行商用密码应用安全性评估（以下简称“密评”）。只有密码应用方案通过密评，项目才能立项。以下简要介绍信息化系统密码应用规划阶段的主要工作（见图2-2）。

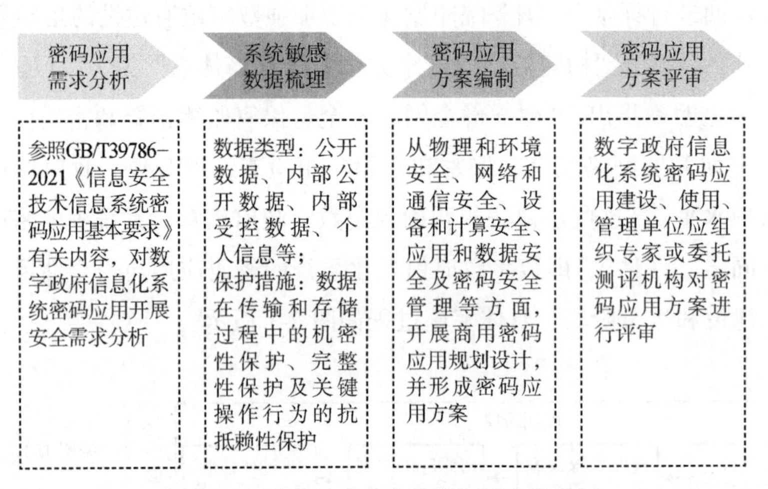

图2-2 数字政府信息化系统密码应用规划

首先是密码应用需求分析。为了保障数字政府信息化系统密码应用的安全稳定运行，数字政府信息化系统密码应用建设、使用、管理单位需根据信息系统等级保护定级情况和实际安全需求，参照GB/T 39786-2021有关内容，对数字政府信息化系统密码应用开展安全需求分析。具体分析包括数字政府信息化系统密码应用拟定等保级别、部署运行的环境及网络等，在此基础上，进一步确定数字政府信息化系统中的商用密码应用的具体需求。

其次是系统敏感数据梳理。根据数字政府信息化系统中产生、管理、使用的业务数据，参考行业、单位内部数据安全分类分级标准，梳理出该数字政府信息化系统中的敏感数据，并标明数据类型及保护措施。

1）数据类型：公开数据、内部公开数据、内部受控数据及个人信息等。

2）保护措施：确保数据在传输和存储过程中的机密性保护、完整性保护及关键操作行为的抗抵赖性保护。

第三是密码应用方案编制。在编制密码应用方案的过程中，数字政府信息化系统的使用方和建设方需配合、协助密码应用建设专业团队或公司，完成需求调研及梳理工作。

依据数字政府信息化系统密码应用建设、使用、管理单位的设计目标、设计思路和安全策略，密码应用建设专业团队或公司需从物理和环境安全、网络和通信安全、设备和计算安全、应用和数据安全及密码安全管理等方面，开展商用密码应用规划设计，并形成密码应用方案。

最后是密码应用方案评审。数字政府信息化系统密码应用建设、使用、管理单位应组织专家或委托测评机构对密码应用方案进行评审，评估结果将作为项目规划立项的重要依据和申报使用财政性资金的必备材料。

2.2.2 数字政府密码应用工程建设阶段

在数字政府信息化系统密码应用建设阶段，系统集成单位在项目建设单位的明确要求下，按照通过密评的密码应用方案建设密码保障系统，确保系统中的密码应用符合国家密码管理要求。若在建设阶段涉及调整优化密码应用方案，项目建设单位应再次委托密评机构对调整后的密码应用方案进行评审确认。系统建设完成后，项目建设单位委托密评机构对系统开展密评。系统通过密评是项目验收的必要条件。数字政府信息化系统密码应用工程建设阶段如图 2-3 所示。

密码产品选型	新建密码应用开发	已建密码应用改造	制定实施方案	密码应用集成实施	密码应用安全性评估
选用经国家密码管理部门核准的商用密码产品、许可的密码服务	依据商用密码应用需求，同步规划建设密码保障体系，增加密码应用功能模块，采用国产商用密码进行保护	未使用密码技术或国产商用密码算法的数字政府信息化系统，需进行密码国产化改造	包括但不限于信息系统概述、安全需求分析、商用密码系统设计方案、商用密码产品清单、商用密码系统安全管理与维护策略、商用密码系统实施计划等	按照密码应用方案和实施方案开展数字政府密码应用集成实施工作	管理单位应当委托国家密码管理局认可的密码测评机构进行商用密码应用安全性评估

图 2-3 数字政府信息化系统密码应用工程建设阶段

（1）密码产品选型

数字政府信息化系统密码应用建设、使用、管理单位应按照国家商用密码管理要求，选用经国家密码管理部门核准的商用密码产品、许可的密码服务。

（2）新建密码应用开发

新建的数字政府信息化系统密码应用应当依据商用密码应用需求，同步规划建设密码保障体系，增加密码应用功能模块，采用国产商用密码进行保护。

（3）已建密码应用改造

对于现有的数字政府信息化系统密码应用，若未使用密码技术或国产商用密码算法，项目建设单位需依据商用密码应用需求进行密码国产化改造，增加或改造密码应用功能模块，使其能够适配国产商用密码算法。

（4）制定实施方案

数字政府信息化系统密码应用建设、使用、管理单位应制定密码实施方案。方案内容应包括但不限于信息系统概述、安全需求分析、商用密码系统设计方案、商用密码产品清单（包括产品资质、功能及性能列表、产品生产单位等）、商用密码系统安全管理与维护策略、商用密码系统实施计划等。

（5）密码应用集成实施

按照密码应用方案和实施方案，数字政府信息化系统密码应用建设、使用、管理单位需开展数字政府密码应用集成实施工作。

（6）密码应用安全性评估

在数字政府信息化系统投入运行前，数字政府信息化系统密码应用建设、使用、管理单位应当委托国家密码管理局认可的密评机构，对其进行商用密码应用安全性评估。评估结果将作为项目验收的必备材料。

若某数字政府信息化系统密码应用未通过密评，项目建设单位应针对评估中发现的安全问题及时整改，整改完成后可请密评机构进行复评，更新评估结果。若整改后仍未通过评估，该项目不得通过验收。

2.2.3　数字政府密码应用工程运行阶段

在数字政府信息化系统运行阶段，项目使用单位应定期委托密评机构对系统开展密评工作，如图 2-4 所示。对于网络安全保护等级第三级及以上的数字政府信息化系统密码应用，每年至少进行一次密评，可与关键信息基础设施安全检测评估、网络安全等级保护测评等工作统筹考虑、协调开展。在对密码应用安全性评估时，相应指标要求如下：“--”表示该项不做要求；“应”表示信息系统管理者应遵循相关要求；“宜”表示由审查通过的信息系统密码应用方案，决定遵循或不遵循相应的要求来实现安全保护，如不遵循，应说明原因，以及替代性安全措施；“可”表示信息系统管理者可按照业务实际情况，自主选择遵循或不遵循相应的要求来实现安全保护。

数字政府信息化系统运行期间的密码应用安全应遵循持续改进的原则，根据安全需求、系统脆弱性、风险威胁程度、系统环境变化以及对系统安全认识的深化等，及时检查、总结、调整现有的密码应用措施，确认系统各项密码技术和管理措施是否落实到位。若系统约束条件发生重要变化，项目使用单位必要时需修订密码应用方案，并升级改造系统。若运行阶段的数字政府信息化系统密码应用未通过密评，项目使用单位应按要求对系统进行整改，之后再次开展密评工作。整改期间，项目使用单位应保证系统的安全性。

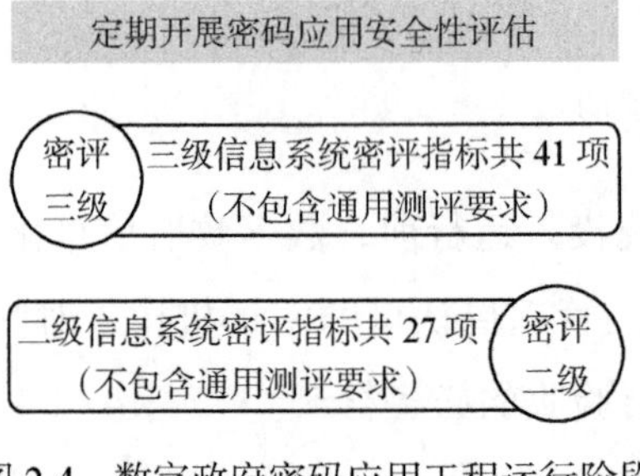

图2-4 数字政府密码应用工程运行阶段

第 3 章 Chapter 3

数字政府密码应用建设方案

数字政府作为信息化时代的产物，成为连接政府与民众的桥梁。然而，这座桥梁的稳固性在很大程度上取决于其密码应用的设计与管理。一个细致、全面的密码应用建设方案，如同建筑大厦的蓝图，决定了结构的稳定性和功能的完备性。

本章将深入探讨密码应用技术框架的细节，详细阐述从物理和环境安全、网络和通信安全、设备和计算安全到应用和数据安全的设计思路。同时，本章也会深化到密码应用的安全管理层面，涉及人员培训、管理制度的建立、应急响应策略等关键因素。每一项内容都将在一个系统性的建设清单中得到展现和解读。希望通过这一章的学习，读者不仅对数字政府密码应用有更加深入的理解，而且能够明白一个成功的数字政府建设方案离不开每一个细节的精心策划与管理。

3.1 密码应用技术框架

在满足总体性、完备性、经济性原则的基础上，数字政府信息化系统通过采用一系列密码产品来满足密码应用需求。这些密码产品包括身份认证系统、数据加解密系统、电子文件安全验证系统、服务器密码机、云服务器密码机、智能密码钥匙、

SSL 密码模块、移动智能终端安全密码模块、SSL VPN 综合安全网关、安全浏览器密码模块、门禁系统及视频监控系统等。这些密码设备及密码应用需进行正确配置，以满足数字政府信息化系统的密码应用需求。同时，为了保障数字政府信息化系统密码安全服务的标准化调用，减少接口不兼容所引起的重复开发工作和安全性问题，项目建设中密码应用承建商应提供满足应用需求的、统一的、标准化的接口，让数字政府信息化系统利用相应密码服务开展密码应用和密评业务，提高信息系统安全服务的通用性和可移植性，降低信息系统安全风险。

密码应用技术体系框架如图 3-1 所示。

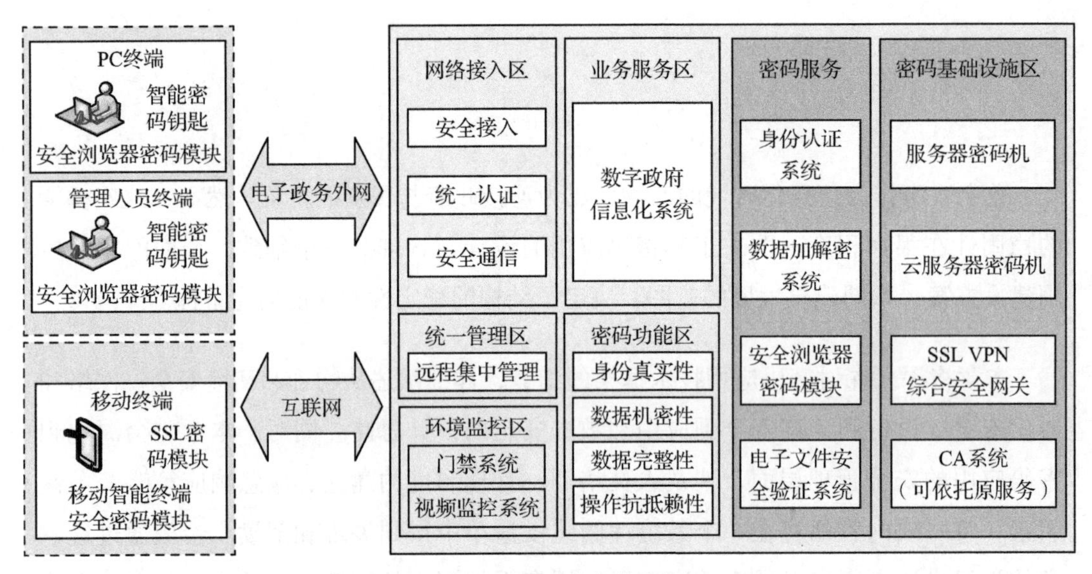

图 3-1 密码应用技术体系框架

1）**身份认证系统：**采用数字证书与 PIN 码，实现双因子认证服务，增强数字政府信息化系统登录安全，确保用户身份的真实性。

2）**移动智能终端安全密码模块：**采用密钥分割技术实现移动端业务用户身份认证服务，增强数字政府信息化系统登录安全，确保用户身份的真实性。

3）**数据加解密系统：**为数字政府信息化系统提供重要数据加解密服务，通过数字政府信息化系统与数据加解密系统接口对接服务，为存储数据提供机密性保护。

4）**电子文件安全验证系统：**为数字政府信息化系统提供重要数据完整性保护服务，通过数字政府信息化系统与电子文件安全验证系统接口对接服务，为重要数据提供完整性保护。

5）**智能密码钥匙：**作为数字证书的载体，配合身份认证系统完成登录人员身份真实性认证。

6）**安全浏览器密码模块：**配合数字政府信息化系统内部署的 SSL VPN 综合安全网关，形成安全传输链路，为数字政府信息化系统提供数据安全传输服务。

7)**SSL VPN 综合安全网关：**配合安全浏览器密码模块构建应用层 SSL 安全链路，保障业务数据传输安全。

8）**SSL 密码模块：**为移动端业务数据传输构建安全链路，实现数据传输链路加密。

9）**门禁系统：**采用国密技术实现进入机房人员的身份鉴别，并保护进出记录的完整性。

10）**视频监控系统：**采用视频监控系统实现视频记录完整性保护。

11）**服务器密码机 / 云服务器密码机：**提供密钥管理服务，为数字政府信息化系统提供数据加解密基础运算服务。

3.2　密码应用技术管理设计

3.2.1　物理和环境安全设计

物理和环境安全层面的密码应用设计，需考虑被保护数字政府信息化系统所部署的机房是否属于本单位管理。若属于本单位管理、运维，则需按照该节技术路线实施；若被保护的数字政府信息化系统部署在政务云或运营商的机房中，则应向提供托管服务的集成商提出密码应用的要求。如果托管的机房已经满足密码应用建设标准，项目整体密码应用安全性测评时，可继承机房所实现的密码应用技术指标，获得相应指标分值。

本节以本单位管理的机房为例，介绍物理和环境安全设计。当数字政府信息化系统所使用的物理或虚拟设备部署在本单位内部机房中时，采用国密产品及技术鉴别进出机房人员的身份信息，并对进出机房的门禁记录和视频监控记录做完整性保护，如在物理机房安装国密电子门禁系统、国密视频监控系统，且相关系统符合 GM/T 0036—2014《采用非接触卡的门禁系统密码应用技术指南》。物理和环境安全设计示意图如图 3-2 所示。

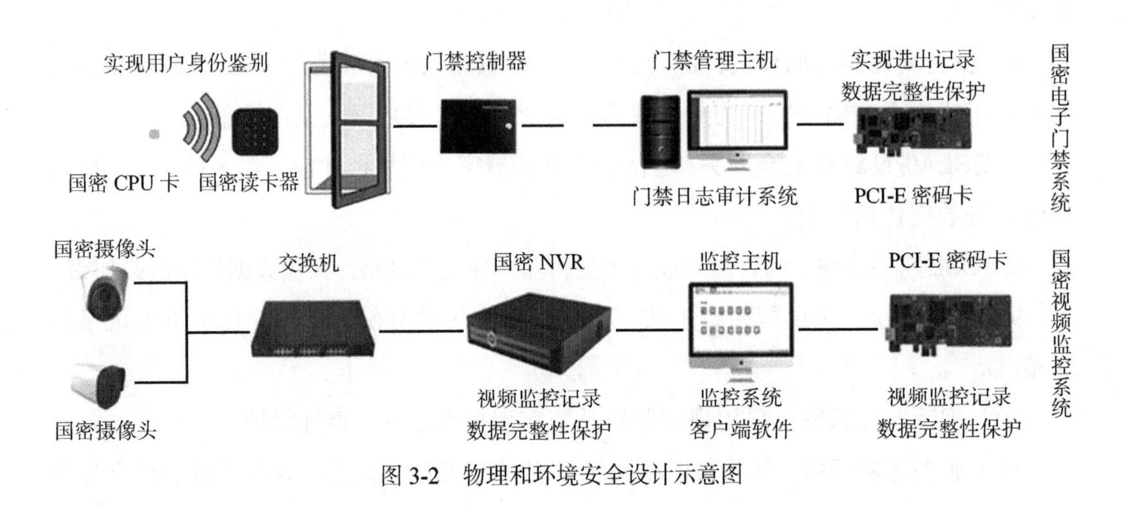

图 3-2 物理和环境安全设计示意图

3.2.1.1 电子门禁系统

为了确保机房的物理安全，机房需部署符合 GM/T 0036—2014 标准中规定的电子门禁系统。标准 GM/T 0036—2014 规定了采用非接触式卡的门禁系统的相关要求，规定了采用密码安全技术时系统中使用的密码设备、密码算法、密码协议和密钥管理的相关要求。

门禁系统使用国密算法（如 SM4 等）进行密钥分散，实现门禁卡的一卡一密，并基于国密算法对人员身份进行鉴别，采用 HMAC-SM3 等技术实现门禁记录数据的存储完整性保护。下面介绍安全门禁系统组成与密码应用流程。

（1）门禁系统组成

基于非接触 CPU 卡的门禁系统中的密码应用涉及应用系统、密钥管理及发卡系统，如图 3-3 所示。

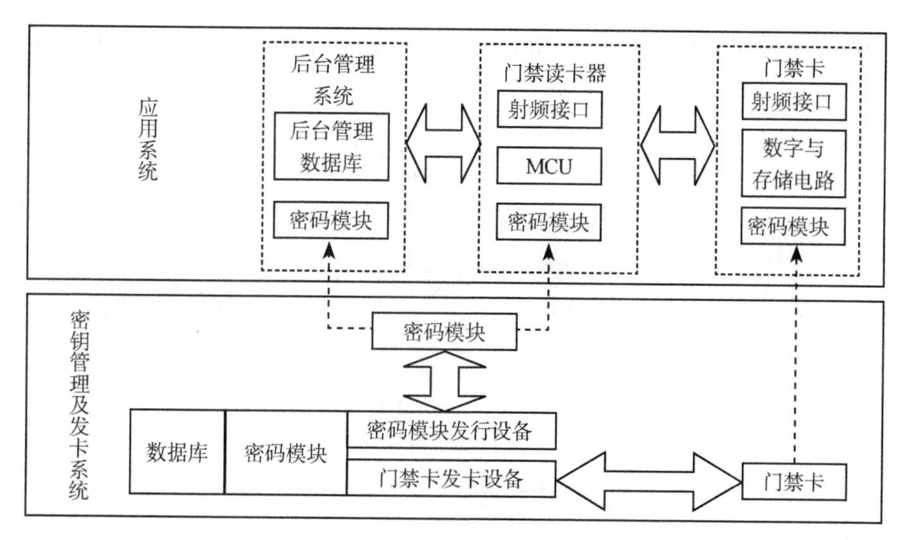

图 3-3　门禁系统中密码应用结构

门禁系统一般由门禁卡、门禁读卡器和后台管理系统构成，通过各设备内的密码模块对系统提供密码安全保护。

1）门禁卡内的密码模块：用于门禁读卡器或后台管理系统对门禁卡进行身份鉴别时（鉴别门禁卡是否合法）提供密码服务（如计算鉴别码）。

2）门禁读卡器或后台管理系统内的密码模块：用于对门禁卡进行身份鉴别时提供密码服务（如密钥分散、验证鉴别码等）。在具体设计门禁系统时，我们可选择在门禁读卡器或后台管理系统内配用密码模块。

（2）门禁系统密码应用流程

门禁系统采用国家密码主管部门规定的密码技术，实现门禁卡和门禁读卡器之间的身份鉴别和数据加密通信。

以基于 SM1/SM4 算法的非接触 CPU 卡的门禁系统为例，门禁系统示意图如图 3-4 所示。该系统采用基于国密 SM1/SM4 算法的 CPU 卡，卡内存放发行信息和卡片密钥，并具有符合相关标准的片内操作系统（Chip Operating System，COS）。门禁卡与非接触读卡器之间采用 SM1/SM4 算法进行身份鉴别和数据加密通信。发卡系统和读写器中的安全模块同样采用 SM1/SM4 算法进行门禁卡的密钥分散，实现一卡一密。

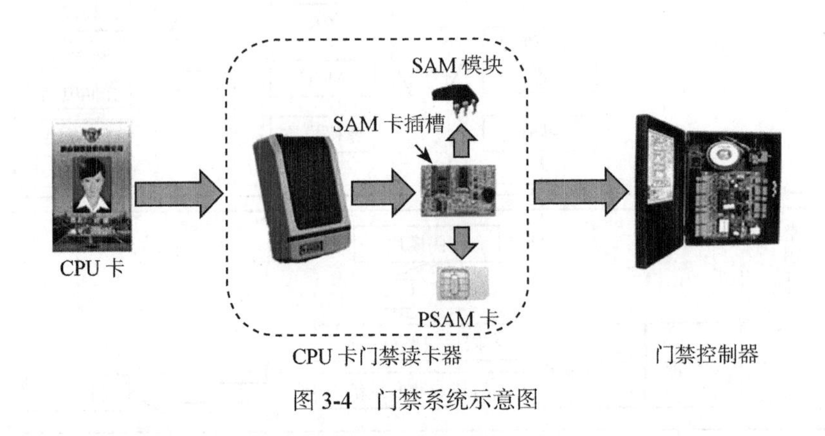

图 3-4 门禁系统示意图

当门禁卡读卡器包含 SM1/SM4 安全模块时，安全门禁系统原理如图 3-5 所示。在本方案中，射频接口模块负责读卡器与门禁卡之间的射频通信；MCU 负责读卡器内部的数据交换，与后台管理系统及门禁执行机构的数据通信。SM1/SM4 安全模块负责读卡器中的安全密码运算，鉴别门禁卡的合法性，存放系统根密钥。门禁读卡器上传鉴别结果给后台管理系统，后台管理系统进行实时或非实时门禁权限及审计管理，门禁执行机构具体完成门禁操作。

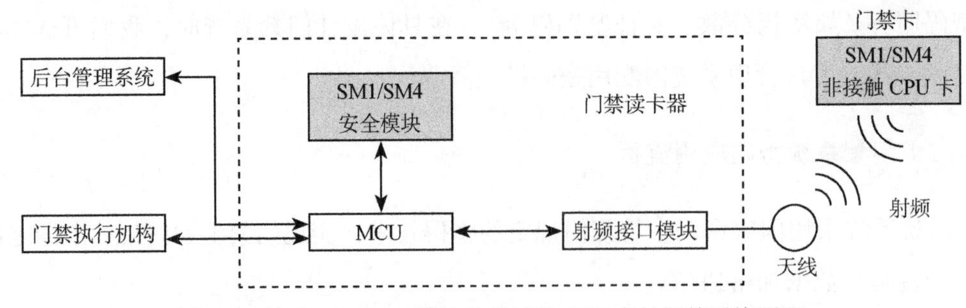

图 3-5 基于 SM1/SM4 算法的非接触 CPU 卡的门禁系统原理

3.2.1.2 视频监控与数据存储

为了确保机房监控数据的安全性，机房环境视频监控系统客户端需部署满足国家和行业相关标准的视频加密盒。而服务端需装有相应的符合国家和行业密码相关标准的解密服务器，配套实现完整的加解密。视频监控系统采用 HMAC-SM3 等技术实现视频记录数据的存储完整性保护。其中，HMAC-SM3 密钥由视频加密盒与解密服务器共同生成，从而消除密钥分发、导入与导出过程中的潜在风险。视频监控系统使用 Key 进行身份鉴别。Key 中存储有具备相关资质的第三方 CA 颁发的数字证书，用于鉴别电子门禁系统和视频监控系统管理员的身份真实性。

视频监控系统所使用的密码算法、密钥管理技术等均需符合 GM/T 0036-2014《采用非接触卡的门禁系统密码应用指南》、GM/T 0028-2014《密码模块安全技术要求》等标准，采用符合标准的安全电子门禁、视频加密盒与解密服务器等。

（1）视频监控系统组成

视频监控系统主要由相关的硬件产品和软件管理平台组成，确保视频信息在整个生命周期（包括处理、传输、存储、显示、控制和回放等）中都受到机密性与完整性保护。视频监控系统的组成与功能如图 3-6 所示。硬件产品主要包括国密 NVR 和 PCI-E 密码卡，软件产品包括软件客户端。就功能而言，上述产品可划分为两类。

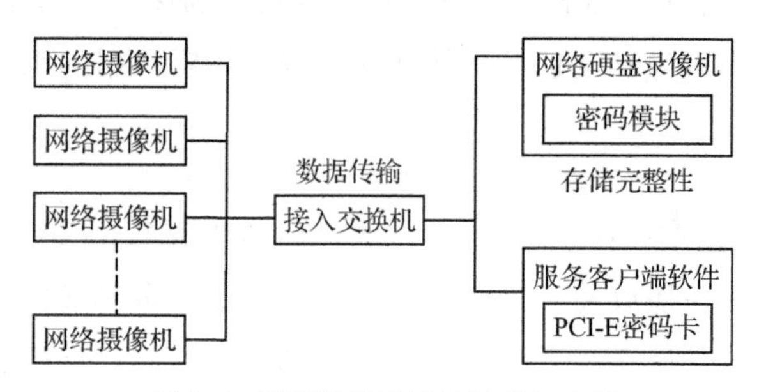

图 3-6　视频监控系统的组成与功能

1）国密 NVR：对音视频数据进行解密和完整性保护。

2）软件客户端及 PCI-E 密码卡：提供数据加密与解密功能，用于数据记录完整性校验，实现实时预览、远程回放等功能。

（2）视频数据密码应用流程

图 3-7 展示了一个精心设计的视频数据密码应用流程，突显出当代加密技术在实

际应用中的作用和重要性。在这一流程中，数据安全得到了全面的保障，确保视频资料在存储、传输以及播放的每一个环节都得到充分的保护。

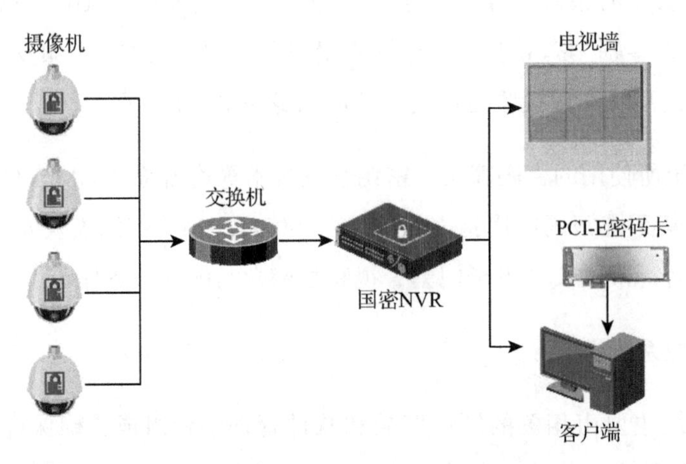

图 3-7 视频数据密码应用流程

首先，通过国密 NVR 存储视频数据，我们可以为视频记录提供一个安全的存储环境。这不仅仅是简单地存放视频数据，更重要的是确保数据的完整性。简而言之，无论因为意外损坏、人为篡改还是其他任何原因，只要数据的完整性受到威胁，该系统都可以及时发现。

当用户需要访问和播放这些视频时，流程并不是直接提供播放，而是经过一系列的安全校验。客户端在播放前会进行完整性校验。这一步骤确保了播放的视频数据是原始的、未经修改的，保证了数据的真实性和可靠性。只有校验确认数据是完整无误的，视频才会被正常播放，这样为用户提供了视频数据安全保障。

此外，这一流程还突显出现代密码技术的普遍应用和其对数据安全的卓越保障能力。在数据日益增长的数字化环境中，视频资料等多媒体数据的安全性和完整性显得尤为重要，而这样的视频数据密码应用流程为我们提供了一个可靠、有效的解决方案。

3.2.2 网络和通信安全设计

为了确保数字政府信息化系统的网络与通信安全，首先需要确定系统所运行的网络中所有数据的传输链路，如移动用户访问链路、政务用户访问链路、管理人员访问链路等。网络和通信安全旨在保护信息系统与外部实体之间网络通信的安全，确保通信实体身份的真实性、通信数据的机密性和完整性以及网络边界访问控制信息的完整性等。

数字政府信息化系统中需部署符合相关国家和行业标准的VPN网关，保证PC端到服务端、服务端与服务端之间数据传输机密性和完整性。数据备份的设备在通信前进行身份鉴别，并建立安全的数据备份传输通道。在网络和通信安全层面使用的密码算法、密钥管理技术等需符合GM/T 0025—2014《SSL VPN网关产品规范》、GB/T 36968-2018《信息安全技术 IPSec VPN技术规范》、GM/T 0028—2014《密码模块安全技术要求》等标准。为了满足上述要求，在数字政府信息化系统中，PC终端应安装SSL客户端、国密浏览器，移动终端需安装SSL客户端、App集成SSL密码模块，服务端需部署国密SSL VPN，如图3-8所示。下面简要介绍其中相关密码技术与密码服务支撑产品。

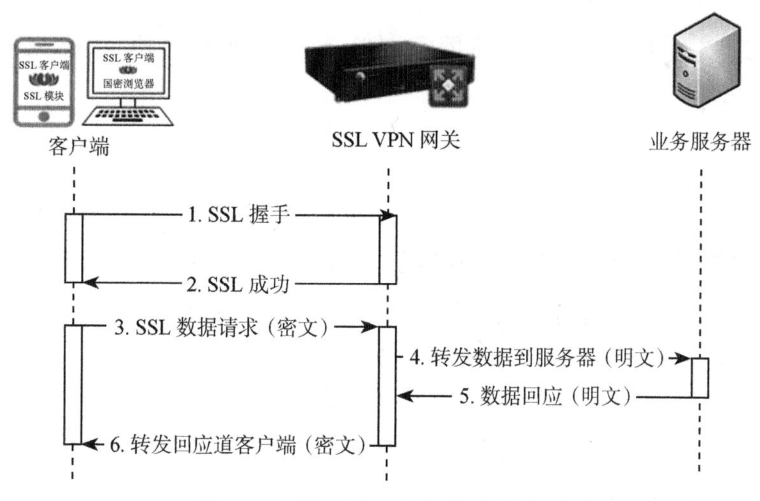

图3-8 网络和通信安全设计示意图

3.2.2.1 相关密码技术

本节介绍网络和通信安全相关的密码技术，包括身份鉴别技术、完整性与机密性保护技术等。

身份鉴别技术（如安全套接层（SSL）协议）用于确保网络和通信数据的安全。SSL 协议位于 TCP/IP 协议与各应用层协议之间，为数据通信提供安全支持。并且，为了保证数据在通信信道传输的自主安全性，SSL 协议需采用基于合规性的密码算法 SM2、SM3、SM4，使用 HMAC_SM3 等技术进行身份鉴别，最终建立一个安全的数据通信信道。

完整性与机密性保护技术，如采用基于合规性密码算法 SM2/SM3/SM4 的 SSL 协议，用于确保通信数据的完整性和机密性。使用 SM3 密码杂凑算法和 SM2 公钥密码算法对通信数据信息进行签名，确保数据的完整性。在完成身份鉴别建立通信链路后，使用对称加密算法 SM4 对传输内容进行加密，以保障通信链路中重要数据的机密性。采用 HMAC-SM3 技术与符合 GM/T 0025—2014《 SSL VPN 网关产品规范》的 SSL 应用安全网关，共同实现网络边界访问控制信息的完整性保护。

3.2.2.2 密码服务支撑产品

本节介绍安全浏览器（红莲花国密浏览器）、国密 SSL 协议、SSL 密码模块与 VPN 安全网关等。

（1）安全浏览器

安全浏览器基于 SM2、SM3、SM4 算法及系列国家密码标准，提供国产密码算法 SSL 安全连接功能，包含密码模块和安全协议模块两部分，实现了对国产密码算法和安全协议的完整支持。安全浏览器的主要功能如下。

1）支持国产密码算法 SM2、SM3、SM4。

2）实现国产密码算法 SSL 安全连接功能。

3）实现客户端安全。

4）支持我国网络自主信任体系和信任根。

5）支持国产算法证书，并原生支持国内各大 CA 根证书及相应证书链。

6）支持基于国密算法的 USB Key 和 SSL VPN 安全网关等硬件设备。

（2）国密 SSL 协议

在国密 SSL 协议中，通过握手过程，客户端和服务器之间完成会话参数协商，建立会话。会话参数主要包括会话 ID、对方的证书、加密套件（如密钥交换算法、数据加密算法、校验算法等）以及主密钥。所有通过 SSL 协议传输的数据，都将采用 SSL 会话的主密钥和加密套件进行加密和校验等。国密 SSL 协议见图 3-9 具体实现过程如下。

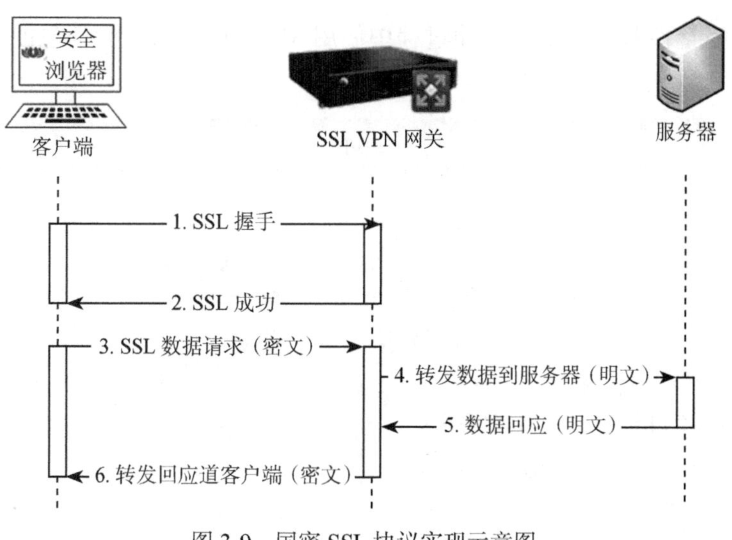

图 3-9　国密 SSL 协议实现示意图

1）客户端通过安全浏览器发起 HTTPS 连接请求，协商传输的加密算法，确认双方身份，并交换会话密钥。

2）SSL VPN 安全网关收到客户端发起的加密 HTTPS 请求后，解密请求的信息，然后通过 HTTP 的方式发送给后端的服务器。

3）服务器处理请求，并将结果返回给 SSL VPN 安全网关。

4）SSL VPN 安全网关使用会话密钥加密请求，然后将结果返回给客户端。

5）客户端使用会话密钥解密返回结果，并在安全浏览器上显示。

（3）SSL 密码模块

SSL 密码模块提供常用的国密算法运算接口、国密 SSL 安全链路通信接口及密钥管理功能（包括国密 SM2、SM3、SM4、ZUC 算法实现，国密 SSL 连接实现、密钥生成及管理等）。国密 SSL 提供基于国密算法和套件的加密通信能力（见图 3-10），安全功能如下。

1）数据传输机密性：利用对称密码算法对传输的数据进行加密保护。

2）身份鉴别：基于证书的数字签名方法对服务器和客户端进行身份鉴别，其中客户端的身份鉴别是可选的。

3）消息完整性验证：消息传输过程中使用 MAC 算法来检验消息的完整性。

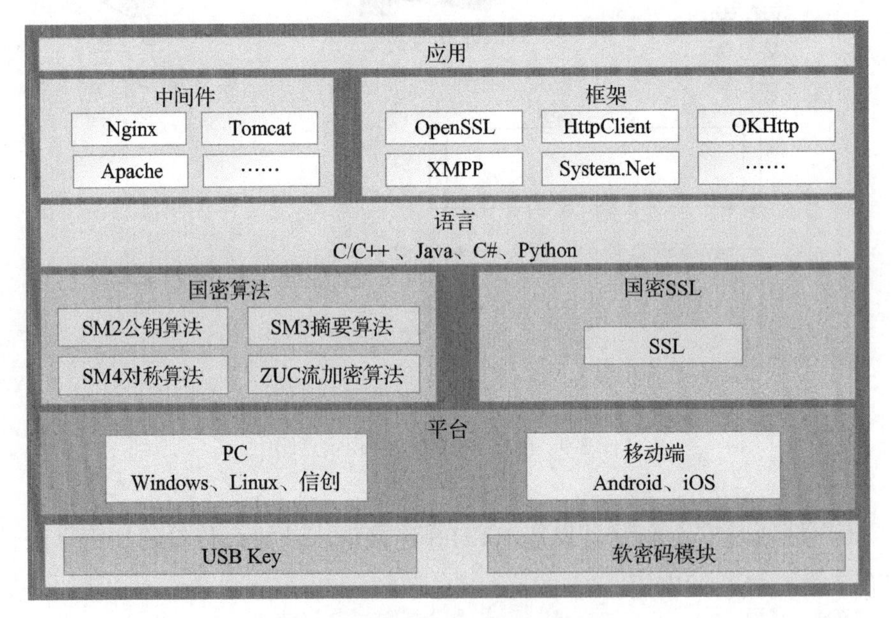

图 3-10 国密 SSL 框架示意图

（4）VPN 安全网关

VPN 安全网关支持国产商密算法 SM2、SM3、SM4，支持基于国密数字证书的身份鉴别及安全加密传输，支持在网关与客户端直接建立加密传输通道，能够提供远程安全接入功能以访问内部网络资源，并保证数据在传输中的完整性和机密性。它的主要特性如下。

1）国密支持：支持国密算法 SM2、SM3、SM4 算法。

2）数字证书：支持标准的 X509 数字证书规范。

3）身份鉴别：支持 USB Key 证书认证方式。

4）高可用性：支持双机热备（Active-Standby 模式）和负载均衡（Active-Active 模式）。

5）IP 地址管理：支持私有 IP 地址池（NAT 转换）和外部 IP 地址池，可通过回程路由配置实现资源和终端双向互联互通。

6）实时监控：监控在线用户的各类活动数据，如登录时间、在线时间、访问流量、鉴别方式等多种信息。管理员可强制中断在线用户的隧道连接，并可监控 CPU、内存、进程、网络流量和在线并发用户数等。

3.2.3 设备和计算安全设计

为了确保设备与计算安全，登录密码设备、服务器设备、数据库软件和操作系统等基础设施需进行密码应用安全性评估。在常规项目中，堡垒机设备用来增强设备和计算安全，但它的主要功能是缓解外部人员攻击，并且提供事前防御、事中控制、事后审计等功能。登录堡垒机需要验证人员的合法性，以及确保登录过程中数据的机密性与完整性，因此，需要向相关人员配发基于国密的智能密码钥匙，以鉴别管理员身份以及防止非授权人员登录。运维用户需使用符合 GM/T 0027-2014《智能密码钥匙技术规范》的 USB Key 登录堡垒机，并通过堡垒机进行设备运维，还需通过防火墙配置访问控制策略，限制用户直连设备。

设备和计算安全层面所使用的密码算法、密码技术、密码服务、密钥管理需符合 GM/T 0030-2014《服务器密码机技术规范》、GM/T 0027-2014《智能密码钥匙技术规范》等相关标准要求，并使用 USB Key 和服务器密码机来实现。如图 3-11 所示，为了满足设备与计算安全，终端需使用智能密码钥匙、国密浏览器进行身份鉴别与安全远程管理，堡垒机前端需部署 SSL VPN 等密码设备，服务器终端需部署电子文件安全验证系统等。下面简要介绍所涉及的密码技术。

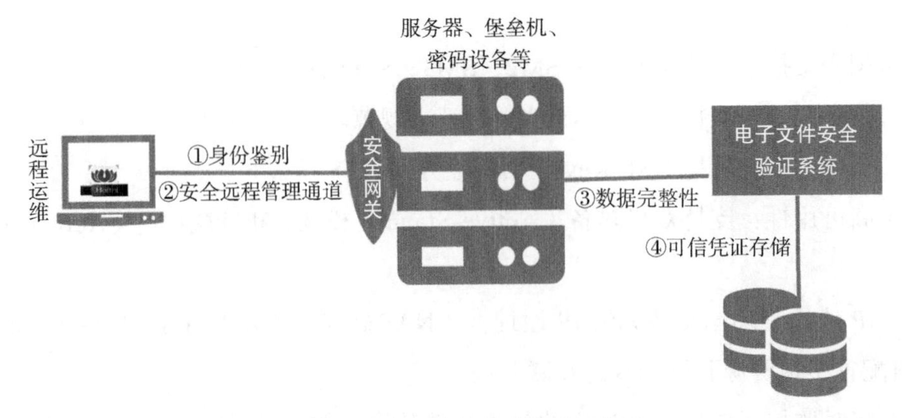

图 3-11 设备和计算安全设计示意图

3.2.3.1 身份鉴别与访问控制

运维用户登录堡垒机需采用国密 CA 基础设施签发的国密证书和智能密码钥匙进行身份鉴别，防止非授权人员登录。

由于各设备底层资源开放程度不同，不同设备可能有不同的访问控制保护措施。那些未能完全实现访问控制保护的设备需采取严格的权限管理，根据权限分离原则，只为管理员分配必要的最小权限，通过严格的管理措施降低安全风险。

3.2.3.2 设备管理与日志记录

管理、运维、审计人员需使用 USB Key 进行身份鉴别后登录，并通过 SSL VPN 搭建安全传输通道以访问堡垒机，对密码设备和通用服务器资源进行统一管理。

在数字政府信息化系统中，密码应用需要检查是否为重要信息资源进行了安全标记，若已标记，则需采用电子文件安全验证系统提供数据完整性保护，保障数据标记的完整性。未进行安全标记的信息资源可作为不适用项，但需阐述不适用的理由。设备管理和日志记录指标不纳入密码改造范围。

通用服务器等设备的日志记录由应用系统或自身的审计功能去管理，并使用电子文件安全验证系统提供数据完整性保护。密码设备的日志记录由设备本身去实现完整性保护。

受应用支撑及当前产业支撑水平所限，确保重要可执行程序的完整性和来源真实性是一个挑战，需确保重要可执行程序均从官方渠道获取，在安装前对程序进行验证，保证其没有被篡改，从而在一定程度上降低安全风险。

3.2.4 应用和数据安全设计

图 3-12 展示了一个综合性的、多层次的应用和数据安全架构，通过多种技术和策略，确保数据在各个环节的安全性和完整性，为用户和业务提供了一个可靠、高效的数据安全环境，以确保数据在传输、存储和使用过程中安全、完整。

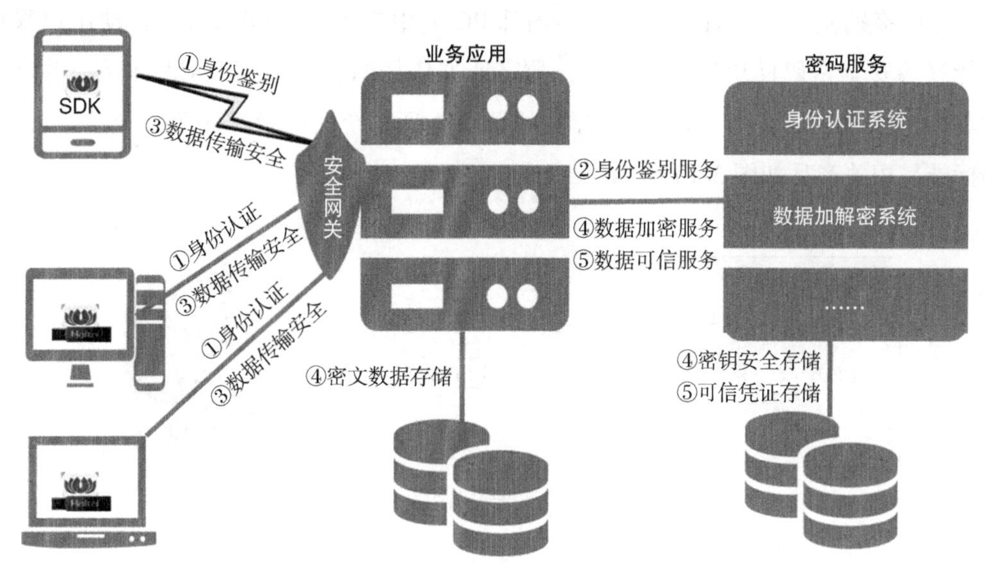

图 3-12　应用和数据安全设计示意图

首先是保护终端安全。对于 PC 终端，采用智能密码钥匙和国密浏览器，为用户提供了一个安全的上网环境，确保数据传输的安全性。对于移动终端，集成移动密码模块和 SSL 密码模块，确保移动设备上的数据传输和存储的安全性，同时为移动设备用户提供了一个安全的应用环境。

其次是保护业务服务端安全。通过集成密码服务平台、SSL VPN、身份认证系统、数据加解密系统和电子文件安全验证系统，为服务端数据提供了全方位的安全保障。

在整个系统中，通过安全网关，实现业务应用与终端之间的身份鉴别和数据的安全传输。业务应用中的数据以密文形式存储，进一步增强数据的安全性。密码服务为业务应用提供身份鉴别服务、数据加密服务和数据可信服务等。

密码服务部分包括身份认证系统和数据加解密系统。这些系统确保了数据传输和存储的安全性。密码服务还负责安全存储密钥和可信凭证，为整个系统的运行奠定一个安全的基础。

3.2.4.1　身份鉴别及相关产品

身份鉴别基于数字证书实现，为内部 PC 端用户配发 USB Key，移动用户采用智能终端安全密码模块实现。其中，数字证书依托新构建或现有 CA 体系，并遵循 GM/T 0034-2014《基于 SM2 密码算法的证书认证系统密码及其相关安全技术规范》等标准，相关产品如图 3-13 所示。

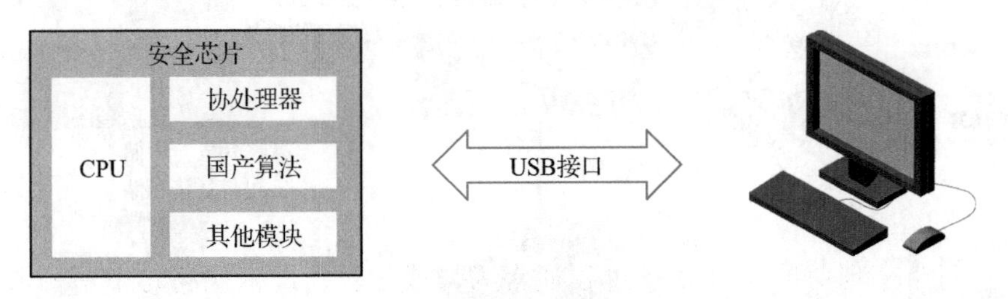

图 3-13　智能密码钥匙组成

PC 端产品智能密码钥匙遵循 GM/T 0017-2012《智能密码钥匙密码应用接口数据格式规范》等国密标准规范，采用国产高性能安全芯片，内置 SM1、SM2、SM3、SM4、SM9 等国产算法，具有加密、解密、签名、验签等功能。

移动端密码产品移动智能终端密码模块提供传统硬件 Key 的功能，基于软件而不依赖硬件密码芯片，实现了密码设备、密码运算和 CA 数字证书存储等功能，是实现移动互联网应用安全的核心（见图 3-14）。密码模块利用密钥分割、协同运算等密钥保护机制，支持基于 SM2、SM3、SM4 算法的数字签名和验证，提供对称和非对称加解密、杂凑运算等密码服务，支持证书请求文件生成与证书存储等。

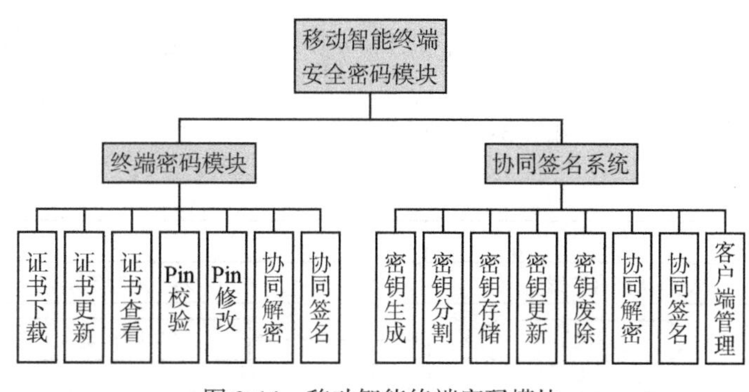

图 3-14　移动智能终端密码模块

服务端密码产品身份认证系统遵循 GM/T 0034-2014《基于 SM2 密码算法的证书认证系统密码及其相关安全技术规范》标准。身份认证系统通过信息化系统服务端调用身份认证服务，实现登录业务系统用户的身份鉴别，保证登录用户身份的真实性。身份认证系统主要包括身份认证服务、身份认证客户端与身份认证管理模块 3 部分。

1）身份认证服务主要提供接口服务，包括处理业务系统服务端的认证请求，确认业务系统客户端的身份，并返回认证结果等。提供的接口类型包括 Web Service、HTTP/HTTPS、Socket、SDK。

2）身份认证客户端包括身份认证控件和智能密码钥匙。身份认证控件可以在浏览器中运行，为业务系统提供操作 USB Key 的接口。当业务系统在使用身份认证系统进行用户身份认证时，在登录页面加载身份认证控件，调用控件接口读取智能密码钥匙中的用户证书，并对数据进行签名。智能密码钥匙内置安全智能芯片，存储空间保存用户私钥和数字证书等数据，具备密码运算能力，能完成密钥生产、安全存储、数据加密、数字签名等任务。

3）身份认证管理模块功能如下。

- 模板管理：支持系统操作员根据自己的需要定义证书模板。CA 证书管理系统支持证书新增、延期、注销、下载等功能。
- 证书管理：主要包括证书注册、证书审核、证书签发、证书维护、CRL 管理等功能模块。
- 日志管理：实现系统登录日志、操作日志、服务日志等的查询和审计。

身份认证密码应用流程如图 3-15 所示。

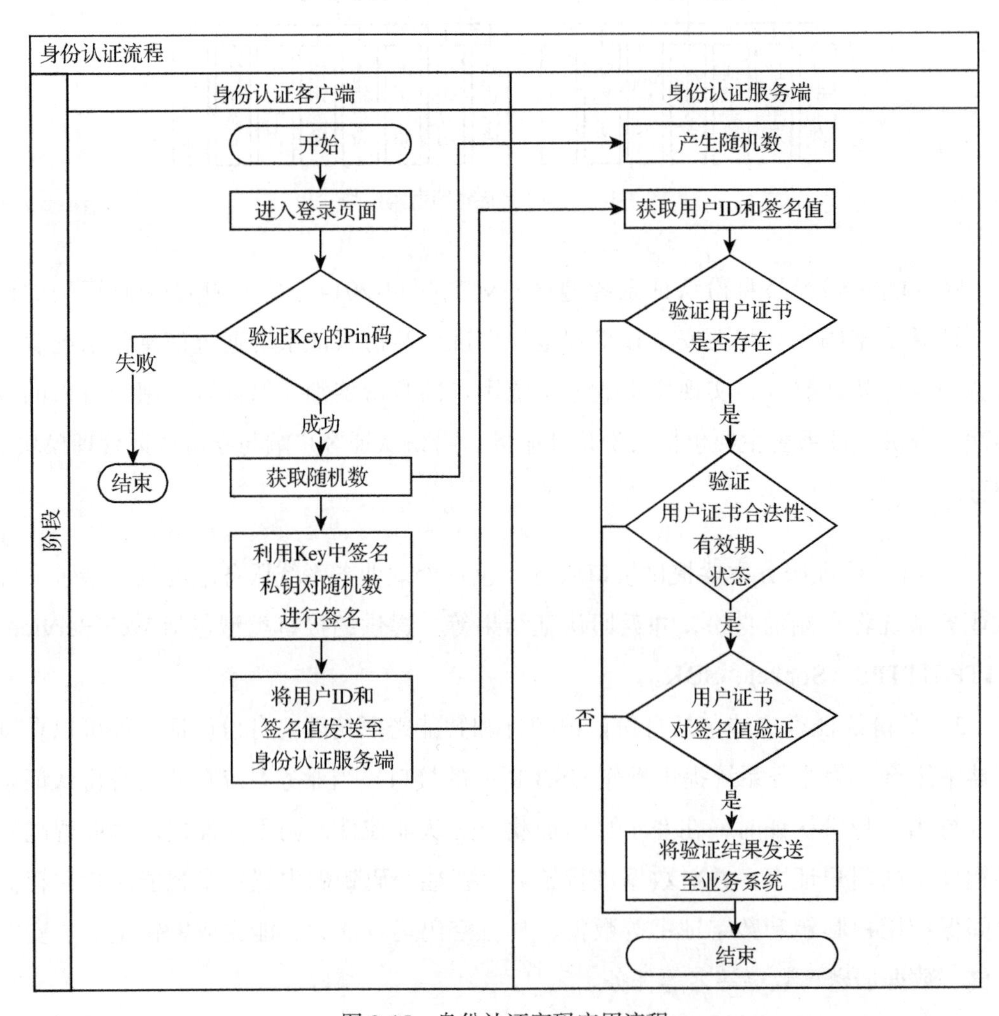

图 3-15 身份认证密码应用流程

3.2.4.2 访问控制信息的完整性保护

系统的访问控制信息需进行完整性保护，需对访问控制信息进行数字签名与验证签名。

（1）对访问控制信息进行数字签名

系统管理员每次授权完成，数字政府信息化系统自动调用电子文件安全验证服务，使用SM3杂凑算法和SM2非对称密码算法，对访问控制信息进行签名，并存储访问控制信息列表及其数字签名值，保证其完整性。

访问控制信息的完整性保护工作流程如下。

1）系统管理员打开授权模块。

2）系统管理员进行授权，并保存。

3）系统存储访问控制信息。

4）系统将访问控制信息提交到电子文件安全验证服务，申请数字签名。

5）电子文件安全验证服务使用SM3杂凑算法，计算访问控制信息的摘要值。

6）电子文件安全验证服务调用数字政府信息化系统的签名私钥，对摘要值做数字签名，形成签名值。

7）电子文件安全验证服务将签名值返回数字政府信息化系统。

8）如果数字政府信息化系统没有接收到签名值，在终端页面显示访问控制信息完整性保护失败。

9）如果数字政府信息化系统接收到签名值，存储访问控制信息及其签名值，在终端页面显示访问控制信息完整性保护成功。

（2）验证访问控制信息的数字签名

当系统管理人员登录时，数字政府信息化系统自动调用电子文件安全验证服务，使用SM3杂凑算法和SM2非对称密码算法，验证访问控制信息的数字签名，及时发现篡改行为。

访问控制信息的完整性保护验证流程如下。

1）系统管理员通过身份认证。

2）数字政府信息化系统提取当前访问控制信息与数字签名值，传送电子文件安全验证服务，申请签名验证。

3）电子文件安全验证服务获取当前访问控制信息和数字签名值。

4）电子文件安全验证服务调用数字政府信息化系统的签名公钥，解密访问控制信息的数字签名值，获取访问控制信息的摘要值。

5）电子文件安全验证服务使用SM3杂凑算法，计算当前访问控制信息的摘要值。

6）电子文件安全验证服务比较当前访问控制信息的摘要值与存储的访问控制信息的摘要值是否一致，并向数字政府信息化系统返回结果。

7）如果两个摘要值一致，说明访问控制信息未被篡改，数字政府信息化系统根据用户权限显示相应内容。

8）如果两个摘要值不一致，说明访问控制信息已经被篡改，数字政府信息化系统通知系统管理员处理，并在终端提示。

3.2.4.3　重要数据存储的机密性保护

数字政府信息化系统通过调用数据加解密服务接口，对重要数据存储进行加密保护，以防数据泄露。数据存储加解密示意图如图3-16所示。

（1）数据加解密系统

数字政府信息化系统调用数据加解密系统进行敏感数据的保护，实现身份鉴别数据、用户数据、函件信息等重要数据的加密存储，防止数据泄露。数据加解密系统为商用密码检测中心合规性密码产品，主要功能如下。

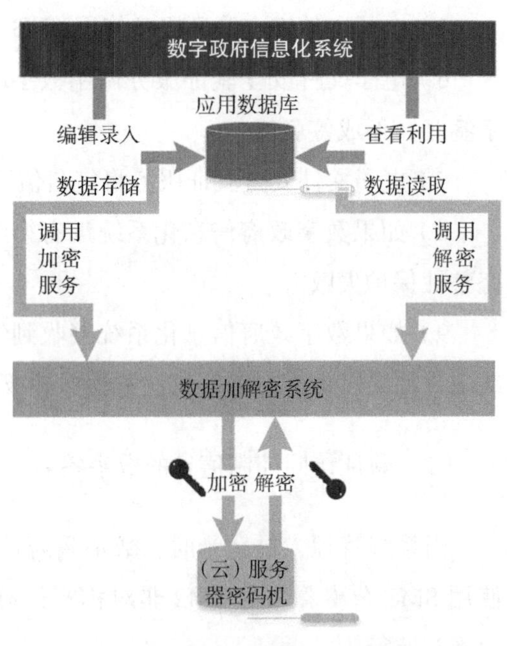

图3-16　数据存储加解密示意图

1）应用接入管理：主要负责管理接入数据加解密服务，提供注册和接入服务。

2）应用主密钥生成：为应用系统生成应用主密钥，并加密存放在云密码机中，用来保护密钥加密密钥。

3）密钥加密密钥生成：为应用系统生成密钥加密密钥，并存放在数据加解密服务中，用来保护数据加密密钥在数据库的存储安全。

4）数据加密密钥调度：通过调用密钥管理基础设施生成数据加密密钥，并保存调用关系。数据加密密钥经密钥加密密钥加密后存储在本系统中。

5）业务数据密钥对照：满足细粒度的数据加密需求，最细支持一文一密、一数据一密工作，也可以放宽密钥支持的粒度，支持对多个数据随机分配加密密钥。本模块需管理业务数据与数据密钥的对照关系。

6）数据加密：接收应用系统发起的数据加密请求，获取数据及密钥，在通用密码服务层集中处理数据加密请求。

7）数据解密：接收应用系统发起的数据解密请求，获取数据及密钥，在通用密码服务层集中处理数据解密请求。

8）数据完整性校验：接收应用系统发起的数据完整性保护校验请求，在数据传输过程中同步进行数据的完整性校验，并在检测到完整性错误时采取消息报警和恢复措施。

9）加密密钥备份：数据加密密钥会在数据加解密系统中根据配置的策略进行预生成，使用相应的密钥加密密钥加密后保存在密钥管理基础设施的数据库中。数据加解密系统保存获取加密密钥的索引或密钥本身作为备份。

10）数据加解密系统统计：提供数据加解密系统各类密钥使用情况、加密数据数量及分布、使用频度等方面的统计。

11）加密启停：提供各应用系统加密策略启停的开关，支持局部启停。

12）完整性校验启停：提供各应用系统完整性校验策略启停的开关，支持局部启停。

13）数据加解密策略：配置各应用系统的数据加解密相关策略，如加密方式、数据加密密钥复用的颗粒度、加密密钥批量产生的策略等。

14）日志管理：主要负责收集所有系统调用日志和处理日志，作为应用系统使用密码的依据。将日志转化为流式数据，统一上传到日志中心集群，然后供其他系统实时分析、处理日志，供离线数据分析和处理、异常报警、指标监控等。

（2）密码应用流程

数字政府信息化系统客户端调用数据加解密码系统将重要表单数据进行加密。业务系统服务端获取参数后进行解密，保证重要要表单数据的机密性。数据加密流程与数据解密流程分别如图 3-17 与图 3-18 所示。

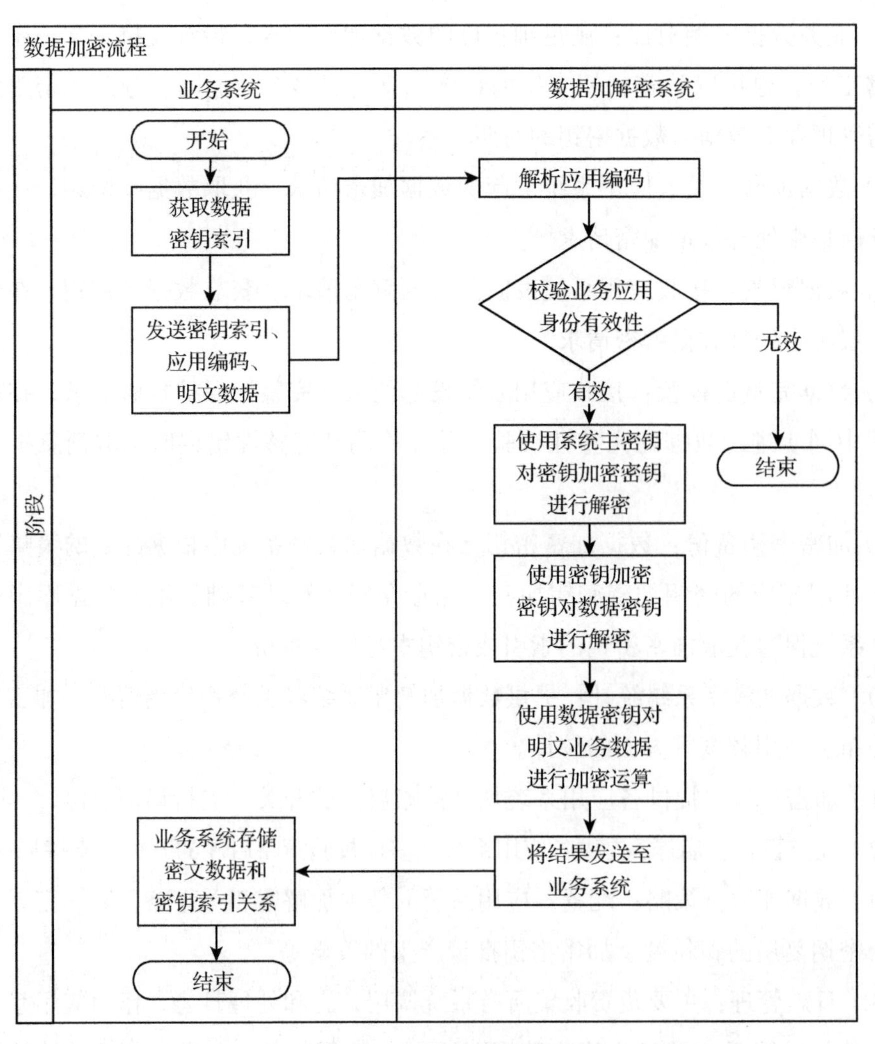

图 3-17 数据加密流程

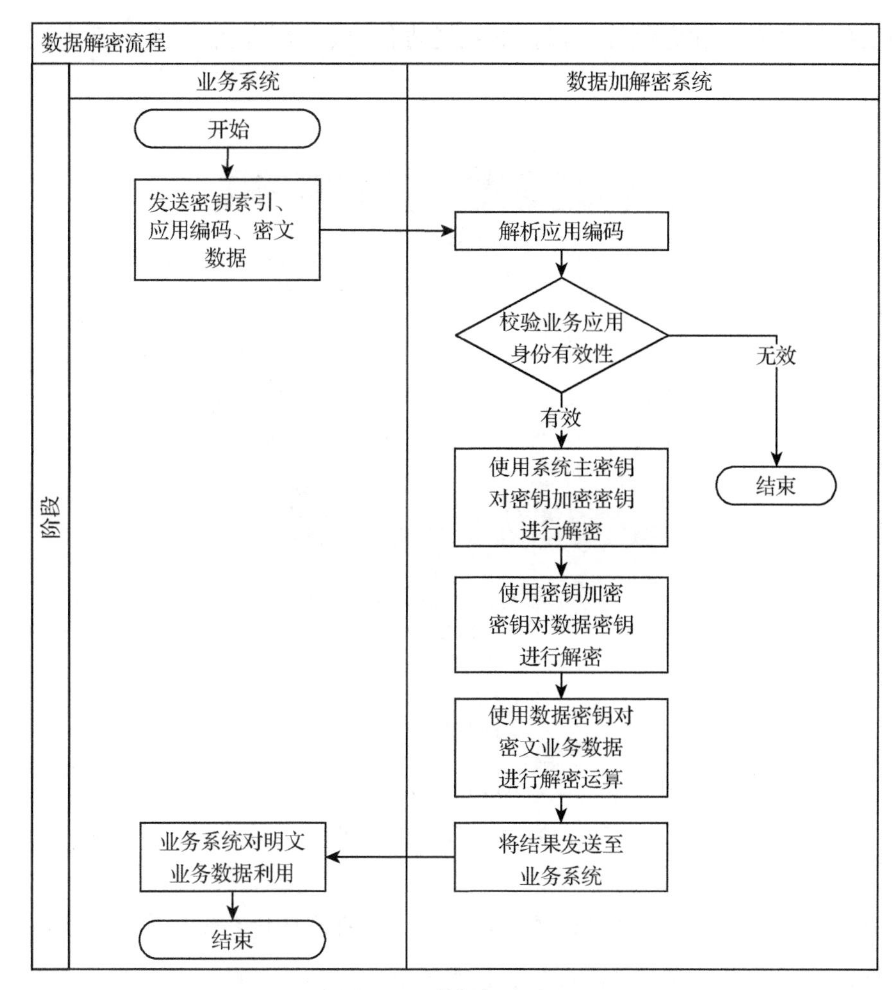

图 3-18　数据解密流程

3.2.4.4　重要数据存储的完整性保护

重要数据存储完整性保护由电子文件安全验证服务实现。通过调用电子文件安全验证服务提供的接口，为重要数据梳理环节所梳理出的重要数据提供凭证生成及验证服务，实现重要数据完整性防护。重要数据完整性保护如图 3-19 所示。

（1）电子文件安全验证服务

电子文件安全验证服务满足商用密码检测中心合规性，用于保护数字政府信息化系统中数据的真实性和完整性，保护通报通告信息、访问控制信息、日志记录数据等的安全。

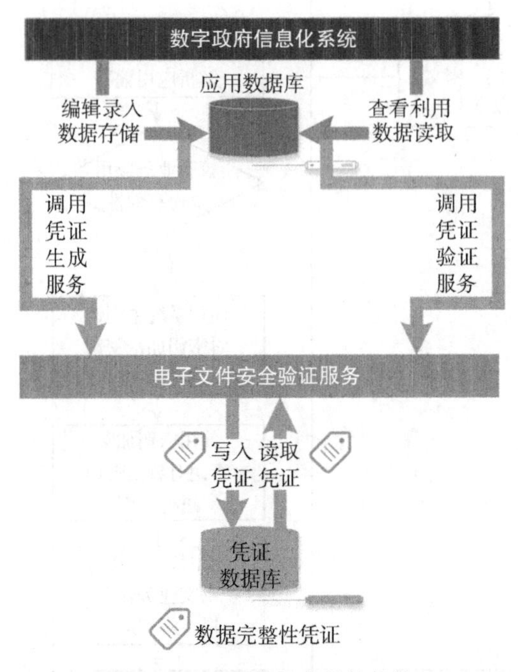

图 3-19 重要数据完整性保护

电子文件安全验证服务以接口的方式为数字政府信息化系统提供服务支撑，用于形成证据，验证应用系统中关键数据、行为的真实可信度，防止抵赖。

电子文件安全验证服务位于典型密码服务层，面向应用系统提供密码服务。在业务系统中，大量数据真实可信度需要验证，包括数据库中的结构化数据，以及文件对象数据等。数据的真实性依赖于安全防护机制。电子印章是数据真实性验证的常用手段，但是具有格式受限、嵌入文件等局限性。为了满足国家相关政策要求，以及用户实际业务需求，电子文件安全验证服务被设计用于解决数据真实性验证问题。电子文件安全验证服务基于数字签名、时间戳等基础服务，直接面向应用，确保数据的证据固化，数据的真实可信度可以被可靠验证。电子文件安全验证服务功能如下。

1）真实性凭证编号规则维护：定义数据真实性凭证编号的各个组成部分规则。数据真实性凭证编号可以按照一定规则生成，且具有唯一性。

2）真实性凭证组成自定义：定义数据真实性凭证各个组成部分。

3）真实性凭证要素注册：定义数据真实性凭证各个组成部分的要素。内容被注册为凭证要素后，用户可以在凭证组成自定义模块中通过选用和排序这些要素，组成数据真实性凭证。

4）元数据语义规则自定义：制定元数据在数据真实性凭证中的选用规则、顺序和结构等。

5）真实性凭证生成：按照预先配置的语义规则，抽取凭证要素，按相应算法生成数据真实性凭证。

6）真实性凭证激活：为数据激活其所属真实性凭证。激活方式包括自动与手动激活两种。

7）真实性凭证撤销：撤销主管部门审核确认为无效或需注销的数据的凭证。

8）真实性凭证在线验证：验证数据真实性凭证。

9）真实性凭证发布：发布数据真实性凭证库中的凭证。

10）真实性凭证库初始化：按照真实性凭证编号规则维护、真实性凭证组成自定义、真实性凭证要素注册、元数据语义规则自定义等规则生成数据真实性凭证库结构。

11）真实性凭证列表：提供数据真实性凭证的列表及基本信息。

12）真实性凭证版本：提供数据真实性凭证的版本列表（如换发凭证的各个版本）。

13）真实性凭证过程列表：提供数据真实性凭证的生成、激活、验证、注销、换发等过程记录。

14）真实性凭证内容查看：提供数据真实性凭证完整内容。

15）真实性凭证检索：提供按照数据真实性凭证的单位、元数据、编号等要素进行检索的服务。

16）真实性凭证统计分析：提供凭证信息查询、凭证使用情况、凭证变更查询、凭证发放量、用户行为查询、用户信息查询、敏感数据查询等的统计分析。

17）真实性凭证验证报告：对凭证的验证结果生成报告，包括验证任务的基本信息及详细验证结果。

18）异常报警：当根据定期验证策略发起的凭证验证发生异常时，主动报警。

19）真实性凭证库备份恢复：按照一定的备份恢复策略对数据真实性凭证库进行备份和恢复。

20）真实性凭证库日志审计：对数据真实性凭证库的操作进行日志记录，并提供对日志的查询、审计服务。

（2）对外接口

电子文件安全验证服务的对外接口如下。

1）真实性凭证制作：此接口是为了生成一个特定的真实性凭证。当电子文件被创建或修改后，电子文件安全验证服务通过特定的算法和规则制作一个与该文件相关的凭证，确保文件的原始状态和完整性得到证明。

2）真实性凭证查询：通过此接口，用户或系统可以查询某个电子文件关联的真实性凭证，以验证文件的真实性或查看其历史状态。

3）真实性凭证验证：此接口用于确认电子文件的真实性。用户或其他系统想要确认文件的真实性时，可以通过此接口对文件及其关联的真实性凭证进行验证。

4）真实性凭证销毁：如果某个电子文件不再需要，或其真实性凭证由于某种因素被判定为无效，此接口可以用来销毁相关的真实性凭证。

5）真实性凭证激活：如果某个真实性凭证处于非活跃状态（例如，被暂时封存或冻结），此接口可以重新激活该凭证，使其再次可用。

6）真实性凭证发布：真实性凭证创建后，需要公之于众或分享给其他系统和用户时，可以使用此接口发布。

7）真实性凭证移交：在某些场景下，真实性凭证的管理权需要从一个实体移交给另一个实体。此接口确保移交安全和凭证完整。

8）真实性凭证封装：此接口用于将真实性凭证与相关的电子文件进行打包或封装，确保在传输或存储过程中，文件与其相关的凭证始终保持一致性和完整性。

这些接口确保电子文件的真实性和完整性在整个生命周期内都得到证明和保障。利用这些接口，我们可以建立一个高度安全、可靠和可信的电子文件管理系统。

（3）密码应用流程

通过数据凭证生成、验证服务接口，我们可实现业务系统中通报通告、日志记录等数据的完整性保护、完整性验证。可信数据凭证生成流程与可信数据验证流程分别如图 3-20 和图 3-21 所示。

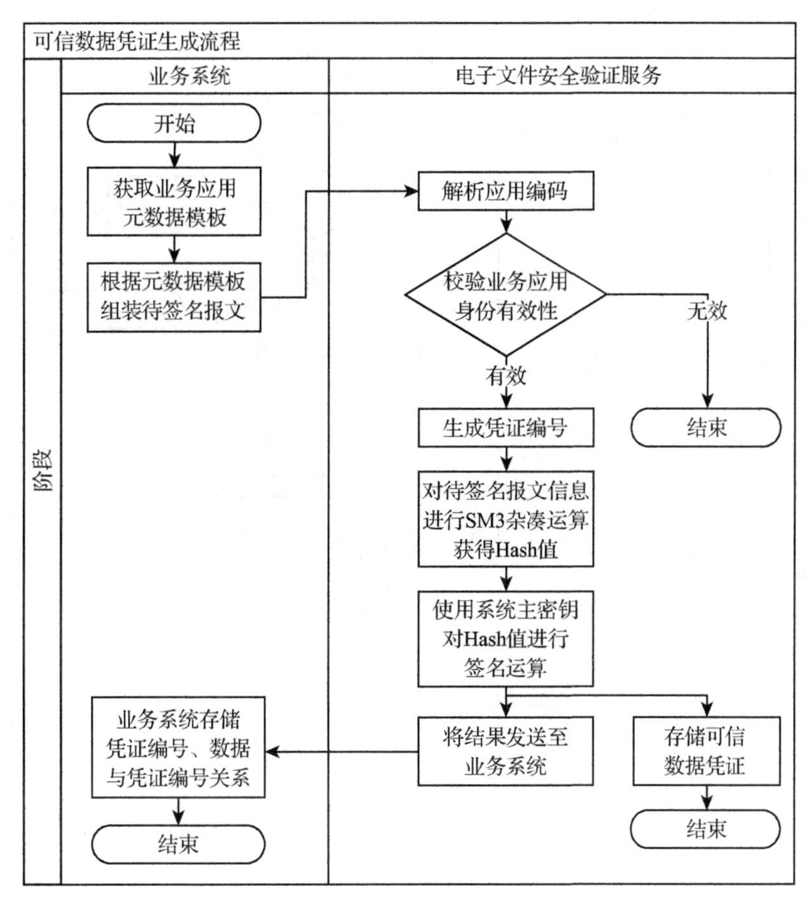

图 3-20　可信数据凭证生成流程

3.2.4.5　操作行为抗抵赖性保护

在密码应用设计中，我们需对数字政府信息化系统中具备法律责任认定的文件进行操作行为抗抵赖性保护，主要技术有数字签名与可信时间服务等。若数字政府信息化系统所产生及管理的业务数据未涉及法律责任认定，操作行为抗抵赖性保护可以作为不适用项处理，并阐述清楚理由，不纳入密码改造范围。

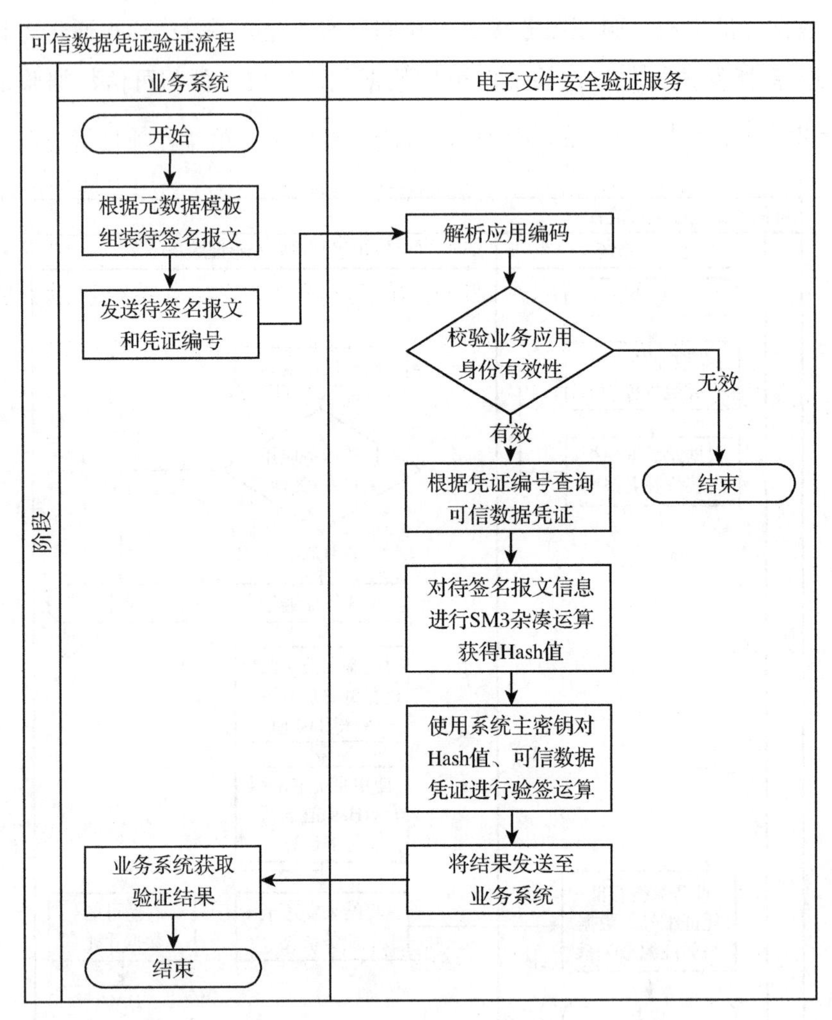

图 3-21 可信数据凭证验证流程

3.2.5 密钥管理

在构建数字政府信息化系统时，应优先选择合规、合标的密码算法、密码产品及密码服务。因此，所使用的密钥应在相应的密码产品内进行管理，主密钥仅存储于服务器密码机内，数据密钥由主密钥进行加密后交由相应密码应用系统进行管理，保证密钥使用安全。不同类型的密钥全生命周期管理如表 3-1 所示。

表 3-1 不同类型的密钥全生命周期管理

类型 \ 生命周期	产生	分发	存储	使用	更新	归档	撤销	备份	恢复	销毁
用户签名私钥	由智能密码钥匙内置硬件芯片产生	不涉及密钥分发	智能密码钥匙内存储	身份鉴别过程中使用用户签名私钥对鉴别数据进行签名	不涉及密钥更新	不涉及密钥归档	用户数字证书到期后，证书自然撤销。管理员也可以通过 CA 系统主动对用户数字证书进行撤销，撤销后用户签名私钥将不能用于身份鉴别	不涉及密钥备份	不涉及密钥恢复	通过智能密码钥匙管理工具删除用户签名私钥对应的容器和应用，即可销毁用户签名私钥
用户签名公钥	由智能密码钥匙内置硬件芯片产生	以数字证书的形式分发	智能密码钥匙内存储	身份鉴别过程中使用用户签名公钥对鉴别数据进行签名验证	不涉及密钥更新	不涉及密钥归档	用户数字证书到期后，证书自然撤销。管理员也可以通过 CA 系统主动对用户数字证书进行撤销，撤销后用户签名公钥将不能用于身份鉴别	不涉及密钥备份	不涉及密钥恢复	通过智能密码钥匙管理工具删除用户签名公钥对应的容器和应用，即可销毁用户签名公钥
用户加密私钥	由服务器密码机内置硬件芯片产生	CA 系统签发用户数字证书过程中使用用户签名公钥进行数字信封封装，之后分发至智能密码钥匙内	智能密码钥匙内存储，同时加密存储在密钥管理系统在用库中	数据解密过程中使用用户加密私钥对密文数据进行解密	由服务器密码机内置硬件芯片产生，并通过 CA 系统重新分发至智能密码钥匙内，更新后原密钥失效	通过CA系统的密钥归档功能，使用归档密钥保护后对历史库中的用户加密私钥进行归档	用户数字证书到期后，证书自然撤销。管理员也可以通过 CA 系统主动对用户数字证书进行撤销，撤销后用户加密私钥转移至历史库中	通过CA系统的密钥备份功能，使用备份密钥保护后对用户加密私钥进行备份	通过 CA 系统恢复至智能密码钥匙内	通过智能密码钥匙管理工具删除用户加密私钥对应的容器和应用，即可销毁用户加密私钥
用户加密公钥	由服务器密码机内置硬件芯片产生	以数字证书的形式分发	智能密码钥匙内存储，同时存储在密钥管理系统在用库中	数据加密过程中使用用户加密公钥对明文数据进行数据加密	由服务器密码机内置硬件芯片产生，并通过 CA 系统重新分发至智能密码钥匙内，更新后原密钥失效	通过CA系统的密钥归档功能，使用归档密钥保护后对历史库中的用户加密公钥进行归档	用户数字证书到期后，证书自然撤销。管理员也可以通过 CA 系统主动对用户数字证书进行撤销，撤销后用户加密公钥将不能用于数据加密	通过CA系统的密钥备份功能，使用备份密钥保护后对用户加密私钥进行备份	通过 CA 系统恢复至智能密码钥匙内	通过智能密码钥匙管理工具删除用户加密公钥对应的容器和应用，即可销毁用户加密公钥

（续）

类型＼生命周期	产生	分发	存储	使用	更新	归档	撤销	备份	恢复	销毁
应用主密钥签名私钥	由服务器密码机内置硬件芯片产生	不涉及密钥分发	服务器密码机内部存储	服务器密码机内部使用，对业务数据摘要值进行数据签名	不涉及密钥更新	不涉及密钥归档	不涉及密钥撤销	利用服务器密码机的备份机制进行备份	利用服务器密码机的恢复机制进行恢复	在服务器密码机中删除对应密钥后销毁密钥
应用主密钥签名公钥	由服务器密码机内置硬件芯片产生	不涉及密钥分发	服务器密码机内部存储	服务器密码机内部使用，对业务数据摘要签名值进行签名验证	不涉及密钥更新	不涉及密钥归档	不涉及密钥撤销	利用服务器密码机的备份机制进行备份	利用服务器密码机的恢复机制进行恢复	在服务器密码机中删除对应密钥后销毁密钥
应用主密钥加密私钥	由服务器密码机内置硬件芯片产生	不涉及密钥分发	密码机内部存储	密码机内部使用，对密钥加密密钥进行解密使用	不涉及密钥更新	不涉及密钥归档	不涉及密钥撤销	利用密码机内部密码卡的备份机制进行备份	利用密码机内部密码卡的恢复机制进行恢复	在服务器密码机中删除对应密钥后销毁密钥
应用主密钥加密公钥	由服务器密码机内置硬件芯片产生	不涉及密钥分发	密码机内部存储	密码机内部使用，对密钥加密密钥进行加密保护	不涉及密钥更新	不涉及密钥归档	不涉及密钥撤销	利用密码机内部密码卡的备份机制进行备份	利用密码机内部密码卡的恢复机制进行恢复	在服务器密码机中删除对应密钥后销毁密钥
密钥加密密钥	由服务器密码机内置硬件芯片产生	使用应用主密钥加密公钥进行加密分发	使用应用主密钥加密公钥对密钥加密密钥进行加密并存储在密码服务平台密钥库中	密码机内部使用，对数据加密密钥进行加密保护	通过密码服务平台密钥更新功能进行密钥更新，更新后原密钥失效	使用归档密钥保护后对密钥库中的密钥加密密钥进行归档	通过密码服务平台主动对密钥进行撤销，撤销后密钥加密密钥及对应的数据加密密钥失效	使用备份密钥保护后对密钥加密密钥进行备份	在密码服务平台通过密钥恢复功能进行密钥恢复	在密码服务平台密钥库中删除对应密钥后销毁密钥
数据加密密钥	由服务器密码机内置硬件芯片产生	使用密钥加密密钥加密后分发	使用密钥加密密钥对数据加密密钥进行加密并存储在密码服务平台密钥库中	密码机内部使用，对应用数据进行加密保护	通过密码服务平台密钥更新功能进行密钥更新，更新后原密钥失效	使用归档密钥保护后对密钥库中的数据加密密钥进行归档	通过密码服务平台主动对密钥进行撤销，撤销后对应的数据加密密钥失效	使用备份密钥保护后对数据加密密钥进行备份	在密码服务平台通过密钥恢复功能进行密钥恢复	在密码服务平台密钥库中删除对应密钥后销毁密钥

3.3 密码应用安全管理设计

3.3.1 管理制度

根据GB/T 39786—2021《信息安全技术　信息系统密码应用基本要求》中安全管理制度方面的要求，结合相关安全管理制度，制定适用的商用密码安全管理制度，内容包括人员管理、密钥管理、建设运行、应急处置、密码软硬件及介质管理等。

密码应用安全管理制度发布后，根据实际业务需求，组织专家和密码相关人员对密码安全管理制度使用过程中的合理性和适用性进行论证和审定，对存在不足或需要改进的密码安全管理制度进行修订。

3.3.2 人员管理

3.3.2.1 人员能力管理

为了确保员工安全管理出实效，明确密钥管理员、密码管理员，对聘用员工的背景进行审查，具体考虑以下安全事项。

1）除了严格考察该人员的业务技术水平和相关资质认证外，还需考虑政治背景、社会关系和个人素质等多方面因素。

2）不考虑录用有犯罪前科、重大行政处分记录的人员。如有特殊情况必须如实报告，需要经本单位党组会议研究同意后，方可考虑录用。

无论在编职工还是聘用职工，必须签订《安全保密协议》，明确该人员应严格遵守的相关安全管理制度、安全技术规范和无论在职还是离职要保守的商业机密以及违约责任等。

业务需要或其他原因需要对本单位员工进行岗位调动时，必须考虑以下安全事项。

1）根据新岗位的需要，增加、删除或修改该人员的计算机信息系统（包括电子邮件系统、业务应用系统、网络系统和其他计算机信息软硬件系统）的访问权限。

2）如有必要，重新创建相关账号并修改口令。

3）移交与岗位有关的资料文件。

本单位员工在离职时，必须遵守以下安全操作流程。

1）禁用该员工的所有信息系统访问账号和权限，如有必要将重新创建有关管理员账号和口令。

2）与岗位有关的所有资料文件，包括软硬拷贝、办公室钥匙等都需要移交，不允许私自带走。

3）由办公室人员和该员工一起回顾签订的《安全保密协议》，并使该员工明确所有保密事项，以及在离开本单位后不得披露、使用本单位的信息及技术资料等。

4）接触核心数据（核心系统）的工作人员，只有在确保其所属的岗位已脱密或岗位安全的情况下，才被允许提出辞职申请。

3.3.2.2 培训考核

工作人员在正式上岗前应进行信息安全方面的培训，明确岗位要求遵守的安全制度和技术规范。

针对系统维护人员和管理人员，应定期开展安全技术教育培训（每年至少一次），包括密码相关政策法规、密码产品使用、网络安全教育等的培训。

针对系统相关工作人员（密钥管理员、密码操作员、安全审计员），应根据岗位要求，对工作人员进行相关的信息安全培训，并在培训后实行书面（开卷或闭卷）信息安全考核。

定期对密码应用安全岗位人员进行考核，并留存记录。

3.3.3 建设运行

在数字政府建设中，密码应用安全是确保信息安全和数据完整的关键。对于密码应用的建设和运行，我们需要遵循一系列严格的标准和流程，以最大限度确保密码安全性和可靠性，具体如下。

1）需要结合国家相关标准和行业最佳实践，详细制定密码应用方案。该方案应该涵盖密码应用的所有方面，包括选择的密码算法、密钥管理、系统架构、接口设计等。

2）为了确保方案的可行性和安全性，需要组织由领域内的专家组成的评审团队进行详细的评审。邀请专家对方案的每一个环节提出改进意见。

3）基于密码应用方案，明确系统需要使用的密钥种类、体系结构以及各密钥的生命周期，确保密钥在生命周期（从生成、分发、使用、存储到销毁）中得到恰当的管理。

4）在信息系统准备投入运行前，必须由专门的密码测评机构进行全面的安全性评估，确保系统在真实环境中能够抵御各种已知和未知的安全威胁。

5）信息系统开始运行后，必须严格遵守密码应用安全管理制度。这包括但不限于定期更换密钥、密钥备份和恢复、系统日常维护等。

6）为了确保系统在长时间运行后依然保持高度的安全性，需要定期进行密码应用安全性评估。此外，组织攻防对抗演习也是必要的，以检验系统在真实攻击环境中的表现，并从中获取宝贵的经验。

7）任何评估和演习都可能揭示系统的潜在问题和漏洞，这时，必须迅速对这些问题进行整改，确保系统的持续安全。

通过这一系列严格的流程和管理，我们可以确保数字政府的密码应用在任何环境和条件下都具有极高的安全性和可靠性。

3.3.4 应急处置

3.3.4.1 事件分级

根据事件的成因、危害程度以及范围等，密码应用安全事件可划分为3级：重大、较大和一般密码安全事件。

（1）重大密码安全事件

重大密码安全事件符合下列情形之一。

1）密钥遗失或密钥失控造成业务敏感数据、国家秘密、大量公民个人隐私信息等被盗取、篡改，对国家安全、经济建设、社会稳定和政务运行构成严重损害或威胁的。

2）支撑业务系统的密码设备出现故障或停止服务，使数据无法正常加解密、签名验证，使重要信息系统局部瘫痪或中断，使业务处理能力受到极大影响，对国家安全、社会稳定运行造成严重损害或威胁的。

（2）较大密码安全事件

较大密码安全事件符合下列情形之一。

1）密钥遗失或密钥失控造成业务数据、部分公民个人隐私信息等被盗取、篡改，对国家安全、经济建设、社会稳定和政务运行构成较大损害或威胁的。

2）支撑业务系统的密码设备出现故障或停止服务，使数据无法正常加解密、签名验证，使一般信息系统局部瘫痪或中断，明显影响业务处理能力和工作效率，对国家安全、社会稳定运行造成较大损害或威胁的。

（3）一般密码安全事件

除上述情形外，对工作运行和重要业务正常开展构成一定威胁、造成一定影响，恢复系统正常运行和消除安全事件负面影响所需付出代价较小的，为一般密码安全事件。

3.3.4.2 处置流程

安全事件处理流程包括安全事件获取、安全事件判定、安全事件报告、安全事件调查和分析、安全事件解决和服务恢复、安全事件记录和关闭以及报备。处理过程应做到判定迅速，结论准确，报告及时。

1）安全事件获取：安全事件发生后，第一发现人应提供安全事件发生时间、发现时间、现象等信息，向密码管理岗位人员汇报情况。

2）安全事件判定：密码管理岗位人员需尽快根据安全事件现象评估安全事件对业务正常运行的影响，并立即通知信息安全处负责人，由信息安全处负责人召集各专业岗位人员一起判断安全事件的级别。

3）安全事件报告：在事发24小时内，密码管理岗位人员向信息安全处负责人提交安全事件报告。发生重大或较大密码安全事件时，信息安全处负责人应向信息网络中心分管领导报告。安全事件报告包括以下内容。

- 安全事件发生的时间、地点。
- 安全事件的类别、涉及软硬件系统的情况和发生的过程。
- 安全事件造成的后果和影响范围。
- 安全事件发生的原因。
- 安全事件发生后采取的应急措施。

4）安全事件调查和分析：信息安全处负责人召集各专业岗位人员进行安全事件调查和故障定位，制定安全事件处理方案。

5）安全事件解决和服务恢复：对于有应急方案的安全事件，严格按照应急方案执行；对于没有应急方案的安全事件，各专业岗位人员制定临时处理方案。

6）安全事件记录和关闭：所有安全事件事后必须详细记录。记录应包括安全事件发生时间、现象、处理流程、处理结果、原因、改进措施等。安全事件处理人员负责汇总安全事件过程中记录的各种信息，完善《信息系统故障报告》相关内容后交配置管理岗存档保存。

7）报备：密码应用安全事件处置完成后，及时向信息系统主管部门及归属的密码管理部门报告事件发生情况及处置情况。

3.4　数字政府密码应用建设清单

在数字政府建设过程中，确保信息安全是至关重要的。为了满足这一需求，我们引入了一系列密码应用产品，每一款产品都经过严格的选择，确保其符合国家相关标准。表3-2对各个产品及其提供的服务进行了详细描述。通过综合运用这些产品，数字政府能够构建安全、可靠且高效的信息系统，确保数据和服务的安全，为公民和社会提供高质量的数字服务。

表 3-2 数字政府密码应用建设清单

序号	产品名称	品牌	型号	提供服务
1	智能密码钥匙	海泰方圆	SJK1110-G	内置 SM1、SM2、SM3、SM4、SM9 国密算法，内置硬件真随机数发生器和协处理器；可作为数字证书和私钥的安全载体，并能在 Key 硬件内部进行加密、解密、签名、验签等运算
2	红莲花国密浏览器	海泰方圆	HT-RLCM V5.0	支持我国网络自主信任系统； 提供基于 SM2 算法的 SSL 连接功能； 支持国产算法证书，并原生支持国内各大 CA 根证书及相应证书链； 提供对 USB Key 等多种形态的身份认证设备、使用环境及相关控件的管理
3	SSL 密码模块	海泰方圆	SHM1902	支持国密 SM2、SM4、SM3、ZUC 算法。 国密 SSL 提供基于国密算法和套件的通信加密能力。 用于移动端业务应用 SSL 安全链路构建场景
4	智能移动终端安全密码模块	海泰方圆	HT-MSCM V1.0	支持 SM2、SM3、SM4 算法。 协同解密（与服务端密码服务系统协同进行数据解密）。 协同签名（与服务端密码服务系统协同进行数据签名）。 扫一扫：实现用户在 PC 网页上的可靠登录、扫描签名、解密。 用于保障移动端用户身份鉴别服务
5	身份认证系统	海泰方圆	SRT1602-G	利用密码技术为业务系统提供口令和证书结合的双因素身份认证服务，实现 SM2 国密身份认证，提升系统终端访问的安全性。身份认证系统包括身份认证管理子系统、身份认证服务子系统和身份认证客户端
6	密码服务平台	海泰方圆	HT-CISP V1.0	集密码服务、管理、态势感知一体化的平台，通过调用底层的各种密码软硬件资源和服务，为上层的密码应用提供统一的、完整的、可扩展的真实性、机密性、完整性和抗抵赖性等密码保障服务。密码服务平台主要由管理支撑、基础密码服务、扩展密码服务、密码态势感知和密码资源池 5 部分组成
7	电子文件安全验证系统	海泰方圆	SRT1716-G	以密码技术为核心，针对电子文件（数据）经过密码运算，生成唯一的可以用于证明数据真实可信的凭证性标签，能够为电子文件（数据）的收集、保管、存储、利用提供全生命周期的凭证性保障，准确验证数据在上述各环节是否被恶意篡改，从而提升数据全生命周期的风险控制能力
8	高性能服务器密码机	海泰方圆	Haitai-ET V1.0	支持国密 SM1、SM2、SM3、SM4 算法，支持 256 位 SM2 公钥密码算法，支持 3DES、IDEA、AES 对称算法，支持 SHA-256 密码杂凑算法，支持 1024 位和 2048 位 RSA 非对称算法。对称算法支持 ECB、CBC 多种工作模式
9	IPSec/SSL VPN 综合安全网关	海泰方圆	HT-ISG V1.0	支持 SM2、SM3、SM4 算法，具有密钥协商、身份认证、IPSec/SSL 隧道加密等功能
10	安全门禁系统	—	TFMJ-02-SM4	提供进入机房人员身份鉴别，进入信息真实性、完整性验证服务。 软件功能：密钥管理、门禁后台服务、卡片发行服务、门禁管理、电梯管理。 加密算法：内置 SM1、SM2、SM3、SM4 算法。 处理器：Core i5，内存 8GB，存储 64GB。 操作系统：Ubuntu 20.04 LTS （含 2 个读卡器、1 个写卡器、1 个门禁读卡器 RS485 地址设置卡、10 张门禁卡）
11	安全智能视频一体化服务系统	—	SIVS708-B(Z1T1)	支持 GB 35114-2017 信息安全标准，支持视频认证和加密（达到最高安全等级 C 级要求）全面符合国密标准，支持国密算法加密和认证，保证数据的安全性和真实性。 16 路（GB 35114 C 级）前端接入，2U 8 盘位，支持 SVAC2.0、H.264、H.265 编码，接入 128Mbps，储存 128Mbps，转发 64Mbps，最大支持 16 路录像回放（单路 4Mbps 1080P）。 Web 单客户端最高 4 路 1080P 4M 码流解码，Web 客户端支持 GB 35114 验签及解密播放。 含 8 块 8TB 企业级硬盘、1 个 USB Key，满足视频存储 180 天。 提供进入机房视频监控记录的完整性保障服务

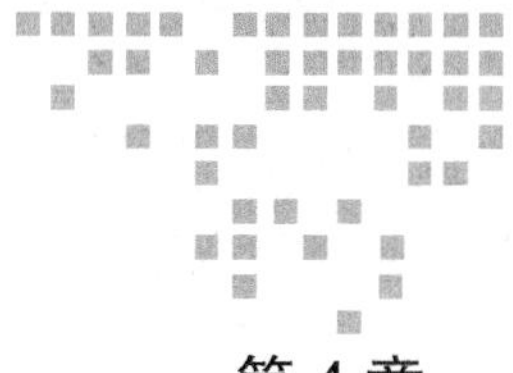

第4章 Chapter 4

数字政府密码应用安全性评估

随着数字政府的逐步建设和发展，信息系统的安全性显得尤为重要。为了确保数字政府信息化系统的密码应用安全，本章根据 GB/T 39786-2021《信息安全技术 信息系统密码应用基本要求》标准中的第三级别要求，对其进行了全方位的安全性评估。此评估覆盖物理和环境安全、网络和通信安全、设备和计算安全、应用和数据安全、管理制度、人员管理、建设运行和应急处置等多个关键领域。测评团队根据被测信息系统当前的安全状况，给出测评结果并提出改进建议，以确保被测信息系统达到标准要求，也为信息资产安全和业务持续稳定运行提供保障。

为了保证评估的权威性和准确性，我们应从《商用密码应用安全性评估试点机构目录》（可访问国家密码管理局官方网站获取）中选择合格的商用密码应用安全性评估机构（以下简称“密评机构”）组织实施密评工作。

4.1 密码应用测评依据

为了确保测评的科学性和系统性，评估工作依赖以下主要的技术文件和标准。

（1）GB/T 39786—2021《信息安全技术 信息系统密码应用基本要求》

这是一个核心标准，明确了信息系统密码应用的基础要求，是所有测评工作的基石，用于指导、规范信息系统密码应用的规划、建设、运行、测评。

该标准从物理和环境安全、网络和通信安全、设备和计算安全、应用和数据安全 4 个方面提出了密码应用技术要求，以及管理制度、人员管理、建设运行、应急处置等密码应用管理要求。在技术要求方面，该标准主要关注 4 个密码安全功能维度，包括机密性、完整性、真实性和抗抵赖性。为了实现这些功能，该标准建议使用诸如基于密码技术的加解密功能、基于对称密码算法或密码杂凑算法的消息鉴别码（MAC）机制，以及基于公钥密码算法的数字签名机制等密码技术。在管理要求方面，标准关注管理制度、人员管理、建设运行和应急处置等方面，旨在为信息系统提供全面的密码应用安全保障。此外，该标准对信息系统密码应用自低向高划分为 5 个安全等级，为不同领域和行业提供了灵活的密码应用指导。该标准的实施对于规范和引导信息系统合规、正确、有效应用密码，切实维护国家网络与信息安全具有重要意义。

（2）GM/T 0115—2021《信息系统密码应用测评要求》

该标准用于指导信息系统的密码应用，对于提高信息系统安全性具有重要意义，可更有效地指导在各类信息系统中的密码应用和测评工作。

该标准详细描述了密码应用测评时需要满足的具体要求，对原有的信息系统密码应用基本要求进行了细化和具体化，从密码算法合规性、密码技术合规性、密码产品合规性、密码服务合规性以及密钥管理安全性等方面，提出了第一级到第五级的密码应用测评通用要求。这些要求覆盖密码应用测评的各个方面，包括密码算法、密码协议、密码产品和服务、密钥管理等。此外，该标准还针对信息系统的物理和环境安全、网络和通信安全、设备和计算安全、应用和数据安全 4 个技术层面，提出了第一级到第四级的密码应用技术测评要求。这些要求基于对信息系统安全的全面理解和综合考虑，旨在提高信息系统的整体安全性。在管理方面，该标准从管理制度、人员管理、建设运行和应急处置4个方面，提出了第一级到第四级的密码应用管理测评要求。这些要求旨在规范密码在信息系统中的使用和管理，提高密码应用的效率和安全性。

（3）GM/T 0116—2021《信息系统密码应用测评过程指南》

该标准为测评方提供了完整的测评过程指导，从准备到实施再到总结，为信息系统的密码应用提供全面的评估和改进建议，确保测评过程的标准化和统一化。

该标准主要从测评方角度出发，详细介绍了信息系统密码应用测评的步骤和流程，包括测评准备、方案编制、现场测评、分析与报告编制等活动。在测评准备活动中，该标准明确了测评目的、范围和依据等，同时要求收集并整理被测信息系统相关的资料和文件，包括密码应用总体描述文件、网络安全等级保护定级报告、安全需求分析报告、安全总体方案、安全详细设计方案、密码应用方案、相关密码产品的用户操作指南、各种密码应用安全规章制度等。在资料收集完成后，测评方需要将被测信息系统基本情况调查表格提交给被测单位，并协助和督促被测信息系统相关人员准确填写调查表格，然后收回并分析调查结果，以了解和熟悉被测信息系统的实际情况。方案编制活动包括测评对象确定、测评指标确定、测评检查点确定、测评内容确定及密评方案编制5项主要任务。现场测评活动包括3项主要任务：现场测评准备、现场测评和结果记录、结果确认和资料归还。分析与报告编制活动包括单元测评、整体测评、量化评估、风险分析、评估结论形成及密评报告编制6项主要任务。

（4）《信息系统密码应用高风险判定指引》

该文件是中国密码学会密评联委会于2020年12月发布的一份重要文件，是密评工作中的重要参考基线，涉及高风险的测评项为一票否决项。该文件旨在帮助密码应用人员更好地理解和评估密码应用的安全风险，以及采取必要的措施来降低和缓解这些风险，用于指导评估团队判断信息系统中的高风险点，以便重点进行评估和防范加固。在进行密码应用的规划、建设、运行及测评时，评估团队应该遵循该指引的原则和建议。

该文件遵循标准 GB/T 39786—2021《信息安全技术 信息系统密码应用基本要求》，包括指标要求、适用范围、安全问题、可能的缓解措施和风险评估等内容。在指标要求方面，该文件明确提出了一些关键指标，涉及密码算法合规性、密码技术合规性、密码产品合规性、密码服务合规性和密钥管理安全性等。这些指标被视为高风险判定的重要依据。在适用范围方面，该文件适用于指导、规范信息系统密码应用的规划、建设、运行及测评。该文件特别强调了在复杂的信息系统场景中，密码应用的安全风险可能更高，需要特别注意。在安全问题方面，该文件明确提出了可能存在的安全问题，包括密码算法被破解、密钥泄露、密码管理混乱等。这些问题被视为高风险测评项，一旦出现将会严重影响信息系统的安全性。对于可能的缓解措施，该文件提出了一些实用的建议，例如选择经过认证的密码产品、加强密钥管理和保护、定期进行密码审计和测试等。这些措施旨在降低密码应用的安全风险。在风险评估方面，该文件提供了一套全面的风险评价体系，通过定性和定量的方法来评估密码应用的安全风险。这套评估体系可以帮助评估人员更好地了解密码应用的安全状况，并采取必要的措施来降低和缓解风险。

（5）《商用密码应用安全性评估量化评估规则》

该文件为保障商用密码应用的安全性制定了一套科学的、合理的、可操作的量化评估规则，为商用密码的应用和管理提供了更加规范化和标准化的依据，确定了如何量化评估信息系统的密码应用安全性，使评估结果更加直观和可量化。

该文件主要根据《信息系统密码应用测评要求》制定，规定了商用密码应用安全性量化评估方法和步骤。首先，该文件明确了商用密码应用安全性评估的 3 个主要方面，分别是密码使用安全、密钥管理安全和密码应用管理要求。每个方面都包含了多个测评单元和测评对象，并且每个测评对象都有对应的量化评估规则。其次，量化评估规则采用“符合”“不符合”“部分符合”3 个等级，以对每个测评对象进行评估，并且对于每个测评单元都给出了具体的量化评估结果。再次，商用密码应用安全性评估还需遵循独立、客观、公正的原则，以确保评估结果的客观性和准确性。

最后，该文件明确了对测评结果的处理方式，例如如何对不符合要求的测评对象进行整改和修复，如何对符合要求的测评对象进行确认和认证等。

GB/T 39786—2021是密码应用的基本标准，旨在提供一系列要求，以确保信息系统应用密码的安全性。这些要求既包括技术层面的，如加密算法的选择和使用，也包括管理层面的，如密码策略的制定和执行。GM/T 0115—2021和GM/T 0116—2021分别明确了测评的具体要求和过程指南，确保评估工作的标准性和一致性。这两个标准为评估团队提供了明确的操作指导，确保评估工作既有深度又有广度。《信息系统密码应用高风险判定指引》对可能的风险进行了详细描述，并为评估团队提供了一系列判定方法和技巧，帮助其快速找到并解决高风险问题。《商用密码应用安全性评估量化评估规则》使评估结果更加明确，为决策者提供了量化的数据，使其能更加明确地了解信息系统的密码应用安全状况，从而制定相应的策略和措施。这些测评标准和文件为确保数字政府信息化系统密码应用的安全性保障提供了坚实的支撑。

4.2　密码应用测评过程

为了保证数字政府信息化系统在密码应用方面的安全，我们需对密码应用进行系统、结构化的测评。测评方对信息系统开展密码应用安全性评估时，应遵循以下原则。

1）客观、公正性原则：测评实施过程中，测评方应保证在符合国家密码管理部门要求及最小主观判断情形下，按照与被测单位共同认可的密评方案，基于明确定义的测评方式和解释，实施测评活动。

2）可重用性原则：测评方可重用已有测评结果，包括商用密码检测和认证结果、密码应用安全性测评结果等。所有重用结果都应以已有测评结果仍适用于当前被测信息系统为前提，并能够客观反映系统当前的安全状态。

3）可重复性和可再现性原则：不同的密评人员按照同样的要求，使用同样的测评方法，在同样的环境下对每个测评对象重复测评应得到同样的结果。可重复性和可再现性的区别在于，前者关注同一密评人员测评结果的一致性，后者则关注不同密评人员测评结果的一致性。

4）结果完善性原则：在正确理解 GM/T 0115 各个要求项内容的基础上，测评结果应客观反映信息系统密码应用现状。测评过程和结果应基于正确的测评方法，以确保其满足要求。

在测评活动开展前，测评方需对被测信息系统的密码应用方案进行评估，通过评估的密码应用方案可以作为测评实施的依据。测评包括 4 项基本活动：测评准备、密评方案编制、现场测评、分析与报告编制。测评方与被测单位之间的沟通应贯穿整个测评过程。测评流程如图 4-1 所示。

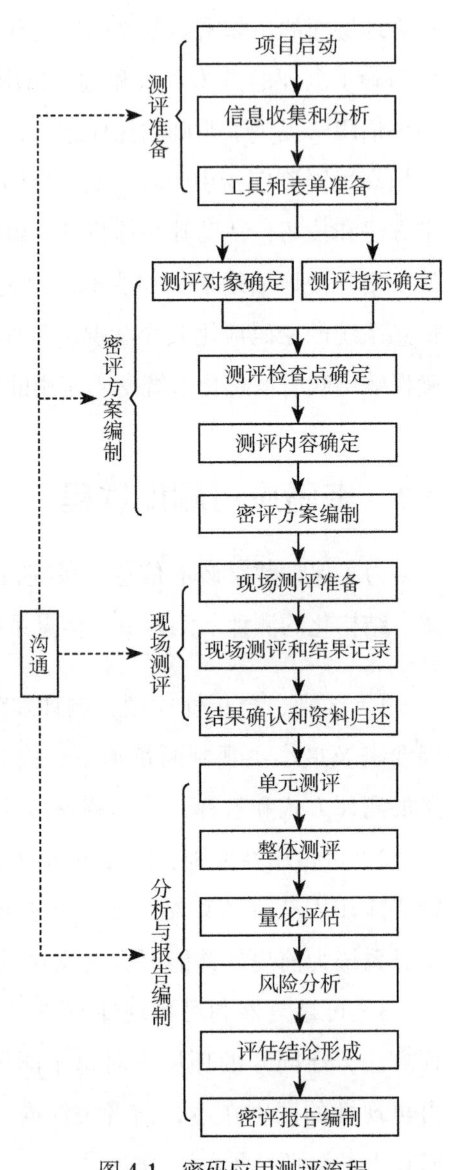

图 4-1 密码应用测评流程

（1）测评准备

测评准备活动是开展测评工作的前提和基础，主要任务是掌握被测信息系统的详细情况，准备测评工具，为编制密评方案做好准备。

测评准备活动的目标是顺利启动测评项目，准备测评所需的材料，为编制密评方案提供条件。测评准备活动包括项目启动、信息收集和分析、工具和表单准备 3 项主要任务，具体如下。

1）项目启动：测评方组建测评项目组，获取被测单位及被测信息系统的基本情况，从基本资料、人员、计划安排等方面为整个测评项目的实施做准备。

2）信息收集和分析：测评方通过调查表格、查阅被测信息系统资料等方式，了解被测信息系统的构成和密码应用情况，为编制密评方案和开展现场测评工作奠定基础。

3）工具和表单准备：测评项目组成员在进行现场测评之前，应熟悉与被测信息系统相关的组件、校准测评工具并准备各类表单等。测评过程中使用的测评工具应符合国家密码管理部门相关管理政策要求和密码相关国家标准、行业标准要求。

测评准备活动的输出文档及其内容如表 4-1 所示。

表 4-1　测评准备活动的输出文档及其内容

任务	输出文档	文档内容
项目启动	项目计划书	项目概述、工作依据、技术思路、工作内容和项目组织等
信息收集和分析	完成的调查表格，各种与被测信息系统相关的技术资料	被测信息系统的网络安全保护等级、业务情况、软硬件情况、密码应用情况、密码管理情况、相关部门及角色等
工具和表单准备	选用的测评工具清单，打印的各类表单、文档交接单、会议记录表单、会议签到表等	测评工具、现场测评授权、测评可能带来的风险、交接的文档名称、会议记录、会议签到信息等

（2）密评方案编制

密评方案编制活动的目标是整理及分析测评准备活动中获取的被测信息系统相关资料，为现场测评活动提供指导。密评方案编制活动包括测评对象确定、测评指标确定、测评检查点确定、测评内容确定及密评方案编制 5 项主要任务，具体如下。

1）测评对象确定：根据已经了解到的被测信息系统信息，分析整个被测信息系统及其涉及的业务应用系统，以及与此相关的密码应用情况，确定本次测评的对象。

2）测评指标确定：根据已经了解到的被测信息系统定级结果，确定本次测评的指标。

3）测评检查点确定：测评过程中对一些关键安全点进行现场检查、确定，以防密码产品、密码服务虽然被正确配置，但是未接入被测信息系统之类的情况发生。测评方可通过抓包测试、查看关键设备配置等方法，确认密码算法、密码技术、密码产品和密码服务的合规性、正确性和有效性。这些检查点应该在密评方案编制时确定，并且充分考虑到检查的可行性和风险，最大限度避免对被测信息系统的影响，尤其应避免给在线运行业务系统造成影响。

4）测评内容确定：测评实施前，需确定现场测评的具体实施内容，即单元测评内容。

5）密评方案编制：密评方案是测评工作实施的基础，用于指导密评现场实施活动。密评方案应包括但不限于项目概述、测评对象、测评指标、测评检查点以及测评实施等。

密评方案编制活动的输出文档及其内容如表4-2所示。

表4-2 密评方案编制活动的输出文档及其内容

任务	输出文档	文档内容
测评对象确定	密评方案的测评对象部分	被测信息系统的整体结构、边界、网络区域、核心资产、面临的威胁、测评对象等
测评指标确定	密评方案的测评指标部分	被测信息系统相应等级对应的适用和不适用的测评指标
测评检查点确定	密评方案的测评检查点部分	测评检查点、检查内容及测评方法
测评内容确定	密评方案的单元测评实施部分	单元测评实施内容
密评方案编制	经过评审的密评方案文本	项目概述、测评对象、测评指标、测评检查点、单元测评实施内容、测评实施计划等

（3）现场测评

现场测评是测评工作的核心活动，主要任务是根据密评方案分步实施所有测评项目，以了解被测信息系统真实的密码应用现状，获取足够的证据，发现存在的密码应用安全性问题。

现场测评活动的目标是通过与被测单位进行沟通和协调，依据密评方案实施现场测评工作，以获取分析与报告编制活动所需且足够的证据和资料。现场测评活动包括3项主要任务：现场测评准备、现场测评和结果记录、结果确认和资料归还，具体如下。

1）现场测评准备：启动现场测评工作，以保证测评方能够顺利实施测评。

2）现场测评和结果记录：测评方根据密评方案及现场测评准备结果，安排密评人员在现场完成测评工作。

3）结果确认和资料归还：被测单位确认各类测评结果记录，测评方归还测评过程中借阅的所有文档资料，将测评现场环境恢复至测评前状态，并由被测单位文档资料提供者签字确认。

现场测评活动的输出文档及其内容如表 4-3 所示。

表 4-3 现场测评活动的输出文档及其内容

任务	输出文档	文档内容
现场测评准备	会议记录、更新确认的密评方案、签署过的测评授权书和风险告知书等	工作计划和内容安排、双方人员的协调、被测单位应提供的配合与支持等
现场测评和结果记录	各类测评结果记录	访谈、文档审查、实地察看和配置检查、工具测试的记录及测评结果
结果确认和资料归还	经过被测单位确认的各类测评结果记录	测评活动中发现的问题、问题的证据和证据源、每项测评活动中被测单位配合人员的书面认可文件

（4）分析与报告编制

分析与报告编制是给出测评工作结果的活动，主要任务是根据密评方案和 GM/T 0115 的有关要求，通过单元测评、整体测评、量化评估和风险分析等方法，找出被测信息系统密码应用的安全保护现状与相应等级系统的保护要求之间的差距，并分析这些差距可能导致的被测信息系统所面临的风险，从而给出各个测评对象的测评结果和被测信息系统的评估结论，形成密评报告。

现场测评工作结束后，测评方应对现场测评获得的结果（也称“测评证据”）进行汇总分析，形成评估结论，并编制密评报告。密评人员在初步判定针对各测评单元设计的各测评对象的测评结果后，还需进行单元测评、整体测评、量化评估和风险分析。经过整体测评后，有的测评对象的测评结果可能会有所变化，需进一步修订测评结果，而后进行量化评估和风险分析，最后形成评估结论。分析与报告编制活动包括单元测评、整体测评、量化评估、风险分析、评估结论形成及密评报告编制 6 项任务，具体如下。

1）单元测评：主要针对各测评指标中的各个测评对象，客观、准确地分析测评证据，对每个测评对象分别进行测评实施和结果判定，汇总针对各测评单元设计的所有测评对象的测评实施结果，得出各测评单元的判定结果，并以表格的形式逐一列出。

2）整体测评：针对测评结果为部分符合和不符合的测评对象，采取逐条判定的方法，给出具体的整体测评结果。

3）量化评估：综合单元测评结果和整体测评结果，计算各测评指标的各测评对象修正后的测评结果得分、各测评单元得分、各安全层面得分和整体得分，并对被测信息系统的密码应用安全性进行总体评价。

4）风险分析：依据相关规范和标准，采用风险分析方法，分析测评结果中存在的安全问题以及可能给被测信息系统安全造成的影响。

5）评估结论形成：在测评结果汇总、量化评估以及风险分析基础上，形成评估结论。

6）密评报告编制：根据分析与报告编制活动的各项任务输出形成密评报告。密评报告应符合信息系统密码应用安全性评估报告模板要求，内容包括但不限于测评项目概述、被测系统情况、测评范围与方法、单元测评、整体测评、量化评估、风险分析、评估结论、总体评价、安全问题、改进建议等。其中，概述部分描述被测信息系统的总体情况、测评目的和依据等。

分析与报告编制活动的输出文档及其内容如表 4-4 所示。

表 4-4 分析与报告编制活动的输出文档及其内容

任务	输出文档	文档内容
单元测评	密评报告的单元测评部分	汇总统计各测评指标下各测评对象的测评结果，给出单元测评结果
整体测评	密评报告的单元测评结果修正部分	分析被测信息系统整体安全状况及对各测评对象测评结果的修正情况
量化评估	密评报告中整体测评结果和量化评估部分，以及总体评价部分	综合单元测评和整体测评结果，计算得分，并对被测信息系统的密码应用情况安全性进行总体评价
风险分析	密评报告的风险分析部分	分析被测信息系统存在的安全风险情况
评估结论形成	密评报告的评估结论部分	对测评结果进行分析，形成评估结论
密评报告编制	经过评审和确认的密评报告	测评项目概述、被测系统情况、测评范围与方法、单元测评、整体测评、量化评估、风险分析、评估结论、总体评价、安全问题、改进建议等

4.3 通用测评

通用测评包括测评密码算法合规性、密码技术合规性、密码产品合规性、密码服务合规性以及密钥管理安全性等方面。

1）密码算法合规性：测评对象为信息系统中使用的密码产品、密码服务以及密码算法。信息系统中使用的密码算法应符合法律、法规的规定和密码相关国家标准、行业标准的有关要求。测评实施过程为：了解系统中所使用的密码算法的名称、用途、何处使用、执行设备及其实现方式（软件、硬件或固件），核查密码算法是否以国家标准或行业标准形式发布，或取得国家密码管理部门同意使用的证明文件。

2）密码技术合规性：测评对象为信息系统中的密码产品、密码服务以及密码技术实现。信息系统中使用的密码技术应符合密码相关国家标准和行业标准的要求。测评实施过程为：核查系统所使用的密码技术是否以国家标准或行业标准的形式发布，或取得国家密码管理部门同意使用的证明文件。

3）密码产品合规性：测评对象为信息系统中的密码产品。信息系统中使用的密码产品应符合法律法规和密码相关国家标准和行业标准的要求。测评实施过程为：了解信息系统中密码产品的型号和版本等配置信息，核查密码产品是否经商用密码认证机构认证合格，并核查密码产品的使用是否满足其安全运行的条件（如安全策略或使用手册说明的部署条件）。对于依据密码模块相关标准设计的密码产品，我们还要核查其是否满足密码模块相应的安全等级及以上安全要求。

4）密码服务合规性：测评对象为信息系统中的密码服务。信息系统中使用的密码服务应符合法律法规、密码相关国家标准和行业标准要求。测评实施过程为：核查信息系统中密码服务是否经商用密码认证机构认证合格，或取得国家密码管理部门同意使用的证明文件。

5）密钥管理安全性：测评对象为密钥管理采用的密码产品、密码服务及密钥管理实现。信息系统的密钥管理采用的密码产品、密码服务应符合法律法规、密码相关国家标准和行业标准要求。密钥管理实现应符合密码相关国家标准和行业标准。测评实施过程为：核查密钥管理使用的密码产品、密码服务是否满足密码技术合规性与密码服务合规性，核查信息系统中密钥管理安全性实现技术是否正确、有效。

例如，非公开密钥是否被非授权用户访问、使用、泄露、修改和替换，公开密钥是否被非授权用户修改和替换。

4.4 密码技术应用测评

密码技术应用测评包括信息系统的物理和环境安全、网络和通信安全、设备和计算安全、应用和数据安全4个层面，具体如下。

（1）物理和环境安全测评

测评对象包括数字政府信息系统所在机房等重要区域门禁系统及视频监控系统。测评实施如下。

1）门禁系统：核查门禁系统是否采用动态口令机制、基于对称密码算法或者密码杂凑算法的消息鉴别码（MAC）机制、基于公钥密码算法的数字签名机制等对重要区域进入人员进行身份鉴别，并验证身份鉴别机制是否正确、有效。

2）视频监控系统：核查视频监控系统是否采用基于对称密码算法或者密码杂凑算法的消息鉴别码（MAC）机制、基于公钥密码算法的数字签名机制等对视频监控数据进行存储完整性保护，并验证完整性保护机制是否正确、有效。

（2）网络和通信安全测评

测评对象包括数字政府信息系统内部网络、与内部网络边界外建立的网络通信信道，以及提供通信保护功能和入网接入认证功能的设备、组件、密码产品。测评实施如下。

1）身份鉴别：核查所使用的密码算法、密码技术、密码产品和密码服务的合规性；核查是否采用基于对称密码算法或者密码杂凑算法的消息鉴别码（MAC）机制、基于公钥密码算法的数字签名机制等对通信实体进行身份鉴别，并验证通信实体身份鉴别机制是否正确、有效。

2）通信数据完整性：核查所使用的密码算法、密码技术、密码产品和密码服务的合规性；核查是否采用基于对称密码算法或者密码杂凑算法的消息鉴别码（MAC）机制、基于公钥密码算法的数字签名机制等对通信过程中的数据进行完整性保护，并验证通信数据完整性保护机制是否正确、有效。

3）通信过程中重要数据的机密性：核查所使用的密码算法、密码技术、密码产品和密码服务的合规性；核查是否采用基于密码技术的加解密功能对通信过程中敏感信息或通信报文进行机密性保护，并验证敏感信息或通信报文机密性保护机制是否正确、有效。

4）网络边界访问控制信息的完整性：核查所使用的密码算法、密码技术、密码产品和密码服务的合规性；核查是否采用基于对称密码算法或密码杂凑算法的消息鉴别码 (MAC) 机制、基于公钥密码算法的数字签名机制等对网络边界访问控制信息进行完整性保护，并验证网络边界访问控制信息完整性保护机制是否正确、有效。

5）安全接入认证：核查所使用的密码算法、密码技术、密码产品和密码服务的合规性；核查是否采用基于对称密码算法或密码杂凑算法的消息鉴别码 (MAC) 机制、基于公钥密码算法的数字签名机制等对从外部连接到内部网络的设备进行接入认证，并验证安全接入认证机制是否正确、有效。

（3）设备和计算安全测评

测评对象包括通用设备、网络及安全设备、密码设备、各类虚拟设备，以及提供身份鉴别功能、完整性保护功能、来源真实性功能、安全信息传输通道的密码产品。测评实施如下。

1）身份鉴别：核查所使用的密码算法、密码技术、密码产品和密码服务的合规性；核查是否采用动态口令机制、基于对称密码算法或者密码杂凑算法的消息鉴别码（MAC）机制、基于公钥密码算法的数字签名机制等对登录设备的用户进行身份鉴别，并验证登录设备的用户身份鉴别机制是否正确、有效。

2）远程管理通道安全：核查所使用的密码算法、密码技术、密码产品和密码服务的合规性；核查对象为远程管理所建立的信息传输通道是否采用密码技术，包括身份鉴别、传输数据机密性和完整性保护等技术，并验证所采用的这些密码技术的实现机制是否正确、有效。

3）系统资源访问控制信息完整性：核查所使用的密码算法、密码技术、密码产品和密码服务的合规性；核查是否采用基于对称密码算法或密码杂凑算法的消息鉴别码（MAC）机制、基于公钥密码算法的数字签名机制等对系统资源访问控制信息进行完整性保护，并验证系统资源访问控制信息完整性保护机制是否正确、有效。

4）重要信息资源安全标记完整性：核查所使用的密码算法、密码技术、密码产品和密码服务的合规性；核查是否采用基于对称密码算法或密码杂凑算法的消息鉴别码 (MAC) 机制、基于公密码算法的数字签名机制等对设备中的重要信息资源安全标记进行完整性保护，并验证安全标记完整性保护机制是否正确、有效。

5）日志记录完整性：核查所使用的密码算法、密码技术、密码产品和密码服务的合规性；核查是否采用基于对称密码算法或密码杂凑算法的消息鉴别码（MAC）机制、基于公钥密码算法的数字签名机制等对设备运行的日志记录进行完整性保护，并验证日志记录完整性保护机制是否正确、有效。

6）重要可执行程序完整性及来源真实性：核查所使用的密码算法、密码技术、密码产品和密码服务的合规性；核查是否采用密码技术对重要可执行程序进行完整性保护及来源真实性确认，并验证重要可执行程序完整性保护和来源真实性确认机制是否正确、有效。

（4）应用和数据安全测评

测评对象包括业务应用，以及提供身份鉴别、完整性保护、机密性保护、抗抵赖性实现等功能的密码产品。测评实施如下。

1）身份鉴别：核查所使用的密码算法、密码技术、密码产品和密码服务的合规性；核查是否采用动态口令机制、基于对称密码算法或者密码杂凑算法的消息鉴别码（MAC）机制、基于公钥密码算法的数字签名机制等对登录用户进行身份鉴别，并验证应用系统用户身份鉴别机制是否正确、有效。

2）访问控制信息完整性：核查所使用的密码算法、密码技术、密码产品和密码服务的合规性；核查是否采用基于对称密码算法或者密码杂凑算法的消息鉴别码（MAC）机制、基于公钥密码算法的数字签名机制等对应用的访问控制信息进行完整性保护，并验证应用的访问控制信息完整性保护机制是否正确、有效。

3）重要信息资源安全标记完整性：核查所使用的密码算法、密码技术、密码产品和密码服务的合规性；核查是否采用基于对称密码算法或者密码杂凑算法的消息鉴别码（MAC）机制、基于公钥密码算法的数字签名机制等对应用的重要信息资源安全标记进行完整性保护，并验证安全标记完整性保护机制是否正确、有效。

4）重要数据传输机密性：核查所使用的密码算法、密码技术、密码产品和密码服务的合规性；核查是否采用密码加解密技术对重要数据在传输中进行机密性保护，并验证传输数据机密性保护机制是否正确、有效。

5）重要数据存储机密性：核查所使用的密码算法、密码技术、密码产品和密码服务的合规性；核查是否采用密码加解密技术对重要数据在存储中进行机密性保护，并验证存储数据机密性保护机制是否正确、有效。

6）重要数据传输完整性：核查所使用的密码算法、密码技术、密码产品和密码服务的合规性；核查是否采用基于对称密码算法或者密码杂凑算法的消息鉴别码（MAC）机制、基于公钥密码算法的数字签名机制等对重要数据在传输过程中进行完整性保护，并验证传输数据完整性保护机制是否正确、有效。

7）重要数据存储完整性：核查所使用的密码算法、密码技术、密码产品和密码服务的合规性；核查是否采用基于对称密码算法或者密码杂凑算法的消息鉴别码（MAC）机制、基于公钥密码算法的数字签名机制等对重要数据在存储过程中进行完整性保护，并验证存储数据完整性保护机制是否正确、有效。

8）抗抵赖性：核查所使用的密码算法、密码技术、密码产品和密码服务的合规性；核查是否采用基于公钥密码算法的数字签名机制等对数据原发行为和接收行为实现抗抵赖性，并验证抗抵赖性实现机制是否正确、有效。

通过以上全方位的测评，我们可以更好地了解数字政府信息化系统的密码安全状况，并采取适当的措施进行改进。

4.5 密码应用安全管理测评

安全管理测评包括管理制度、人员管理、建设运行和应急处置等方面，具体实施如下。

（1）管理制度测评

测评对象包括安全管理制度类文档、密码应用方案、密钥管理制度及策略类文档、操作规程类文档、记录表单类文档等。测评实施如下。

1）密码应用安全管理制度：核查各项安全管理制度是否包括密码人员管理、密钥管理、建设运行管理、应急处置、密码机软硬件及介质管理等。

2）密钥管理规则：核查是否通过评估的密码应用方案，并核查是否根据密码应用方案建立相应的密钥管理规则（例如，密钥管理制度及策略类文档中的密钥全生命周期安全性保护相关内容）且对密钥管理规则进行评审，以及核查是否对密钥按照密钥管理规则进行全生命周期管理。

3）建立操作规程：核查是否对密码相关管理人员或操作人员的日常管理操作建立操作规程。

4）定期修订安全管理制度：核查是否定期对密码应用安全管理制度和操作规程的合理性和适用性进行论证和审定，对存在不足或需要改进之处进行修订。

5）明确管理制度发布流程：核查相关密码应用安全管理制度和操作规程是否具有相应明确的发布流程和版本控制。

6）制度执行过程记录留存：核查是否有密码应用操作规程执行过程中留存的相关执行记录文件。

（2）人员管理测评

测评对象包括系统相关人员（包括系统负责人、安全主管、密钥管理员、密码安全审计员、密码操作员等），安全管理制度类文档、记录表单类文档等。测评实施如下。

1）了解并遵守密码相关法律法规和密码应用安全管理制度：核查系统相关人员是否了解并遵守密码相关法律法规和密码应用安全管理制度。

2）建立密码应用岗位责任制度：对于第二级系统，核查是否建立了密码应用岗位责任制度，安全管理制度是否明确了各岗位人员在安全系统中的职责和权限。对于第三级系统，核查安全管理制度类文档是否根据密码应用的实际情况，设置密码管理员、密码安全审计员、密码操作员等关键安全岗位并定义岗位职责；核查是否对关键岗位建立多人共管机制，并确认密码安全审计员不兼任密钥管理员、密码操作员等关键安全岗位；核查相关设备与系统的管理和使用账号是否有多人共用情况。对于第四级系统，除了第三级系统的要求之外，还需核查密钥管理员、密码安全审计员和密码操作员是否为本机构的内部员工，是否对录用人有身份、背景、专业资格和资质等方面审查的文档或记录等。

3）建立上岗人员培训制度：核查安全教育和培训计划文档是否有针对密码操作和管理人员的培训计划；核查安全教育和培训记录是否有密码培训人员、密码培训内容、密码培训结果等的描述。

4）定期进行安全岗位人员考核：核查安全管理制度文档是否包含具体的人员考核制度和惩戒措施；核查人员考核记录内容是否包括安全意识、密码操作管理技能及相关法律法规；核查记录表单类文档，以确认是否定期对岗位人员进行考核。

5）建立关键岗位人员保密制度和调离制度：对于第一级系统，核查人员离岗时是否有及时终止其所有密码应用相关的访问权限、操作权限的记录。对于第二级到第四级系统，核查人员离岗的管理文档中是否规定了关键岗位人员保密制度和调离制度等；核查保密协议是否有保密范围、保密责任、违约责任、协议有效期限和责任人签字等内容。

（3）建设运行测评

测评对象包括密码应用方案、密钥管理制度及策略类文档、密钥管理过程记录、密码实施方案、密码应用安全性评估报告、密码应用安全管理制度、攻防对抗演习报告、整改文档，以及系统负责人等。测评实施如下。

1）密码应用方案：核查在信息系统规划阶段，是否依据密码相关标准和信息系统密码应用需求，制定密码应用方案，并核查方案是否通过评估。

2）密钥安全管理策略：核查是否有通过评估的密码应用方案；核查密钥管理制度及策略类文档是否确定了系统涉及的密钥种类、体系及生命周期环节，是否与密码应用方案一致；若信息系统没有相应的密码应用方案，则核查密钥管理制度及策略类文档是否根据 GB/T 39786—2021 进行制定。核查相关密钥管理过程记录，以及核查是否按照密钥管理制度及策略类文档完成密钥管理。

3）实施方案：核查是否有通过评估的密码应用方案，并核查是否按照密码应用方案，制定密码实施方案。

4）投入运行前的密码应用安全性评估：对于第一级到第二级系统，核查信息系统投入运行前，是否组织进行密码应用安全性评估；核查是否有系统投入运行前的密码应用安全性评估报告。对于第三级到第四级系统，核查信息系统投入运行前，是否组织进行密码应用安全性评估；核查是否有系统投入运行前的密码应用安全性评估报告且系统通过评估。

5）定期开展密码应用安全性评估及攻防对抗演习：核查信息系统投入运行后，信息系统责任方是否严格执行既定的密码应用安全管理制度，定期开展密码应用安全性评估及攻防对抗演习，并有相应的密码应用安全性评估报告及攻防对抗演习报告；核查是否根据评估结果制定整改方案，并进行相应整改。

（4）应急处置测评

应急处置测评包括应急策略测评、事件处置测评、上报处置情况测评等内容。测评对象包括应急策略、应急策略类文档、应急处置记录类文档、安全事件报告、安全事件发生情况及处置情况报告等。测评实施如下。

1）应急策略：对于第一级系统，核查用户是否根据密码产品提供的安全策略处置密码应用安全事件。对于第二级系统，核查是否根据密码应用安全事件等级制定了相应的密码应用应急策略并对应急策略进行评审，核查应急策略中是否明确了密码应用安全事件发生时的应急处理流程及其他管理措施，并遵照执行；若发生过密码应用安全事件，核查是否有相应的处置记录。对于第三级到第四级系统，核查是否根据密码应用安全事件等级制定了相应的密码应用应急策略并对应急策略进行评审，核查应急策略是否明确了密码应用安全事件发生时的应急处理流程及其他管理措施，并遵照执行；若发生过密码应用安全事件，核查是否立即启动应急处置措施并有相应的处置记录。

2）事件处置：对于第三级系统，核查密码应用安全事件发生后，是否及时向信息系统主管部门进行报告。对于第四级系统，核查密码应用安全事件发生后，是否及时向信息系统主管部门及归属的密码管理部门进行报告。

3）上报处置情况：核查密码应用安全事件处置完成后，是否及时向信息系统主管部门及归属的密码管理部门报告事件发生情况及处置情况，如事件处置完成后，向相关部门提交安全事件发生情况及处置情况报告。

4.6 密码应用整体测评

整体测评应从单元间、层面间等方面进行测评和综合分析。单元间测评是指对同一技术层面或管理层面的两个或者两个以上不同测评单元间的关联进行测评、分析，目的是确定这些关联对信息系统整体密码应用防护能力的影响。层面间测评是指对不同技术层面或管理层面之间的两个或者两个以上不同测评单元间的关联进行测评、分析，目的是确定这些关联对信息系统整体密码应用防护能力的影响。

（1）单元间测评

在单元测评完成后，应对单元测评结果中存在的不符合项和部分符合项进行单元间测评，重点分析信息系统中是否存在单元间的相互弥补作用。根据测评分析结果，综合判定该测评单元所对应的信息系统密码应用防护能力是否缺失，如果经过综合分析得知单元测评中的不符合项和部分符合项不造成信息系统整体密码应用防护能力的缺失，则对该测评单元的测评结果予以调整。

（2）层面间测评

在单元测评完成后，应对单元测评结果中存在的不符合项和部分符合项进行层面间测评，重点分析信息系统中是否存在层面间的相互弥补作用。根据测评分析结果，综合判定该测评单元所对应的信息系统密码应用防护能力是否缺失，如果经过综合分析得知单元测评中的不符合项和部分符合项不造成信息系统整体密码应用防护能力的缺失，则对该测评单元的测评结果予以调整。

4.7 测评指标

密码技术在数字政府信息系统中起着关键作用。为了确保密码应用的安全性和有效性，表 4-5 提供了详细的测评指标，覆盖了从技术到管理的所有重要方面。

表 4-5 测评指标（以第三级系统密码应用基本要求为例）

测评单元			测评指标	应用要求
技术要求	物理和环境安全	身份鉴别	8.1 a）宜采用密码技术进行物理访问身份鉴别，保证重要区域进入人员身份的真实性	宜
		电子门禁记录数据存储完整性	8.1 b）宜采用密码技术保证电子门禁系统进出记录数据的存储完整性	宜
		视频监控记录数据存储完整性	8.1 c）宜采用密码技术保证视频监控音像记录数据的存储完整性	宜
	网络和通信安全	身份鉴别	8.2 a）应采用密码技术对通信实体进行身份鉴别，保证通信实体身份的真实性	应
		通信数据完整性	8.2 b）宜采用密码技术保证通信过程中数据的完整性	宜
		通信过程中重要数据的机密性	8.2 c）应采用密码技术保证通信过程中重要数据的机密性	应
		网络边界访问控制信息的完整性	8.2 d）宜采用密码技术保证网络边界访问控制信息的完整性	宜
		安全接入认证	8.2 e）可采用密码技术对从外部连接到内部网络的设备进行接入认证，确保接入的设备身份真实性	可
	设备和计算安全	身份鉴别	8.3 a）应采用密码技术对登录设备的用户进行身份鉴别，保证用户身份的真实性	应
		远程管理通道安全	8.3 b）远程管理设备时，应采用密码技术建立安全的信息传输通道	应
		系统资源访问控制信息完整性	8.3 c）宜采用密码技术保证系统资源访问控制信息的完整性	宜
		重要信息资源安全标记完整性	8.3 d）宜采用密码技术保证设备中的重要信息资源安全标记的完整性	宜
		日志记录完整性	8.3 e）宜采用密码技术保证日志记录的完整性	宜

（续）

测评单元			测评指标	应用要求
技术要求	设备和计算安全	重要可执行程序完整性、重要可执行程序来源真实性	8.3 f）宜采用密码技术对重要可执行程序进行完整性保护，并对其来源进行真实性验证	宜
	应用和数据安全	身份鉴别	8.4 a）应采用密码技术对登录用户进行身份鉴别，保证应用系统用户身份的真实性	应
		访问控制信息完整性	8.4 b）宜采用密码技术保证应用的访问控制信息的完整性	宜
		重要信息资源安全标记完整性	8.4 c）宜采用密码技术保证应用的重要信息资源安全标记的完整性	宜
		重要数据传输机密性	8.4 d）应采用密码技术保证应用的重要数据在传输过程中的机密性	应
		重要数据存储机密性	8.4 e）应采用密码技术保证应用的重要数据在存储过程中的机密性	应
		重要数据传输完整性	8.4 f）宜采用密码技术保证应用的重要数据在传输过程中的完整性	宜
		重要数据存储完整性	8.4 g）宜采用密码技术保证应用的重要数据在存储过程中的完整性	宜
		抗抵赖性	8.4 h）在可能涉及法律责任认定的应用中，宜采用密码技术提供数据原发证据和数据接收证据，实现数据原发行为的抗抵赖性和数据接收行为的抗抵赖性	宜
管理要求	管理制度	具备密码应用安全管理制度	8.5 a）应具备密码应用安全管理制度，包括密码人员管理、密钥管理、建设运行、应急处置、密码机软硬件及介质管理等制度	应
		密钥管理规则	8.5 b）应根据密码应用方案建立相应密钥管理规则	应
		建立操作规程	8.5 c）应对管理人员或操作人员执行的日常管理操作建立操作规程	应
		定期修订安全管理制度	8.5 d）应定期对密码应用安全管理制度和操作规程的合理性和适用性进行论证和审定，对存在不足或需要改进之处进行修订	应
		明确管理制度发布流程	8.5 e）应明确相关密码应用安全管理制度和操作规程的发布流程并进行版本控制	应
		制度执行过程记录留存	8.5 f）应具有密码应用操作规程的相关执行记录并妥善保存	应
	人员管理	了解并遵守密码相关法律法规和密码管理制度	8.6 a）相关人员应了解并遵守密码相关法律法规、密码应用安全管理制度	应
		建立密码应用岗位责任制度	8.6 b）应建立密码应用岗位责任制度，明确各岗位在安全系统中的职责和权限： 1）根据密码应用的实际情况，设置密钥管理员、密码安全审计员、密码操作员等关键安全岗位；	应

（续）

测评单元			测评指标	应用要求
管理要求	人员管理	建立密码应用岗位责任制度	2）对关键岗位建立多人共管机制； 3）密钥管理、密码安全审计、密码操作人员之间互相制约、互相监督，其中密钥管理员不可兼任密码审计员、密码操作员等关键安全岗位； 4）相关设备与系统的管理和使用账号不得多人共用	应
		建立上岗人员培训制度	8.6 c）应建立上岗人员培训制度，对涉及密码操作和管理的人员进行专门培训，确保其具备岗位所需专业技能	应
		定期进行安全岗位人员考核	8.6 d）应定期对密码应用安全岗位人员进行考核	应
		建立关键岗位人员保密制度和调离制度	8.6 e）应建立关键人员保密制度和调离制度，签订保密合同，承担保密义务	应
	建设运行	制定密码应用方案	8.7 a）应依据密码相关标准和密码应用需求，制定密码应用方案	应
		制定密钥安全管理策略	8.7 b）应根据密码应用方案，确定系统涉及的密钥种类、体系及生命周期环节，各环节安全管理要求参照 GB/T 39786—2021《信息安全技术　信息系统密码应用基本要求》	应
		制定实施方案	8.7 c）应按照应用方案实施建设	应
		投入运行前进行密码应用安全性评估	8.7 d）投入运行前，应进行密码应用安全性评估，评估通过后系统方可正式运行	应
		定期开展密码应用安全性评估及攻防对抗演习	8.7 e）在运行过程中，应严格执行既定的密码应用安全管理制度，应定期开展密码应用安全性评估及攻防对抗演习，并根据评估结果进行整改	应
	应急处置	应急策略	8.8 a）应制定密码应用应急策略，做好应急资源准备，当密码应用安全事件发生时，应立即启动应急处置措施，结合实际情况及时处置	应
		事件处置	8.8 b）事件发生后，应及时向信息系统主管部门报告	应
		向有关主管部门上报处置情况	8.8 c）事件处置完成后，应及时向信息系统主管部门及归属的密码管理部门报告事件发生情况及处置情况	应
测评指标合计			41 项	

下面简要介绍技术要求与管理要求方面相应的测评。

（1）技术要求测评

❑ 物理和环境安全：确保通过密码技术进行身份验证，进而访问关键区域。此外，应确保电子门禁和视频监控系统的数据完整性。

- 网络和通信安全：密码技术应用于通信实体身份的验证，保护通信数据的完整性和机密性，以及保护网络边界访问控制信息的完整性。此外，可以使用密码技术来验证从外部连接到内部网络设备的身份。
- 设备和计算安全：对登录设备的用户进行身份验证，保护远程管理通道，确保系统资源访问控制信息、设备中的关键信息资源安全标记和日志记录的完整性。此外，对重要的可执行程序进行完整性保护，并验证其来源的真实性。
- 应用和数据安全：对登录应用系统的用户进行身份验证，确保信息系统应用的访问控制信息、关键信息资源安全标记、传输和存储数据的完整性和机密性。在涉及法律责任的应用中，应使用密码技术提供不可否认的数据证据。

（2）管理要求测评

- 管理制度：应具备一套完善的密码应用安全管理制度，包括密钥管理、制度修订、发布流程、版本控制等，并确保有相应的执行记录。
- 人员管理：确保相关人员了解并遵守密码相关的法律和管理制度，设定岗位职责，建立多人共管机制，制定人员培训制度，并对关键岗位人员进行定期考核。
- 建设运行：根据密码相关标准和应用需求制定密码应用方案、密钥安全管理策略，并根据应用方案进行实施。在应用运行前，应进行安全评估，并在运行过程中定期进行安全评估。
- 应急处置：当密码应用安全事件发生时，应启动预先制定的应急处置策略，及时处置，报告相关主管部门，并向密码管理部门提供事件和处置情况的详细报告。

技术和管理测评涵盖41项具体的测评指标，确保密码技术在各种场景中安全、有效的应用。

4.8　量化评估

密码应用安全性评估是依据GB/T 39786—2021《信息安全技术信息系统密码应用基本要求》和GM/T 0115—2021《信息系统密码应用测评要求》，对信息系统密码应用情况给出定量评估结果，以规范信息系统密码应用安全性评估过程，以及指导相关信息系统规划、建设等工作。

4.8.1 量化评估框架

量化评估参考 GM/T 0115—2021，主要从以下 3 方面进行量化评估。

1）密码使用有效性：评估密码技术是否被正确、有效使用，以满足信息系统的安全需求，有效提供数据机密性、完整性、真实性和抗抵赖性的保护。

2）密码算法 / 技术合规性：评估信息系统中使用的密码算法是否符合法律法规、密码相关国家标准和行业标准的要求，信息系统中使用的密码技术是否遵循密码相关国家标准和行业标准或通过国家密码管理部门审查、鉴定。

3）密钥管理安全：评估密钥的全生命周期管理是否安全，用于密码计算或密钥管理的密码产品、密码服务是否安全。

4.8.2 量化评估规则

（1）各测评对象的测评结果量化评估规则

在密码应用技术要求中，第 i 个安全层面的第 j 个测评单元的第 k 个测评对象 $T_{i,j,k}$ 的量化评估结果 $S_{i,j,k} \in [0,1]$，其中，0 表示不符合，1 表示符合，其他表示部分符合。$S_{i,j,k}$ 的取值见表 4-6（涉及计算时，四舍五入，取小数点后 4 位），其中，修正参数 R_a 与 R_k 的取值分别见表 4-7 与表 4-8。通用要求和密码应用技术要求对各安全层面的密码服务和密码产品指标不单独评价。

涉及以下情况时，我们需要对测评对象的分值进行修正。

- 若测评对象 A 弥补了测评对象 B 的不足，测评对象 A 的分值为 P_A，测评对象 B 弥补前的分值为 P_B，则测评对象 B 弥补后的分值为 $MAX(0.5 \times P_A, P_B)$，即 $0.5 \times P_A$ 和 P_B 之间的较大值（四舍五入，取小数点后 4 位）。

密码应用管理要求不针对各个测评对象的测评结果进行量化评估。

表 4-6　量化评估

符合情况	涉及情况			示例	分值 $S_{i,j,k}$
	密码使用有效性 *D*	密码算法/技术合规性 *A*	密钥管理安全 *K*		
符合	√	√	√	全部符合相关的要求	1
部分符合	√	×	√	密码使用有效，具备安全的密钥管理机制，但使用的密码算法/技术不符合法律法规、密码相关国家标准和行业标准的要求	$0.5R_a$
	√	√	×	密码使用有效，使用的密码算法/技术符合法律、行政法规、国家有关规定和密码相关国家标准、行业标准的有关要求，但是相关的密钥管理机制存在问题	$0.5R_k$
	√	×	×	密码使用有效，但使用的密码算法/技术不符合法律法规、密码相关国家标准和行业标准的要求，相关的密钥管理机制也存在问题	$0.25R_aR_k$
不符合	×	—	—	未使用密码技术，或未正确、有效使用密码技术导致无法满足信息系统的安全需求	0

注：1. 在判定密码使用有效性、密码算法/技术合规性、密钥管理安全三个维度时，均进行独立判定，比如：在单独判定密码使用有效性时，不考虑密码算法/技术合规性和密钥管理安全问题导致的风险。
2. R_a 为密码算法/技术合规性修正参数，取值见表 4-7；R_k 为密钥管理安全修正参数，取值见表 4-8。

表 4-7　密码算法/技术合规性修正参数 R_a 取值

密码算法/技术使用情况	所使用的密码算法/技术与信息系统安全要求不匹配	所使用的密码算法/技术可以在一定程度上为信息系统提供安全保障	所使用的密码算法/技术可以较好地为信息系统提供安全保障
示例	安全强度小于 80 bit 的密码算法/技术	安全强度大于等于 80 bit 小于 112 bit 的密码算法/技术	安全强度大于等于 112 bit 的密码算法/技术
R_a	0.2	0.5	1

表 4-8　密钥管理安全修正参数 R_k 取值

密码应用级别	第一级 第二级	第三级		第四级	
密钥管理安全情况	—	使用一级密码模块，且能够满足 GM/T0115—2021 中“5.5 密钥管理安全性”的其他要求	其他情况	使用二级密码模块，且能够满足 GM/T0115—2021 中“5.5 密钥管理安全性”的其他要求	其他情况
R_k	1 （不修正）	1.2	1 （不修正）	1.5	1 （不修正）

（2）测评单元的测评结果量化评估规则

在密码应用技术要求中，第 i 个安全层面的第 j 个测评单元 $U_{i,j}$ 的量化评估结果 $S_{i,j}$ 为该测评单元内所有 $n_{i,j}$ 个测评对象测评结果的算术平均值（四舍五入，取小数点后 4 位），即

$$S_{i,j}=\frac{\Sigma_{1\leqslant k\leqslant n_{i,j}}S_{i,j,k}}{n_{i,j}}$$

在密码应用管理要求中，根据 GM/T 0115—2021 给出第 i 个安全层面的第 j 个测评单元判定结果 $S_{i,j}$，其中，符合为 1 分，不符合为 0 分，部分符合为 0.5 分。

（3）安全层面的测评结果量化评估规则

每个测评单元分配相应的权重 $w_{i,j}$，如表 4-9 所示。第 i 个安全层面 L_i 的量化评估结果 S_i 为该安全层面内所有 n_i 个适用测评单元测评结果 $S_{i,j}$ 的加权平均值（四舍五入，取小数点后 4 位），即

$$S_i=\frac{\Sigma_{1\leqslant j\leqslant n_i}w_{i,j}S_{i,j}}{\Sigma_{1\leqslant j\leqslant n_i}w_{i,j}}$$

若某测评指标不适用，则不参与量化评估。不适于评估的判定方式参见 GM/T 0115—2021。

表 4-9 测评单元权重

要求维度	安全层面序号 i	安全层面	测评单元序号 j	测评单元	安全层面权重（w_i）	指标权重 $w_{i,j}$			
						第一级	第二级	第三级	第四级
密码应用技术要求	1	物理和环境安全	（1）	身份鉴别	10	0.4	0.7	1	1
			（2）	电子门禁记录数据存储完整性		0.4	0.4	0.7	0.7
			（3）	视频记录数据存储完整性		—	—	0.7	0.7
	2	网络和通信安全	（1）	身份鉴别	20	0.4	0.7	1	1
			（2）	通信数据完整性		0.4	0.4	0.7	1

（续）

要求维度	安全层面序号 i	安全层面	测评单元序号 j	测评单元	安全层面权重（w_i）	指标权重 $w_{i,j}$			
						第一级	第二级	第三级	第四级
密码应用技术要求	2	网络和通信安全	（3）	通信过程中重要数据的机密性	20	0.4	0.7	1	1
			（4）	网络边界访问控制信息的完整性		0.4	0.4	0.4	0.7
			（5）	完全接入认证		—	—	0.4	0.7
	3	设备和计算安全	（1）	身份鉴别	10	0.4	0.7	1	1
			（2）	远程管理通道安全		—	—	1	1
			（3）	系统资源访问控制信息完整性		0.4	0.4	0.4	0.7
			（4）	重要信息资源安全标记完整性		—	—	0.4	0.7
			（5）	日志记录完整性		0.4	0.4	0.4	0.7
			（6）	重要可执行程序完整性、重要可执行程序来源真实性		—	—	0.7	1
	4	应用和数据安全	（1）	身份鉴别	30	0.4	0.7	1	1
			（2）	访问控制信息完整性		0.4	0.4	0.4	0.7
			（3）	重要信息资源安全标记完整性		—	—	0.4	0.7
			（4）	重要数据传输机密性		0.4	0.7	1	1
			（5）	重要数据存储机密性		0.4	0.7	1	1
			（6）	重要数据传输完整性		0.4	0.7	0.7	1
			（7）	重要数据存储完整性		0.4	0.7	0.7	1
			（8）	抗抵赖性		—	—	1	1
密码应用管理要求	5	管理制度	（1）	具备密码应用安全管理制度	8	1	1	1	1
			（2）	密钥管理规则		0.7	0.7	0.7	0.7
			（3）	建立操作规程		—	0.7	0.7	0.7
			（4）	定期修订安全管理制度		—	—	0.7	0.7
			（5）	明确管理制度发布流程		—	—	0.7	0.7
			（6）	制度执行过程记录留存		—	—	0.7	0.7
	6	人员管理	（1）	了解并遵守密码相关法律法规和密码管理制度	8	0.7	0.7	0.7	0.7
			（2）	建立密码应用岗位责任制度		—	1	1	1
			（3）	建立上岗人员培训制度		—	0.7	0.7	0.7
			（4）	定期进行安全岗位人员考核		—	—	0.7	0.7
			（5）	建立关键岗位人员保密制度和调离制度		0.7	0.7	0.7	0.7
	7	建设运行	（1）	制定密码应用方案	8	1	1	1	1
			（2）	制度密钥安全管理策略		1	1	1	1

（续）

要求维度	安全层面序号 i	安全层面	测评单元序号 j	测评单元	安全层面权重（w_i）	指标权重 $w_{i,j}$			
						第一级	第二级	第三级	第四级
密码应用管理要求	7	建设运行	（3）	制定实施方案	8	0.7	0.7	0.7	0.7
			（4）	投入运行前进行密码应用安全性评估		1	1	1	1
			（5）	定期开展密码应用安全性评估及攻防对抗演习		—	—	0.7	0.7
	8	应急处置	（1）	应急策略	6	1	1	1	1
			（2）	事件处置		—	—	0.7	0.7
			（3）	向有关主管部门上报处置情况		—	—	0.7	0.7

（4）整体测评结果量化评估规则

每个安全层面分配有相应的权重 w_i，如表 4-9 所示。量化评估结果 S 为所有 n 个安全层面测评结果 S_i 的加权平均值（四舍五入，取小数点后 2 位），即

$$S=\frac{\Sigma_{1\leqslant i\leqslant 4}w_i\cdot S_i}{\Sigma_{1\leqslant i\leqslant 4}w_i}\times 70+\frac{\Sigma_{5\leqslant i\leqslant 8}w_i\cdot S_i}{\Sigma_{5\leqslant i\leqslant 8}w_i}\times 30$$

若某个安全层面的所有测评指标都不适用，则该安全层面不参与量化评估。比如，如果信息系统中“物理和环境安全”层面所有测评指标都不适用，而其他各层面均有适用的测评指标，那么根据表 4-9 提供的安全层面权重，上述分值计算公式具体为：

$$S=\frac{\Sigma_{2\leqslant i\leqslant 4}w_i\cdot S_i}{60}\times 70+\frac{\Sigma_{5\leqslant i\leqslant 8}w_i\cdot S_i}{30}\times 30$$

4.8.3 整体结论判定

整体量化评估结果 S 为 100 分，则判定被测信息系统符合 GB/T 39786—2021 相应等级要求；判定结果 S 低于 100 分、不低于阈值（60 分），且经风险评估发现没有

高风险，则判定被测信息系统基本符合 GB/T 39786—2021 相应等级要求；否则，判定被测信息系统不符合 GB/T 39786—2021 相应等级要求。

4.9 测评结果记录

测评结果记录涉及物理和环境安全、网络和通信安全、设备和计算安全、应用和数据安全等技术层面，以及管理制度、人员管理、建设运行和应急处置等管理层面。各测评结果记录如表 4-10 到表 4-17 所示。

表 4-10 物理和环境安全测评结果记录

测评指标	测评对象	结果记录	量化指标				测评单元得分 $S_{i,j}=\frac{\sum_{1\leqslant k\leqslant n_{i,j}} S_{i,j,k}}{n_{i,j}}$
			密码使用安全 D	密码算法/技术合规性 A	密钥管理安全 K	测评对象评分 $S_{i,j,k}$	
身份鉴别							
电子门禁记录数据存储完整性							
视频监控记录数据存储完整性							

表 4-11 网络和通信安全测评结果记录

测评指标	测评对象	结果记录	量化指标				测评单元得分 $S_{i,j}=\frac{\sum_{1\leqslant k\leqslant n_{i,j}} S_{i,j,k}}{n_{i,j}}$
			密码使用安全 D	密码算法/技术合规性 A	密钥管理安全 K	测评对象评分 $S_{i,j,k}$	
身份鉴别							
通信数据完整性							
敏感信息或通信报文的机密性							
网络边界访问控制信息的完整性							
安全接入认证							

表 4-12 设备和计算安全测评结果记录

测评指标	测评对象	结果记录	量化指标				测评单元得分
			密码使用安全 D	密码算法 / 技术合规性 A	密钥管理安全 K	测评对象评分 $S_{i,j,k}$	$S_{i,j}=\frac{\sum_{1\leqslant k\leqslant n_{i,j}} S_{i,j,k}}{n_{i,j}}$
身份鉴别							
安全的信息传输通道							
系统资源访问控制信息完整性							
重要信息资源安全标记完整性							
日志记录完整性							
重要可执行程序完整性、重要可执行程序来源真实性							

表 4-13 应用和数据安全测评结果记录

测评指标	测评对象	结果记录	量化指标				测评单元得分
			密码使用安全 D	密码算法 / 技术合规性 A	密钥管理安全 K	测评对象评分 $S_{i,j,k}$	$S_{i,j}=\frac{\sum_{1\leqslant k\leqslant n_{i,j}} S_{i,j,k}}{n_{i,j}}$
身份鉴别							
访问控制信息完整性							
重要数据资源安全标记完整性							
重要数据传输机密性							
重要数据存储机密性							
重要数据传输完整性							
重要数据存储完整性							

表 4-14 管理制度测评结果记录

<table>
<tr><th>测评指标</th><th>测评对象</th><th>结果记录</th><th>测评指标符合情况（符合 / 部分符合 / 不符合 / 不适用）</th><th>测评单元得分 $S_{i,j}$</th></tr>
<tr><td>具备密码应用安全管理制度</td><td rowspan="6">管理体系（包括安全管理制度类文档、密码应用方案、密钥管理制度及策略类文档、操作规程类文档、记录表单类文档、系统相关人员）</td><td></td><td></td><td></td></tr>
<tr><td>密钥管理规则</td><td></td><td></td><td></td></tr>
<tr><td>建立操作规程</td><td></td><td></td><td></td></tr>
<tr><td>定期修订安全管理制度</td><td></td><td></td><td></td></tr>
<tr><td>明确管理制度发布流程</td><td></td><td></td><td></td></tr>
<tr><td>制度执行过程记录留存</td><td></td><td></td><td></td></tr>
</table>

表 4-15 人员管理测评结果记录

<table>
<tr><th>测评指标</th><th>测评对象</th><th>结果记录</th><th>测评指标符合情况（符合 / 部分符合 / 不符合 / 不适用）</th><th>测评单元得分 $S_{i,j}$</th></tr>
<tr><td>了解并遵守密码相关法律法规和密码管理制度</td><td rowspan="5">管理体系（包括安全管理制度类文档、密码应用方案、密钥管理制度及策略类文档、操作规程类文档、记录表单类文档、系统相关人员）</td><td></td><td></td><td></td></tr>
<tr><td>建立密码应用岗位责任制度</td><td></td><td></td><td></td></tr>
<tr><td>建立岗位责任制度建立上岗人员培训制度</td><td></td><td></td><td></td></tr>
<tr><td>定期进行安全岗位人员考核</td><td></td><td></td><td></td></tr>
<tr><td>建立关键岗位人员保密制度和调离制度</td><td></td><td></td><td></td></tr>
</table>

表 4-16 建设运行测评结果记录

<table>
<tr><th>测评指标</th><th>测评对象</th><th>结果记录</th><th>测评指标符合情况（符合 / 部分符合 / 不符合 / 不适用）</th><th>测评单元得分 $S_{i,j}$</th></tr>
<tr><td rowspan="2">制定密码应用方案</td><td>密码应用方案、密钥管理制度及策略类文档、密码实施方案、密码应用安全性评估报告、密码应用安全管理制度、攻防对抗演习报告、整改文档</td><td></td><td></td><td></td></tr>
<tr><td>管理体系（包括安全管理制度类文档、记录表单类文档、系统相关人员）</td><td></td><td></td><td></td></tr>
<tr><td rowspan="2">制定密钥安全管理策略</td><td>密码应用方案、密钥管理制度及策略类文档、密码实施方案、密码应用安全性评估报告、密码应用安全管理制度、攻防对抗演习报告、整改文档</td><td></td><td></td><td></td></tr>
<tr><td>管理体系（包括安全管理制度类文档、记录表单类文档、系统相关人员）</td><td></td><td></td><td></td></tr>
<tr><td>制定实施方案</td><td>密码应用方案、密钥管理制度及策略类文档、密码实施方案、密码应用安全性评估报告、密码应用安全管理制度、攻防对抗演习报告、整改文档</td><td></td><td></td><td></td></tr>
</table>

（续）

测评指标	测评对象	结果记录	测评指标符合情况（符合 / 部分符合 / 不符合 / 不适用）	测评单元得分 $S_{i,j}$
制定实施方案	管理体系（包括安全管理制度类文档、记录表单类文档、系统相关人员）			
投入动行前进行密码应用安全性评估	密码应用方案、密钥管理制度及策略类文档、密码实施方案、密码应用安全性评估报告、密码应用安全管理制度、攻防对抗演习报告、整改文档			
	管理体系（包括安全管理制度类文档、记录表单类文档、系统相关人员）			
定期开展密码应用安全性评估及攻防对抗演习	密码应用方案、密钥管理制度及策略类文档、密码实施方案、密码应用安全性评估报告、密码应用安全管理制度、攻防对抗演习报告、整改文档			
	管理体系（包括安全管理制度类文档、记录表单类文档、系统相关人员）			

表 4-17 应急处置测评结果记录

测评指标	测评对象	结果记录	测评指标符合情况（符合 / 部分符合 / 不符合 / 不适用）	测评单元得分 $S_{i,j}$
应急策略	管理体系（包括密码应用应急处置方案、应急处置记录类文档、安全事件发生情况及处置情况报告、系统相关人员）			
事件处置				
向有关主管部门上报处置情况				
制度执行过程记录留存				

4.10 风险分析及测评结论

4.10.1 信息系统风险分析和评价

密码应用安全性评估报告应对整体测评之后单元测评结果中的不符合项和部分符合项进行风险分析和评价。

采用风险分析方法，针对单元测评结果中存在的不符合项和部分符合项，分析所产生的安全问题被威胁利用的可能性，判断密码应用在合规性、正确性和有效性方面不符合要求所产生的安全问题被威胁利用后给信息系统造成影响的程度，以及受到威胁的资产的价值，综合评价这些不符合项和部分符合项对信息系统造成的安全风险。

对于高风险的判定依据，我们可参考相关标准或文件。若密码应用存在明显的安全风险，例如未满足密码应用的正确性、有效性要求，或未使用经国家密码管理部门核准的密码技术，我们应结合具体业务场景做高风险判定。

4.10.2 测评结论

密码应用安全性评估报告应给出信息系统的测评结论，确认信息系统达到相应等级保护要求的程度。测评结论如下。

1）符合：未发现信息系统安全问题，测评结果中所有单元测评结果的不符合项和部分符合项统计结果全为0，综合得分为100分。

2）基本符合：信息系统存在安全问题，测评结果中所有单元测评结果的不符合项和部分符合项统计结果不全为0，但存在的安全问题不会导致信息系统面临高等级安全风险，且综合得分不低于阈值。

3）不符合：信息系统存在安全问题，测评结果中所有单元测评结果的不符合项和部分符合项统计结果不全为0，而且存在的安全问题会导致信息系统面临高等级安全风险，或综合得分低于阈值。

Chapter 5 第5章

数字政府密码应用案例

前面已介绍了数字政府密码应用相关的理论和技术，本章通过实际应用案例进一步呈现数字政府密码应用的场景。我们将走进各个独特的业务场景，探讨政务云、政务办公集约化、政协履职业务及公积金业务中密码技术的实际应用。通过详细的项目背景介绍、深入的现状分析，以及密码应用的具体实践，我们将见证密码技术如何为每一项业务注入强大的安全动力，以及这背后的挑战与机遇。这些实际案例不仅让我们更直观地感受到密码技术的威力，还能启发我们思考如何更好地在数字化进程中应用密码技术。

5.1 政务云业务密码应用案例

5.1.1 项目背景

我国一直高度重视国家电子政务的发展。电子政务在改善公共服务、加强社会管理、强化综合监管、完善宏观调控等方面发挥了重要作用，促进了政府职能转变，已成为提升党的执政能力和建设服务型政府不可或缺的有效手段。近年来，随着云计算技术的迅速发展，电子政务所依托的信息技术手段及环境条件发生了重大变化。

早在2012年，工业和信息化部发布的《国家电子政务“十二五”规划》(工信部

〔2011〕567号）便提出，鼓励政务部门业务应用系统向云计算服务模式的电子政务公共平台迁移，开展以云计算为基础的电子政务公共平台顶层设计试点。2013年，工业和信息化部印发了《基于云计算的电子政务公共平台顶层设计指南》（工信信函〔2013〕2号），并研究确定了北京市等18个省级地方和北京市海淀区等59个市（县、区）作为首批基于云计算的电子政务公共平台建设和应用试点示范地区。2016年，国务院进一步印发《关于加快推进"互联网+政务服务"工作的指导意见》（国发〔2016〕55号），提出创新应用云计算和大数据等技术，打造透明高效的服务型政府，推动政务云集约化建设，为网上政务服务提供支撑和保障。在国家积极推进电子政务向云端迁移的大背景下，各部门、各地方相继制定了政务云建设的专项规划，政务上云呈现出"上云为原则，不上云为例外"的发展态势。

推动云计算技术在电子政务中应用，有利于提高基础设施资源利用率，减少重复浪费，避免各自为政和信息孤岛。在基于云计算技术的电子政务不断普及的过程中，特别是在政府采购云服务商电子政务云平台运维服务的模式下，如何选取数据安全、平台稳定、技术规范的云服务商，如何界定各参与方的安全责任，以及如何持续有效地对电子政务云平台实施监管，是政务上云不能回避的问题。

5.1.2　现状分析

数字政府政务云平台汇集处理整个地域的电子政务业务，海量数据资源高度集中，形成价值高地。云平台中存有大量政府公共敏感数据、个人隐私数据及各业务部门数据，但对密码技术的应用依然存在不广泛、不正确、不合规等问题，形成数据泄露、篡改等隐患。开放的互联网访问方式增加了平台信息泄露的风险。

数字政府政务云平台属于国家关键信息基础设施，依据《国家政务信息化项目建设管理办法》（国办发〔2019〕57号文）要求，需要根据《信息安全技术　信息系统密码应用基本要求》（GB/T 39786—2021）采取相关密码应用防护措施。

5.1.3　密码应用

本项目建设了政务云商用密码应用体系，为政务云安全提供全方位密码保障支撑能力，实现政务云平台上各业务系统数据全生命周期的机密性、真实性、完整性，达到业务处理过程的安全性、数据信息的可管可控，并可对政务云上运行的各种内部信息、行政事务信息、经济信息等进行加密保护，为各政务单位在处理政务云业务方面提供统一认证、访问控制、数据加解密、电子印章、电子文件安全验证及可信时间戳等密码应用服务（见图 5-1）。

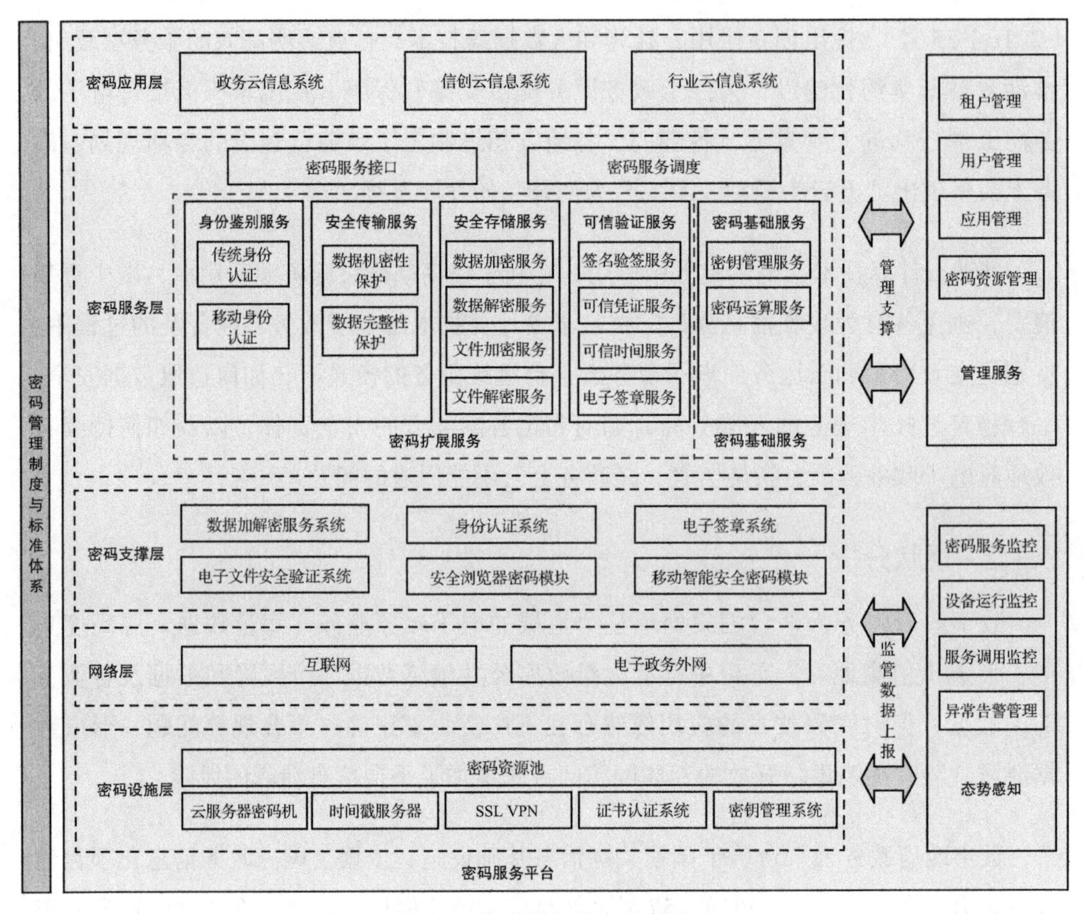

图 5-1 密码服务平台示意图

密码服务平台的建设为云上业务应用系统提供统一的密码接口调用服务，减少接口不兼容所引起的重复开发工作和安全性问题。本项目提供满足用户需求的、统一的、标准化的接口，让业务应用系统利用密码服务平台开展密码应用和密评业务，提高云上业务应用系统密码服务的通用性和可移植性，降低云上业务应用系统信息数据安全风险。

5.1.3.1　统建密码服务支撑上层应用

密码服务平台对密码设备和密码系统进行平台化聚合，具备密钥管理、证书服务、密码运算、信任服务、数据安全服务、数据防护等一系列密码服务，通过接口为政务数据管理、政务信息共享、政务移动办公、基础信息库等典型应用场景提供密码应用支撑能力。同时，初步构建政务领域统一的密码监管能力，逐步实现对政务领域密码设备、密码资源、密码服务、密码应用等的统一监管，使政务外网密码管理部门实时掌握全局的密码设施和密码应用情况，提升密码系统的安全防御能力和及时响应能力，提升密码应用系统的可用性和健壮性，为上层应用提供统一的全密码服务支撑。

5.1.3.2　统建密码服务平台简化运维管理

本项目的建设能够为云上业务应用系统提供统一的符合国家密码管理标准的密码服务，以统一标准、统一管理、统一运维等原则服务政务信息化部门。

其一，已有和新建的信息系统可直接以统一的密码服务接口接入密码服务平台，大大减少在身份鉴别、数据真实性保障、数据加解密、签名验签等接口的多样化，为后续待建的业务应用系统提供标准接口规范，以规范建设应用。

其二，对密码硬件设备的统一接入管理，通过一套平台实现密码设备及密码服务的统一监管。

其三，提供全维度的统计分析，以可视化形式将运行中、已完成、待完成的数据一目了然地呈现在运维人员眼前。

5.1.3.3　统建密码服务平台便于平滑扩展

本项目兼顾短期、长期的业务安全需求。相关密码产品和系统充分考虑兼容性和可扩展性，适用于不同环境、不同规模的场景，能够覆盖更多具体情况。本项目建设的密码服务平台兼容 X86、信创基础环境。考虑到后续政务云平台的规划和发展，密码服务平台可平滑迁移到云平台，为云上应用提供相应的密码服务支撑服务。

5.1.3.4 统建密码服务平台易于应用适配

由于应用厂商对密码技术和应用方式缺乏了解，密码厂商也无法掌握每种应用系统的需求，这形成了应用与密码之间无形的“鸿沟”。应用开发商无法高效地使用商密技术保障业务流程中的关键环节和关键数据，导致商密技术使用不当、商密产品部署零散、商密行业推广困难等问题，进一步加大了应用与密码之间的距离。

为了有效解决这一问题，密码技术需要与通用业务流程、典型业务场景、行业应用系统进行融合设计，实现场景化、标准化，针对流程、场景和应用中的安全需求和风险提供一站式的通用密码中间件，以 SDK 的方式供应用系统调用，从而快速适配与集成，保障业务环节、关键数据的安全。

5.2 某市政务办公集约化密码应用案例

5.2.1 项目背景

随着信息技术的快速发展，政府机构的信息安全需求日益增长。从信息安全的角度来看，政府机构面临着来自内部和外部的安全威胁。内部威胁包括员工的误操作、恶意行为等。外部威胁则可能来自其他国家或组织。这些威胁都可能给政府机构的信息安全造成严重影响。同时，随着电子政务的普及和发展，政府机构的工作越来越多地依赖信息系统。电子政务的建设要求政府机构不仅要提高工作效率，还要确保信息安全。集约化的密码应用为电子政务提供安全支撑，保障政府工作的正常进行。通过采用符合国家标准的密码算法和安全协议，确保政府信息在传输、存储和交换过程中的安全性。

密码技术是网络安全的基础和核心，是解决网络与信息安全问题最有效、最可靠、最经济的手段。商用密码技术在维护国家安全、促进经济发展、保护人民群众利益、保障政务信息化建设中发挥着不可替代的作用。《中华人民共和国密码法》（以下简称《密码法》）的颁布实施为开展商用密码应用提供了依据。

《密码法》第二十七条明确提出：法律、行政法规和国家有关规定要求使用商用密码进行保护的关键信息基础设施，其运营者应当使用商用密码进行保护，自行或者委托商用密码检测机构开展商用密码应用安全性评估。

国办发〔2019〕57号《国家政务信息化项目建设管理办法》（以下简称《办法》）进一步促进了商用密码的全面应用。《办法》提出：项目建设单位应当落实国家密码管理有关法律法规和标准规范的要求，同步规划、同步建设、同步运行密码保障系统并定期进行评估；对于不符合密码应用和网络安全要求，或者存在重大安全隐患的政务信息系统，不安排运行维护经费，项目建设单位不得新建、改建、扩建政务信息系统。

积极贯彻落实密码相关的法律法规、政策文件，依据GB/T 39786—2021《信息安全技术 信息系统密码应用基本要求》，对市政务办公集约化平台分别从物理和环境、网络和通信、设备和计算、应用和数据等方面进行密码应用同步规划、同步建设，并进行密码应用分析和密码应用设计。

5.2.2 现状分析

某市政务办公集约化平台（以下简称“市政务办公集约化平台”）依托市信创云平台为全市近1000位机关用户提供办公应用支撑服务。用户场景分为PC端用户和移动端用户，PC端用户通过电子政务外网访问，移动端用户通过互联网采用非国密VPN方式访问。

市政务办公集约化平台是某市办公人员日常办公重要的政务信息系统，为全市行政事业单位及地方国有企业办公人员提供公文业务办理、业务协同等服务，实现工作流程电子化，规范内部管理行为，极大地提高了政府办公效率。平台存储众多敏感数据，如用户隐私数据、公文数据、邮件数据等。

5.2.3 密码应用

本项目通过部署智能密码钥匙、云服务器密码机、SSL VPN安全网关、安全浏览器密码模块、移动智能终端安全密码模块（二级）、SSL密码模块、身份认证系统、数据加解密服务平台、电子文件安全验证系统、安全门禁系统、音/视频加密系统等密码产品，满足市政务办公集约化平台的密码应用需求。本项目的密码应用架构如图 5-2 所示。

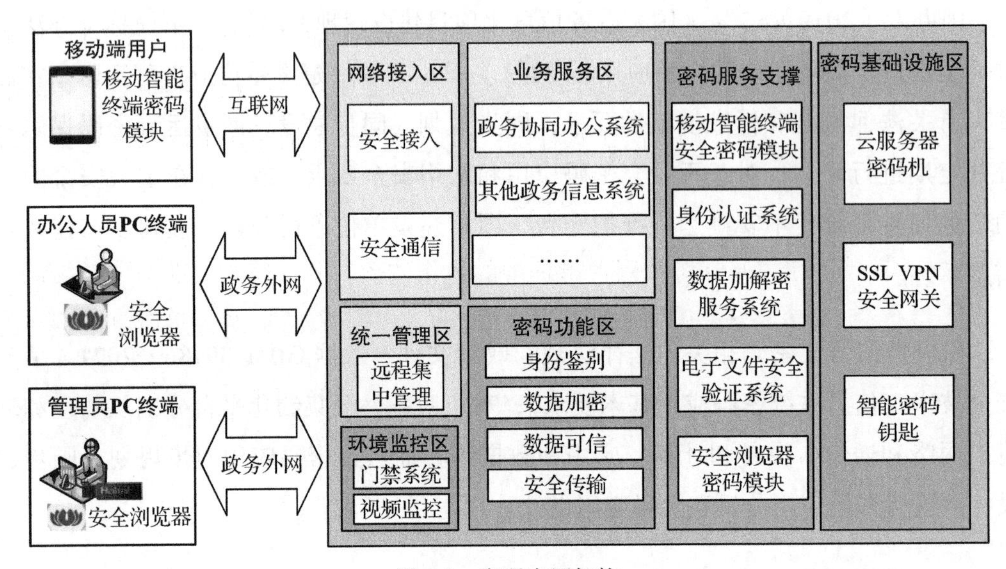

图 5-2 密码应用架构

为市政务办公集约化平台提供密码服务支撑的密码基础设施主要部署在市政务办公集约化平台所在的云平台业务区，为市政务办公集约化平台提供贴身、合规、有效的密码服务（见表 5-1）。

表 5-1 关键密码服务

序号	关键数据	信息描述	存储位置	敏感度	密码应用需求	密码解决措施
1	用户数据	主要包括用户的姓名、电话、单位、科室、职位等基本信息	存储于信创云平台政务外网	个人隐私	身份鉴别需求、数据机密性需求	1. 采用移动智能终端安全密码模块、USB Key、身份认证系统等手段满足移动端、PC 端身份鉴别需求 2. 采用数据加解密服务平台满足数据机密性需求
2	公文信息	主要包括公文正文信息、公文附件信息	存储于信创云平台政务外网	工作秘密	身份鉴别需求、数据机密性需求	1. 采用移动智能终端安全密码模块、USB Key、身份认证系统等手段满足移动端、PC 端身份鉴别需求 2. 采用数据加解密服务平台满足数据机密性需求

（续）

序号	关键数据	信息描述	存储位置	敏感度	密码应用需求	密码解决措施
3	邮件信息	主要包括邮件正文信息、邮件附件信息	存储于信创云平台政务外网	工作秘密	身份鉴别需求、数据机密性需求	1. 采用移动智能终端安全密码模块、USB Key、身份认证系统等手段满足移动端、PC端身份鉴别需求 2. 采用数据加解密服务平台满足数据机密性需求
4	访问控制信息	主要包含系统访问权限、用户操作权限信息	存储于信创云平台政务外网	工作秘密	身份鉴别需求、数据完整性需求	1. 采用移动智能终端安全密码模块、USB Key、身份认证系统等手段满足移动端、PC端身份鉴别需求 2. 采用电子文件安全验证系统满足数据完整性需求
5	日志信息	主要包含系统操作日志、服务日志等记录	存储于信创云平台政务外网	工作秘密	身份鉴别需求、数据完整性需求	1. 采用移动智能终端安全密码模块、USB Key、身份认证系统等手段满足移动端、PC端身份鉴别需求 2. 采用电子文件安全验证系统满足数据完整性需求

5.3 某省政协履职业务密码应用案例

5.3.1 项目背景

政协委员履职与提案管理平台是集提案、社情民意、会议发言、会议活动、委员履职、全会服务、履职服务为一体的专业型政协信息化应用平台，是“智慧政协”建设的核心基础。平台围绕探索新形势下加强政协委员履职能力建设的新思路、新举措，发挥委员的主体作用，服务委员履职，为委员履职赋能，进一步提高委员工作的科学化、信息化水平，真正实现委员履职工作的提质增效。平台以委员的履职周期为主干，以委员实践履职工作为出发点，以履行政治协商、民主监督、参政议政的职能为目标，以各应用系统建设为载体，构建“委员履职树”的基础数据模型。通过构建“委员履职树”，形成“智慧政协”信息化建设基础。平台以数据为核心，以“委员履职树”为纽带，围绕政协的核心业务，规范设计、分级管理、有序共享，推动“互联网＋政协服务”向纵深发展，有效提升科学决策水平，更好地为政协系统创新履职方式，提高委员履职服务水平，为新时代下的“委员作业”服务水平、人民政协参与社会治理的实践水平提升提供有力支撑。

5.3.2 现状分析

某省政协办公厅信息系统云平台承载着大量政协内部数据。目前，整个平台中用户名、口令部分为敏感数据，需要得到保护。用户所上传的文件数据、存储的重要管理数据、重要业务数据也需要得到保护，防止被人非法拦截、窃取、阅读和篡改。结合《金融和重要领域密码应用与创新发展工作规划》（36号文）、《国家政务信息化项目建设管理办法》等国家有关政策法规要求及自身实际安全需求，该平台亟须全面在身份认证、安全隔离、信息加密、完整性保护和抗抵赖性等方面补充密码保障手段。

5.3.3 密码应用

5.3.3.1 某省政协办公厅信息系统服务端密码服务

某省政协办公厅信息系统是一套用于政协提案综合办理的系统。该系统实现了政协提案的提交、交办、承办、审核、答复、催办、督办全流程业务的自动化管理。信息系统为政协提案的办理提供了便捷、高效的管理方式，促进了政协工作的信息化和现代化。

为了保障信息系统数据安全，系统服务端需提供密码技术应用服务。图5-3展示了该信息系统服务端密码服务架构，包含密码设备服务层、密码服务层、某政协基础设施安全支撑平台，以及应用系统服务端（如云计算平台、云平台管理应用、信息化系统云平台等）。这种分层架构确保了密码应用的安全性和高效性，也便于未来的扩展和升级。以下简要介绍服务端密码服务的各部分。

（1）密码设备服务层

密码设备服务层是整个密码服务体系的基础，由云平台统建的密码服务资源池提供服务。密码设备服务层的内部结构对某省政协办公厅信息系统云平台相对透明，以接口的方式为密码服务层提供服务。密码设备服务层由以下两部分组成。

1）物理密码资源层：用于提供实体密码设备资源，包括各类密码计算能力的实体密码机。实体密码机通常用于处理高性能、高安全强度的密码计算操作，如加解密和数字签名等。

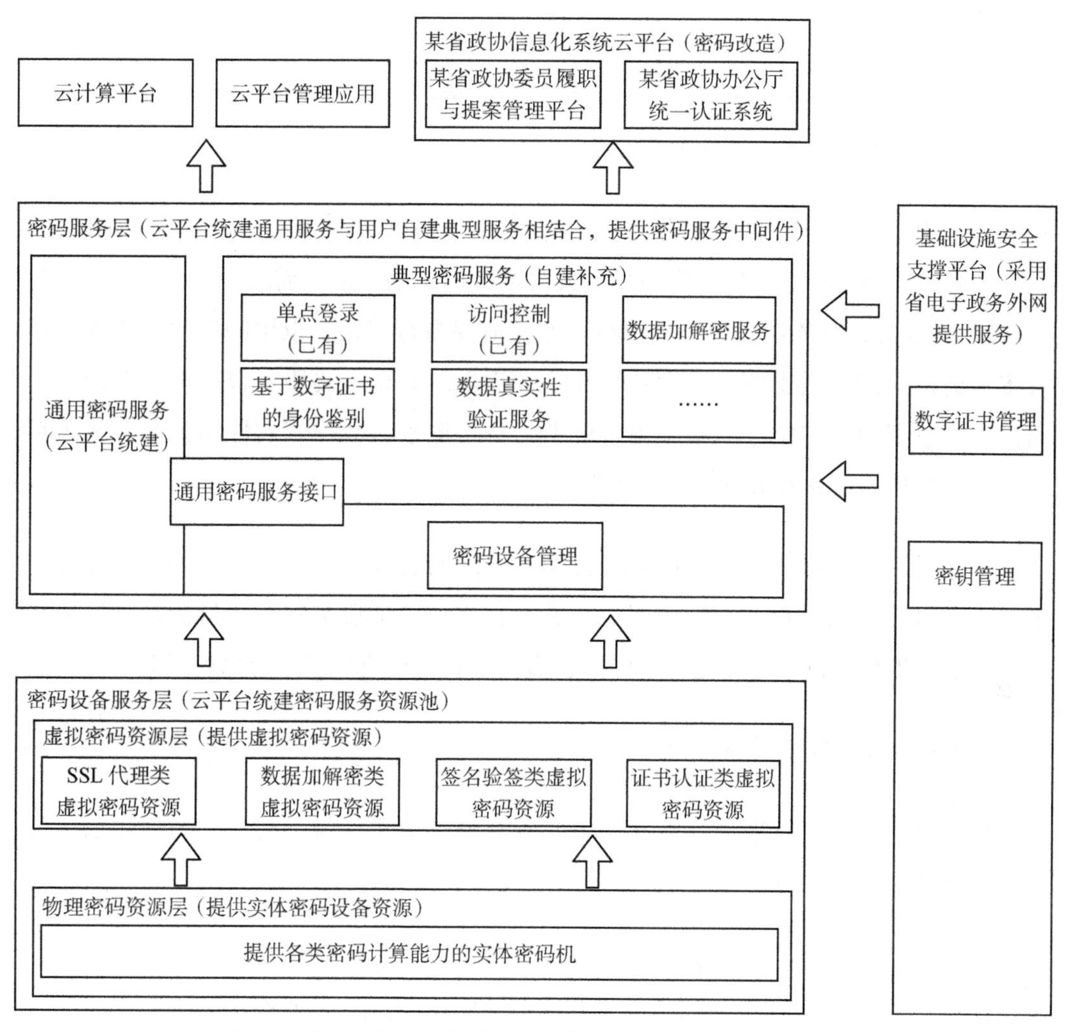

图 5-3 某省政协办公厅信息系统服务端密码服务架构示意图

2）虚拟密码资源层：用于提供虚拟密码资源，包括 SSL 代理类虚拟密码资源（用于 SSL/TLS 加密通信）、数据加解密类虚拟密码资源（用于数据的加密和解密）、签名验签类虚拟密码资源（用于数字签名和验证）、证书认证类虚拟密码资源（用于数字证书的认证)。这些虚拟密码资源允许用户根据实际需求按需分配，以满足各种密码计算需求。

（2）密码服务层

密码服务层构建在密码设备服务层之上，由密码设备服务层提供密码运算能力，用于提供各种密码服务，具体如下。

1）通用密码服务：由云平台统一提供，包括常规的密码服务，如基本的加解密、数字签名、证书管理等。这些服务满足大多数应用的基本密码需求。

2）典型密码服务：由用户单位结合业务需要自行建设，以中间件的形式为应用系统的商密应用提供支撑，以满足特殊业务需求。典型密码服务包括单点登录、访问控制、数据加解密服务、基于数字证书的身份鉴别、数据真实性验证服务等。用户可以根据具体业务需求自定义这些服务。

考虑到某省政协办公厅信息系统云平台目前的建设情况，以及密码应用实际需求，本项目重点加强数据加解密服务、数据真实性验证服务建设，目标是利用服务应用系统实现数据机密性和完整性保护、数据及行为的真实性、完整性验证等。

（3）基础设施安全支撑平台

基础设施安全支撑平台由某省电子政务外网管理单位统一提供，为通用密码服务、典型密码服务等整个密码服务体系提供支撑，具体如下。

1）数字证书管理：实现数字证书服务，实现数字身份认证和安全通信。

2）密钥管理：确保密钥的生成、存储和分发安全，以支持各种密码操作。

（4）应用系统服务端

应用系统服务端与最终用户交互。应用系统服务端的商密应用改造通过调用密码服务层的通用密码服务、典型密码服务相关接口来完成，而不是直接调用密码设备服务层或基础设施安全支撑平台，从而确保应用系统的高效性与安全性，同时使应用系统快速适应新的密码服务或技术，始终处于最新、最安全的状态。

5.3.3.2 某省政协信息系统客户端密码服务

政协信息系统服务端对应的客户端也需要相应的密码服务支撑。图 5-4 展示了某省信息系统客户端密码服务架构，包含密码设备服务层、密码服务层、基础设施安全支撑平台，以及应用系统客户端（如云计算平台、云平台管理应用、信息化系统云平台等）。该架构旨在提供安全的客户端密码服务，以确保信息系统的安全通信和身份认证。以下简要介绍客户端密码服务的各部分。

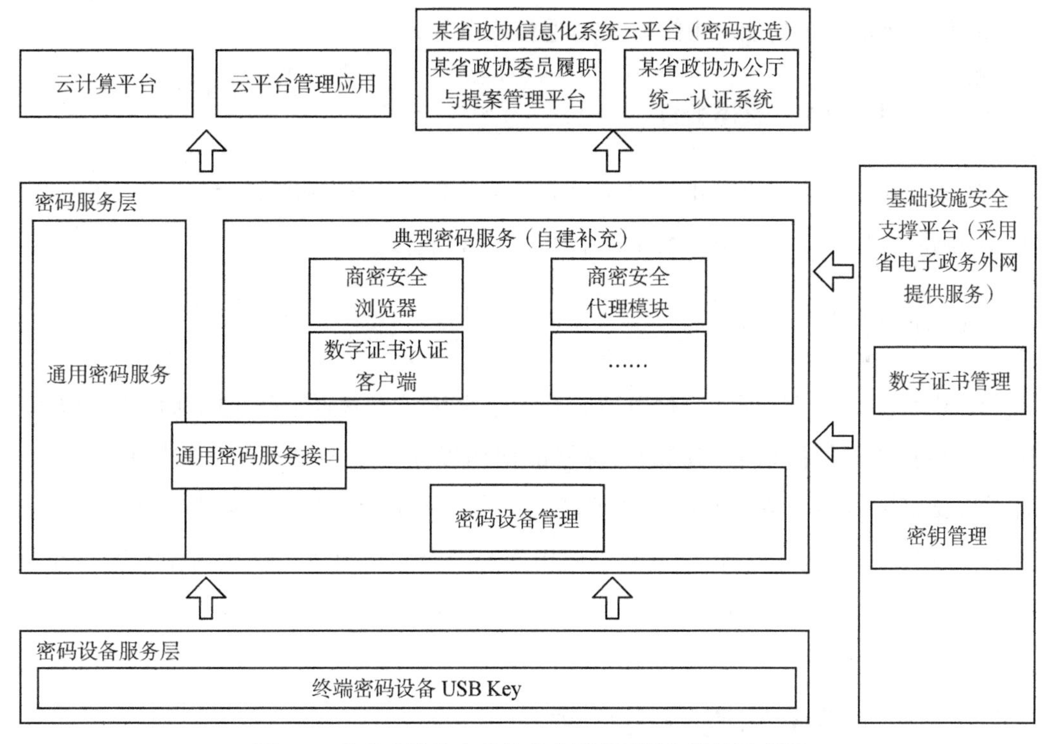

图 5-4 某省政协信息系统客户端密码服务架构示意图

（1）密码设备服务层

密码设备服务层是整个客户端密码服务的基础，主要由终端密码设备（USB Key）构成，采用“数字证书 + USB Key”的方式来实现客户端与服务端之间的双向认证。其中，USB Key 是一种物理设备，用于存储数字证书和执行密码运算。

（2）密码服务层

密码服务层分为通用密码服务、典型密码服务两部分，都基于密码设备服务层提供的密码运算能力。

1）通用密码服务：由终端密码设备直接提供相关接口和服务，包括加解密、数字签名、证书管理等。它是客户端密码服务的基础，用于处理常规的密码操作。

2）典型密码服务：包括解决商密 SSL 安全链路的安全代理模块、安全浏览器等，用于提供高级的安全功能（如保护 SSL 通信安全等）。

（3）基础设施安全支撑平台

基础设施安全支撑平台由省电子政务外网管理单位统一提供，为通用密码服务、典型密码服务提供支撑，包括数字证书管理、密钥管理等。

（4）应用系统客户端

应用系统客户端的商密应用改造，是通过直接调用密码服务层的通用密码服务、典型密码服务相关接口来完成的。这样的架构确保了密码服务的可靠性和安全性，而不需要调用密码设备服务层或基础设施安全支撑平台。某省政协办公厅信息系统云平台为 B/S 应用架构。客户端通过调用商密安全代理模块，实现商密 SSL 安全链路传输，从而确保在云平台上的安全通信和身份验证。

5.4 公积金业务密码应用案例

5.4.1 项目背景

近年来，国内外信息安全事件频发，例如黑客利用网络或其他技术手段，造成信息系统中的信息被篡改、假冒、泄露、窃取等；利用网络发布、传播危害国家安全、社会稳定、公共利益的内容；利用配置缺陷、协议缺陷、程序缺陷或暴力手段对信息系统实施攻击，并造成信息系统运行异常或给信息系统当前运行带来潜在危害。

5.4.2 现状分析

某市住房公积金管理中心为积极贯彻落实国家密码相关的法律法规、政策文件，依据GB/T 39786-2021《信息安全技术 信息系统密码应用基本要求》，针对住房公积金管理中心信息管理系统，分别从物理和环境、网络和通信、设备和计算、应用和数据等方面进行密码应用分析、设计，从而完成平台的密码应用同步规划、同步建设。

该市住房公积金管理中心信息管理系统属于等级保护三级系统。该市住房公积金管理中心国产密码保护能力不足，导致系统敏感数据、重要文件通过明文进行存储和传输，缺少数据真实性、机密性、完整性和抗抵赖性保护，与相关文件的密码保护要求存在一定差距，存在安全隐患。该市住房公积金管理中心信息管理系统安全体系未满足信息系统等级保护要求。总体而言，该市住房公积金管理中心信息管理系统在密码应用方面不容乐观。

（1）身份鉴别

目前，该市住房公积金管理中心信息管理系统对于PC端和移动端用户主要采用“用户名＋口令”的方式进行身份验证，存在高风险。为了满足密评要求，PC端用户需要使用“智能密码钥匙＋数字证书”的方式，实现身份鉴别，保证身份的真实性，防止非授权人员登录。移动端用户需要采用“移动智能终端安全密码模块＋数字证书”的方式，实现身份鉴别，保证身份的真实性，防止非授权人员登录。

（2）数据传输安全

由于该市住房公积金管理中心信息管理系统涉及大量敏感数据，数据传输安全格外重要，需要在数据通信过程中采用安全链路。PC客户端使用安全浏览器密码模块，移动客户端使用SSL密码模块，服务端部署国密安全网关，建立安全传输通道，保障通信数据传输的机密性和完整性。

（3）数据存储机密性

信息系统中的用户数据、管理数据、业务数据在服务端大多是明文存储或者使用不合规、不安全的国密算法加密。数据安全存储关乎用户的数据资产价值，需要部署数据加解密系统，以实现数据存储的加密保护，并根据业务系统实际需求，制定“一文一密、一数据一密”的安全机制。

（4）数据存储完整性

信息系统中的访问控制信息、日志记录等重要数据在存储过程中大多数情况下并没有使用密码技术进行保护。只有数据可信且能够被安全验证，才能确保数据的完整性。这需要部署电子文件安全验证系统，以实现数据存储的完整性保护。

（5）行为数据的抗抵赖性

信息系统运行过程中产生大量业务数据，并记录了用户的操作行为。这需要采取技术手段，确保业务数据及行为数据的抗抵赖性。

5.4.3 密码应用

本项目按照系统所在机房网络安全体系要求部署密码应用服务支撑体系，如图5-5所示。通过部署数据加解密系统、电子文件安全验证系统、移动智能终端安全密码模块、SSL密码模块、智能密码钥匙、服务器密码机、签名验签服务器、国密SSL VPN安全网关等密码产品，并正确配置，满足信息系统的密码应用需求。

- 数据加解密系统：主要为该市住房公积金管理中心信息管理系统提供敏感数据、文件等存储机密性服务。
- 电子文件安全验证系统：主要为该市住房公积金管理中心信息管理系统提供业务、访问控制、日志记录等的配置数据的完整性保护。
- 移动智能终端安全密码模块：主要提供签名验签、加解密、杂凑运算等密码服务，实现数据的完整性、真实性和抗抵赖性保护，同时提供一定的存储空间来存放数字证书。

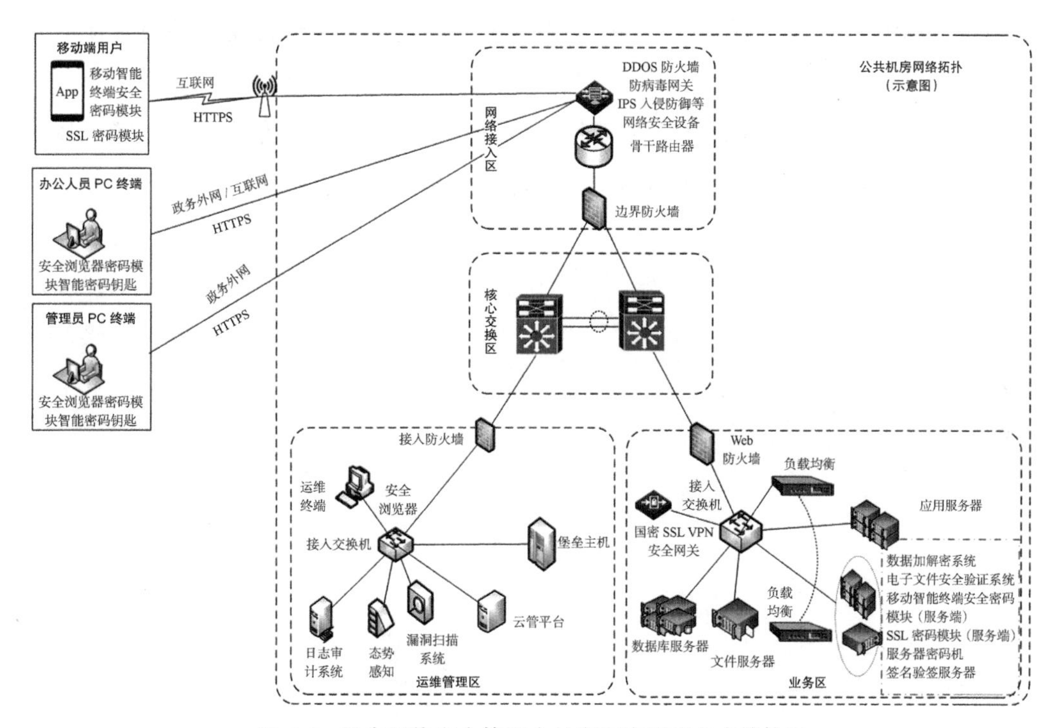

图 5-5　机房网络安全体系中的密码应用服务支撑体系

- SSL 密码模块：主要应用在 PC 端、移动端 App 等客户端场景，提供签名验签、加解密、杂凑运算等密码服务，以及 SSL 安全链接，实现传输数据机密性和完整性保护。
- 智能密码钥匙：主要提供签名验签、杂凑运算等密码服务，实现数据的完整性、真实性和抗抵赖性保护，同时提供一定的存储空间来存放数字证书。本项目中的用途为身份鉴别 Key 中存放标识用户身份的数字证书，用于对用户身份真实性的鉴别。
- 服务器密码机：主要为信息系统对接的密码产品提供对称密码算法、非对称密码算法等密码运算服务、密钥服务，同时提供安全、完善的密钥管理能力。
- 签名验签服务器：能够对各类电子信息、电子文档等提供基于数字证书的数字签名服务，并验证签名数据真实性和有效性；支持不同 CA 的用户证书验证，提供 CRL、OCSP 等多种证书有效性验证方式，满足用户在网络中行为抗抵赖性，信息完整性、机密性等需求，并提供相关认证交易信息溯源验证能力。

- 国密 SSL VPN 安全网关：主要用于在网络上建立安全的信息传输通道，配合安全浏览器密码模块构建基于国密算法的 SSL 安全传输通道。

第二部分 Part 2

数字政府数据安全合规性建设

数据已经成为国家基础战略性资源和新型生产要素，与土地、劳动力、资本、技术等同等重要，对推动社会经济高质量发展、助力国家治理体系治理能力现代化具有举足轻重的作用。建设数字中国已经成为国家发展战略的重要组成部分。随着云计算、人工智能、移动互联网等新兴技术的快速发展和在各行各业的持续渗透，数据在国家治理、社会发展、个人生活中扮演的角色愈发重要。但数据在蕴含巨大价值的同时也面临着新的风险和隐患，数据安全、隐私保护等挑战日趋严峻，如何保障数据安全、促进数字经济发展是事关国家安全、社会稳定和人民福祉的重大问题。

第 6 章 Chapter 6

数据安全合规性要求

在数字化时代，数据是企业的核心资产。而数据的安全和合规性保障，更是我们在这个时代面临的一项至关重要的任务。本章将为读者介绍数字政府数据安全保障的全貌，包括相关的法律、行政法规、部门规章、地方性法规，以及国家与行业标准。本章将详细解读《中华人民共和国网络安全法》(以下简称《网络安全法》)、《中华人民共和国数据安全法》(以下简称《数据安全法》)、《中华人民共和国个人信息保护法》(以下简称《个人信息保护法》) 等核心法律文本，探索数据安全的协同治理模式，提供地方性法规的公共数据治理模式借鉴。本章将展示一个完整的、系统的数据安全合规性框架，助力读者在数字政府建设中，确保数据的安全与合规，守护我们的数字财富。

6.1 数据安全概述

当前，人类社会正在全面跨入数据时代，全球任何国家、组织、企业和个人都无法脱离和抗拒数据时代的发展潮流。数据逐渐变成新时代生产生活的支柱，数据安全日益成为保障经济发展、社会稳定和国家安全的重要基石。

近年来，我国数字经济产业快速发展。数字化改革正推动我国生产模式的变革。随着经济数字化、政府数字化、企业数字化的建设，数据已经成为我国政府和企业最核心的资产。同时，防范数据安全风险、构建数据安全保护体系、完善数据安全治理机制的重要性日益凸显。数据泄露、数据滥用、数据贩卖等数据安全事件频发，数据安全风险与日俱增，对国家安全、社会稳定、组织权益、个人隐私安全都造成了严重威胁。由于数据的价值属性不断凸显，大规模、有组织的定制化数据安全攻击愈发频繁，针对高价值重要数据攻击屡见不鲜。数据安全风险危害程度不断加大，除了造成严重的经济损失外，针对个人隐私信息（如个人位置信息、医疗健康信息等）的恶意攻击甚至会危害个人生命安全。新兴技术特别是大数据、人工智能、云计算等的不断发展和持续应用带来了更多的安全方面的不确定性，勒索软件等新型攻击方法、远程办公等新场景也对数据安全提出了新的挑战。

2021 年 6 月 10 日，《数据安全法》正式公布，并于 2021 年 9 月 1 日起施行。这标志着我国数据安全进入有法可依、依法建设的新发展阶段。《数据安全法》旨在弘扬全民数据安全意识，全面提升政府数据安全保护和数字经济治理能力，推动数字经济的国际合作和高质量发展，更好服务构建新发展格局，保障国家经济安全。《数据安全法》明确了数据安全主管机构的监管职责，建立健全数据安全治理体系，提高数据安全保障能力，让数据安全有法可依、有章可循，为数字化经济的安全健康发展提供了有力支撑。

6.2 数据安全相关法律

近年来，我国政府高度重视数据安全领域的政策制定与立法工作，《中华人民共和国国民经济和社会发展第十四个五年规划和 2035 年远景目标纲要》明确提出：“加强涉及国家利益、商业秘密、个人隐私的数据保护，加快推进数据安全、个人信息保护等领域基础性立法，强化数据资源全生命周期安全保护。”

为了促进以数据为关键要素的数字经济发展，我国政府先后制定和发布了包括《网络安全法》《密码法》《数据安全法》《个人信息保护法》等一系列数据安全相关法律法规和政策文件。2017 年 6 月 1 日施行的《网络安全法》从法律层面强调了对于网络数据安全的保护要求。2020 年 1 月 1 日施行的《密码法》为商用密码应用和推广提供了法律保障。2021 年 9 月 1 日施行的《数据安全法》明确提出了国家建立健全数据安全治理体系，提高数据安全保障能力，统筹数据安全与发展，并对数据安全制度、数据处理者义务等做出了明确规定。2021 年 11 月 1 日施行的《个人信息保护法》对个人信息保护的原则、个人信息主体的权利、个人信息处理者义务等做出了明确要求。

在数据安全治理体系上，我国已形成以《网络安全法》《数据安全法》《个人信息保护法》三部基础法律为核心的法律架构，并分别从数据承载系统的安全保障、数据的安全保护以及个人信息的安全保护层面构建较为完整的数据安全保护体系。

6.2.1 《网络安全法》保障网络与信息安全

《网络安全法》是我国网络安全管理方面的第一部基础性法律，旨在应对我国网络安全领域的严峻形势，以制度建设加强网络空间治理，规范网络信息传播秩序，惩治网络违法犯罪。《网络安全法》全面地规定网络与信息安全治理的基本规则，以网络运营者及关键信息基础设施运营者为主要规制对象，明确网络运行安全、网络信息安全、监测预警与应急处置等方面的义务。

近年来，各机构网络安全防护能力薄弱而导致的网络攻击、网络安全事件层出不穷，数据泄露及毁损危机凸显。由于网络安全的一大重要内容是保障网络数据的完整性、保密性、可用性，因此《网络安全法》对于构建数据安全保障体系有着重要意义。具体而言，《网络安全法》通过以下措施，强化数据安全保障。

（1）保障网络运行安全

《网络安全法》第二十一条规定国家实行网络安全等级保护制度。在保障网络系统安全的组织架构及管理体系上，《网络安全法》要求制定内部安全管理制度和操作规程，确定网络安全负责人，落实网络安全保护责任。

在保障网络系统安全的技术体系上，《网络安全法》要求采取包括防范计算机病毒和网络攻击、网络侵入等危害网络安全行为的技术措施；采取监测、记录网络运行状态、网络安全事件的技术措施，并规定留存相关的网络日志不少于六个月；采取数据分类、重要数据备份和加密等措施。

针对关键信息基础设施的运营者，《网络安全法》在第三章第二节提出了更多的安全保护义务。而且，《网络安全法》第三十七条强化了对关键信息基础设施运营者数据跨境传输的监管，提出数据本地化存储及跨境传输安全评估的要求，明确“关键信息基础设施的运营者在中华人民共和国境内运营中收集和产生的个人信息和重要数据应当在境内存储。因业务需要，确需向境外提供的，应当按照国家网信部门会同国务院有关部门制定的办法进行安全评估；法律、行政法规另有规定的，依照其规定。”

（2）保障网络用户信息安全

在保障网络数据安全的总体要求上，《网络安全法》第十条提出保障网络数据完整性、保密性和可用性的要求；第十八条强调了数据利用与数据安全之间的平衡，鼓励开发网络数据安全保护和利用技术。

在保障网络用户信息安全的管理体系上，《网络安全法》第四十条要求建立健全用户信息保护制度。

在保障网络用户信息安全的技术措施上，《网络安全法》第四十条与第四十二条重点要求对其收集的用户信息严格保密；采取技术措施和其他必要措施，确保其收集的个人信息安全，防止信息泄露、毁损、丢失。

同时，《网络安全法》第四十七条规定网络运营者应加强对其用户发布的信息的管理，发现法律、行政法规禁止发布或者传输的信息的，应当立即停止传输该信息，采取消除等处置措施，防止信息扩散，保存有关记录，并向有关主管部门报告。

6.2.2 《数据安全法》构建数据安全治理框架

数据安全已经成为事关国家安全与经济社会发展的重大问题。为了有效应对数据这一非传统领域的国家安全风险与挑战，切实加强数据安全保护，维护公民、组织的合法权益，并发挥数据的基础资源作用和创新引擎作用，推进政务数据资源开放和开发利用，《数据安全法》作为数据安全领域的基础性法律，重点确立了数据安全保护管理各项基本制度，构建起数据安全治理的框架，强调数据开发利用与保障数据安全并重的思路，将个人、企业和公共机构的数据安全纳入保障体系，实现了对数据领域的全方位监管。

（1）数据开发利用与保障数据安全并重

《数据安全法》在第一条立法目的中就将“保障数据安全，促进数据开发利用”纳入，强调数据开发利用与保障数据安全并重的思路。而且，《数据安全法》在第二章也对数据安全与发展进行专章规定，提出一系列促进数据开发利用的思路及措施，包括第十三条规定“国家统筹发展和安全，坚持以数据开发利用和产业发展促进数据安全，以数据安全保障数据开发利用和产业发展”。第十四条规定“国家实施大数据战略，推进数据基础设施建设，鼓励和支持数据在各行业、各领域的创新应用”。第十六条规定“国家支持数据开发利用和数据安全技术研究，鼓励数据开发利用和数据安全领域的技术推广和商业创新，培育、发展数据开发利用和数据安全产品、产业体系”。第十七条规定“国家推进数据开发利用技术和数据安全标准体系建设。国务院标准化行政主管部门和国务院有关部门根据各自的职责，组织制定并适时修订有关数据开发利用技术、产品和数据安全相关标准。国家支持企业、社会团体和教育、科研机构等参与标准制定”。第十九条规定“国家建立健全数据交易管理制度，规范数据交易行为，培育数据交易市场”等。

（2）构建数据安全制度体系

由于不同维度的数据的价值不一，而且对于国家利益、社会利益、个人利益有着不同程度的影响，数据安全治理首先需要实施数据的分类分级保护，避免因重要数据泄露、损毁带来影响国家安全、社会安全的严重后果。

鉴于此，《数据安全法》第二十一条规定“国家建立数据分类分级保护制度，根据数据在经济社会发展中的重要程度，以及一旦遭到篡改、破坏、泄露或者非法获取、非法利用，对国家安全、公共利益或者个人、组织合法权益造成的危害程度，对数据实行分类分级保护”。同时，《数据安全法》第二十二条要求建立相应的“数据安全风险评估、报告、信息共享、监测预警机制”，第二十三条规定“国家建立数据安全应急处置机制”。对于开展数据处理活动的主体，以数据分类分级为基础，形成组织、管理、技术体系相融合的数据安全治理体系。

（3）实施全生命周期的数据安全保护

《数据安全法》第四章紧盯数据泄露、数据漏洞以及非法使用数据的风险，从数据处理的全生命周期提出合规要求，包括第二十七条规定“开展数据处理活动应当依照法律、法规的规定，建立健全全流程数据安全管理制度”“采取相应的技术措施和其他必要措施，保障数据安全”。第二十九条规定“开展数据处理活动应当加强风险监测，发现数据安全缺陷、漏洞等风险时，应当立即采取补救措施”。第三十二条规定“任何组织、个人收集数据，应当采取合法、正当的方式，不得窃取或者以其他非法方式获取数据”等。

为了实现数据生命周期安全保护，开展数据处理活动时，我们可采取集中策略管控与单点防护结合的措施，统一部署防护策略。

（4）推进政务数据安全与开放

《数据安全法》第五章规定政务数据安全与开放的相关条例，强调“提升运用数据服务经济社会发展的能力”。在保障政务数据安全方面，第三十九条规定“国家机关应当依照法律、行政法规的规定，建立健全数据安全管理制度，落实数据安全保护责任”。第四十条规定“国家机关委托他人建设、维护电子政务系统，存储、加工政务数据，应当经过严格的批准程序，并应当监督受托方履行相应的数据安全保护义务。受托方应当依照法律、法规的规定和合同约定履行数据安全保护义务，不得擅自留存、使用、泄露或者向他人提供政务数据。”

在推进政务数据开放方面，第四十一条规定“国家机关应当遵循公正、公平、便民的原则，按照规定及时、准确地公开政务数据”。第四十二条规定“国家制定政务数据开放目录，构建统一规范、互联互通、安全可控的政务数据开放平台，推动政务数据开放利用。”

6.2.3 《个人信息保护法》保障个人信息权益

相较于一般数据，个人信息因对个人权益的影响需要进行专门的保护。为了解决一些企业、机构甚至个人，从商业利益等出发，随意收集、违法获取、过度使用、非法买卖个人信息，利用个人信息侵扰人民群众生活安宁、危害人民群众生命健康和财产安全等问题，在保障个人信息权益的基础上，促进信息数据依法合理有效利用，2021年公布并施行的《个人信息保护法》是我国首部关于保护个人信息的专门性法律。这部法律以数据中的个人信息为主要规范对象，划定个人信息全生命周期处理的安全保护规则，以保护个人信息权益、促进个人信息合理利用，具体如下。

（1）个人信息全生命周期处理的防护

《个人信息保护法》第四条提出“个人信息是以电子或者其他方式记录的与已识别或者可识别的自然人有关的各种信息，不包括匿名化处理后的信息。个人信息的处理包括个人信息的收集、存储、使用、加工、传输、提供、公开、删除等”。相应的，个人信息处理的风险也贯穿于个人信息处理的始终。例如，在个人信息采集和传输阶段，网络端口及传输通道的安全性问题可导致个人信息的毁损和丢失。在个人信息存储阶段，未采取加密、脱敏存储措施可导致敏感信息的泄露。在个人信息使用阶段，超权限的访问或者未经授权的使用可导致个人信息对外泄露、个人信息滥用。在个人信息销毁阶段，未及时、有效销毁存储介质上的个人信息可导致个人信息泄露等。

鉴于此，《个人信息保护法》以第一章总则及第二章中的一般规定划定了个人信息全生命周期处理的规则，要求个人信息处理应具备包括征得个人主体同意在内的合法基础，告知个人完整的个人信息处理事项。同时，《个人信息保护法》也对需要重点保护的敏感个人信息、风险程度较高的个人信息跨境提供予以特别规定。在《个人信息保护法》第二章第二节敏感个人信息的处理规则中，第二十八条规定“只有在具有特定的目的和充分的必要性，并采取严格保护措施的情形下，个人信息处理者方可处理敏感个人信息”。第二十九条规定“处理敏感个人信息应当取得个人的单独同意”等。《个人信息保护法》第三章个人信息跨境提供规则明确规定了个人信息跨境提供应当具备的条件。第三十八条规定应具备下列条件之一才可向境外提供个人信息：1）通过国家网信部门组织的安全评估；2）经专业机构进行个人信息保护认证；3）按照国家网信部门制定的标准合同与境外接收方订立合同，约定双方的权利和义务；4）法律、行政法规或者国家网信部门规定的其他条件。

（2）明确个人信息处理者所应采取的组织措施及技术措施

《个人信息保护法》第五章规定了个人信息保护的组织架构及管理体系，个人信息处理者应当承担个人信息保护的主要责任；对于个人信息处理者的组织机构内部，要求制定内部管理制度和操作规程；合理确定个人信息处理的操作权限；指定个人信息保护负责人，负责对个人信息处理活动以及采取的保护措施等进行监督，并对重要平台、大型个人信息运营者设定额外个人信息保护义务。

在个人信息保护的技术措施上，要求采取措施“防止未经授权的访问以及个人信息被泄露、篡改、丢失”，包括对个人信息实行分类管理，采取相应的加密、去标识化等安全技术措施。

（3）赋予个人充分的个人信息权利，保障个人信息权益

根据《个人信息保护法》第四章“个人在个人信息处理活动中的权利”，我国赋予个人充分的个人信息权利，包括第四十四条规定“个人对其个人信息的处理享有知情权、决定权，有权限制或者拒绝他人对其个人信息进行处理”。第四十五条规定“个人有权向个人信息处理者查阅、复制其个人信息”。第四十六条规定“个人发现其个人信息不准确或者不完整的，有权请求个人信息处理者更正、补充”。第四十七

条规定“有下列情形之一的，个人信息处理者应当主动删除个人信息；个人信息处理者未删除的，个人有权请求删除……”。第四十八条规定“个人有权要求个人信息处理者对其个人信息处理规则进行解释说明”等。而且，《个人信息保护法》第五十条要求“个人信息处理者应当建立便捷的个人行使权利的申请受理和处理机制”，并赋予个人“个人信息处理者拒绝个人行使权利的请求的，个人可以依法向法院起诉”的权利。上述做法充分保障了个人在其个人信息处理活动中的权益。

6.2.4 网络安全、数据安全与个人信息保护的关系

数据天然具有流动性、可复制性等特点，导致在使用过程中存在易泄露、篡改和滥用等安全风险，为个人、企业乃至国家的利益和安全带来了严峻的挑战。网络安全、数据安全和个人信息保护都绕不开数据话题，这些都是安全领域要解决的基本问题，也是数字经济可持续发展、企业数字化转型成功实施和依托数字技术不断提升国家治理能力的基本要求。

如前文所述，我国围绕网络安全、数据安全及个人信息安全所构建的法律体系已经相对成熟。在探讨三者关系的本质上，我们可以看到它们之间既有密切的联系，又有明显的区别。从层次和功能角度看，三者都属于可被视为信息安全的子领域。具体来说，网络安全所保护的是数据承载系统的正常运行，数据安全和个人信息安全都聚焦于数据本身的安全，数据安全宏观性地对数据保护和数据处理者提出制度要求，包括个人信息和非个人信息，其中，个人信息安全将范围缩为与个人密切相关的数据信息在更多具体场景的保护。

从法律层面来看，《网络安全法》对应网络系统的安全管理，《数据安全法》对应数据的安全管控，《个人信息保护法》对应个人信息的安全保障。《网络安全法》和《数据安全法》旨在维护国家安全、社会公共利益和组织权益，前者强调网络安全与网络空间的国家主权，后者侧重于数据安全以及基于数据安全所体现的国家安全。《个人信息保护法》从个人主体出发，为了维护公民个人的隐私、人格、人身、财产等权益，规范个人信息处理活动，促进个人信息有序开发、利用。

从技术层面来看，三者有共性，也有差异。个人信息往往以结构化数据形式或非

结构化数据形式存储在各类信息系统或数据库中，也会和其他类型的数据一样历经采集、存储、处理、传输、交换、销毁等阶段，在全生命周期的各个阶段也面临着和一般数据相似的完整性、可用性和机密性等方面的风险和挑战。保护个人信息和保护一般数据的技术手段高度相近。加密、脱敏、分类分级、安全评估等体系化的关键数据安全技术都能够有效地支撑个人信息保护。而为了实现个人信息安全和数据安全，网络安全必然需要在前述各阶段提升产品、服务的安全性。三者不同之处主要体现在数据处理者相较于个人信息处理者需要在数据交易、数据分级分类、数据安全风险监控与报送等层面达到相应技术要求，网络运营者相较于前两者更侧重于在网络安全等级制度、安全认证和检测、关键信息基础设施运营等层面达到相应技术要求。

此外，从目标来看，三者具有共同的目标。网络安全、数据安全与个人信息保护都属于信息安全的重要部分，都以保障信息资产的机密性、完整性、可用性为重心[即 CIA（Confidentiality，Integrity，Availability）三大原则]。因此，数据安全治理需要三者协同作用。实现高度的信息安全离不开数据安全策略的实施、网络安全的持续保护和个人信息保护制度、技术的不断完善。在没有可靠数据安全措施的情况下，信息资产将面临更大风险，从而损害个人乃至整个组织的信息安全。

总之，网络安全、数据安全和个人信息保护是相辅相成的关系，三者涉及个人、企业、国家多个层面。个人是网络安全、数据安全和个人信息保护的最广泛参与者，需要加强对个人信息保护，保障个人的合法权益，维护人格尊严。企业是网络安全、数据安全和个人信息保护的关键主体，保障企业数据安全对于产业健康发展具有重要意义。在企业层面，要保证合法合规地收集和利用个人数据，促进产业有序发展。网络安全、数据安全是网络空间安全的焦点，是事关国家安全与经济社会发展的重大问题。在国家层面，要保障经济稳定和国家安全，维护国家网络空间安全和数据主权，为个人信息保护提供最坚实的基础。

6.3 数据安全相关行政法规

数据安全在现代社会中变得越来越重要，特别是在信息化和数字化时代。为了确保数据的机密性、完整性和可用性，各国制定了一系列法律法规来规范数据的处理和保护。中国也不例外，通过一系列法律法规来加强数据安全管理，保护国家的关键信息基础设施和个人数据安全。

《网络安全法》《数据安全法》以及《关键信息基础设施安全保护条例》等法律法规为数据安全提供了坚实的法律基础。这些法律法规明确了关键信息基础设施的范围，规定了主管部门的职责，强调了数据本地化存储和跨境传输的安全评估，以及对数据安全事件的及时报告和整改要求。此外，《网络数据安全管理条例（征求意见稿）》作为一项新的规定，进一步细化了数据安全治理规则，要求数据处理者采取必要的措施保障数据的安全性，规定了个人信息的合规要求，强调了重要数据的安全管理，以及对数据跨境安全管理的要求。

这些法律法规的出台不仅为数据安全提供了坚实的法律基础，还强调了数据处理者的责任和义务。数据安全已经不仅仅是一项技术问题，更是涉及国家安全和个人隐私的重大问题。只有通过法律法规的规范和监管，才能确保数据在处理和传输过程中的安全性和合规性。

在信息社会中，数据被视为新时代的石油，具有巨大的经济和社会价值。因此，数据安全管理至关重要，不仅涉及国家安全和发展，还涉及个人隐私和权益。只有通过法律法规的不断完善和有效执行，才能实现数据的全面保护，确保数据的合法合规使用，推动数字经济的健康发展。

6.3.1 《关键信息基础设施安全保护条例》保障关键信息基础设施安全

6.3.1.1 重点防范关键信息基础设施风险

我国秉承“抓重点、保关键”的立法思路。《网络安全法》第三十一条以列举的方式引入了关键信息基础设施的概念，列举了公共通信和信息服务、能源、交通、水利、金融、公共服务、电子政务 7 个重要行业和领域，并规定“关键信息基础设施的具体范围和安全保护办法由国务院制定”。

为了配合《网络安全法》第三十一条的实施，2021 年 9 月 1 日施行的《关键信息基础设施安全保护条例》第二章“关键信息基础设施认定”专门规定了关键信息基础设施的认定规则，规定本条例第二条涉及的“公共通信和信息服务、能源、交通、水利、金融、公共服务、电子政务、国防科技工业等重要行业和领域”的主管部门、监督管理部门是负责关键信息基础设施安全保护工作的部门（简称“保护工作部门”）。保护工作部门制定关键信息基础设施认定规则，并报国务院公安部门备案。第十条规定“保护工作部门根据认定规则负责组织认定本行业、本领域的关键信息基础设施，及时将认定结果通知运营者，并通报国务院公安部门”。通过制定《关键信息基础设施安全保护条例》，我国实施对关键信息基础设施的重点保护。

6.3.1.2 重点强调对数据安全的保护

《网络安全法》《数据安全法》《关键信息基础设施安全保护条例》均对涉及关键信息基础设施的数据进行特别保护。《网络安全法》第三十七条强调“关键信息基础设施的运营者在中华人民共和国境内运营中收集和产生的个人信息和重要数据应当在境内存储。因业务需要，确需向境外提供的，应当按照国家网信部门会同国务院有关部门制定的办法进行安全评估。”《数据安全法》第三十一条也提出关键信息基础设施的运营者在中国境内运营中收集和产生的重要数据的出境安全管理适用于《网络安全法》的规定。

《关键信息基础设施安全保护条例》进一步强调了对数据安全的保障，包括第十五条强调“履行个人信息和数据安全保护责任，建立健全个人信息和数据安全保护制度”；第十八条强调“发生……以及其他重要数据泄露、较大规模个人信息泄露……，保护工作部门应当在收到报告后，及时向国家网信部门、国务院公安部门报告”等。

《关键信息基础设施安全保护条例》明确规定了责任的落实，第十三条规定“运营者应当建立健全网络安全保护制度和责任制，保障人力、财力、物力投入。运营者的主要负责人对关键信息基础设施安全保护负总责，领导关键信息基础设施安全保护和重大网络安全事件处置工作，组织研究解决重大网络安全问题。”用法令规定“主要负责人负总责”，实行“一把手”负责制，在网络安全领域是第一次。同时，为了进一步发现安全风险，《关键信息基础设施安全保护条例》第十七条规定“运营者应当自行或者委托网络安全服务机构对关键信息基础设施每年至少进行一次网络安全检测和风险评估，对发现的安全问题及时整改，并按照保护工作部门要求报送情况。”

6.3.2 《网络数据安全管理条例（征求意见稿）》细化数据安全治理规则

2021年，国家互联网信息办公室代国务院颁布《网络数据安全管理条例（征求意见稿）》，对《网络安全法》《数据安全法》《个人信息保护法》的规则予以进一步的细化，推动上述法律的进一步落地。

《网络数据安全管理条例（征求意见稿）》规定了数据安全的一般规定、个人信息保护、重要数据安全、数据跨境安全管理、互联网平台运营者义务、监督管理等重要内容，具体如下。

1）第九条要求“数据处理者应当采取备份、加密、访问控制等必要措施，保障数据免遭泄露、窃取、篡改、毁损、丢失、非法使用，应对数据安全事件，防范针对和利用数据的违法犯罪活动，维护数据的完整性、保密性、可用性。数据处理者应当按照网络安全等级保护的要求，加强数据处理系统、数据传输网络、数据存储环境等安全防护，处理重要数据的系统原则上应当满足三级以上网络安全等级保护和关键信息基础设施安全保护要求，处理核心数据的系统依照有关规定从严保护。数据处理者应当使用密码对重要数据和核心数据进行保护”。

2）第二章“个人信息保护”细化取得个人同意的合规要求、个人信息处理规则等内容。

3）第三章“重要数据安全”进一步明确数据安全管理机构的具体职责，并要求数据处理者履行制定数据安全培训计划、优先采购安全可信的网络产品和服务等义务。

4）第五章“数据跨境安全管理”要求建立健全数据跨境安全相关技术和管理措施。

5）第六章“互联网平台运营者义务”第四十四条规定“互联网平台运营者对接入其平台的第三方产品和服务承担数据安全管理责任，通过合同等形式明确第三方的数据安全责任和义务，并督促第三方加强数据安全管理，采取必要的数据安全保护措施”。第五十四条规定“互联网平台运营者利用人工智能、虚拟现实、深度合成等新技术开展数据处理活动，应当按照国家有关规定进行安全评估”。

6）第七章“监督管理”第五十五条规定“国家网信部门负责统筹协调数据安全和相关监督管理工作”。第五十六条规定“国家建立健全数据安全应急处置机制，完善网络安全事件应急预案和网络安全信息共享平台，将数据安全事件纳入国家网络安全事件应急响应机制，加强数据安全信息共享、数据安全风险和威胁检测预警以及数据安全事件应急处置工作”。第五十八条规定“国家建立数据安全审计制度。数据处理者应当委托数据安全审计专业机构定期对其处理个人信息遵守法律、行政法规的情况进行合规审计”。

6.4 数据安全相关部门规章及规范性文件

6.4.1 数据安全的协同治理

数据安全对于各行各业都重要。在国家互联网信息办公室负责全国互联网信息内容管理工作，并负责监督管理执法的统筹协调下，各领域内各相关部门协同共治。

在网络和数据安全领域，国家网信部门负责统筹协调网络数据安全和相关监管工作。各地区、各部门在本地区、本部门负责网络安全保护和监督管理工作，对收集和产生的数据安全负责；国务院电信主管部门、公安部门和其他有关机关在各自职责范围内承担数据安全监管责任。

工业、电信、交通、金融、自然资源、卫生健康、教育、科技等主管部门承担本行业、本领域网络数据安全监管职责；县级以上地方人民政府有关部门承担网络数据安全保护和监督管理职责。

以关键信息基础设施保护为例，《关键信息基础设施安全保护条例》第三条规定“在国家网信部门统筹协调下，国务院公安部门负责指导监督关键信息基础设施安全保护工作。国务院电信主管部门和其他有关部门依照本条例和有关法律、行政法规的规定，在各自职责范围内负责关键信息基础设施安全保护和监督管理工作。省级人民政府有关部门依据各自职责对关键信息基础设施实施安全保护和监督管理。”2020年7月，公安部印发《贯彻落实网络安全等级保护制度和关键信息基础设施安全保护制度的指导意见》，为深入贯彻落实网络安全等级保护制度和关键信息基础设施安全保护制度制定了指导意见。

网信部、工业和信息化部、公安部以及金融、卫生等行业主管机构均在各自职责范围内颁布了数据安全治理的规章及规范性文件。例如，国家互联网信息办公室、交通运输部等五部门发布《汽车数据安全管理若干规定（试行）》，国家互联网信息办公室与国家发展和改革委员会、国家密码管理局等十三部门联合发布《网络安全审查办法》，国家互联网信息办公室发布《数据出境安全评估办法》，工业和信息化部发布《工业和信息化领域数据安全管理办法（试行）》，中国银行保险监督管理委员会发布《银行业金融机构数据治理指引》，国家卫生健康委员会发布《国家健康医疗大数据标准、安全和服务管理办法（试行）》等。

6.4.2 重要规章及规范性文件

6.4.2.1 整体要求

总体规范上，国家互联网信息办公室于2021年11月16日审议并通过《网络安全审查办法》（以下简称《办法》），之后于2021年12月28日经国家发展和改革委员会、工业和信息化部、公安部、国家安全部、财政部、商务部、中国人民银行、国家市场监督管理总局、国家广播电视总局、中国证券监督管理委员会、国家保密局、国家密码管理局同意并公布，自2022年2月15日起施行。该《办法》第五条规定“关键信息基础设施运营者采购网络产品和服务的，应当预判该产品和服务投入使用后可能带来的国家安全风险。影响或者可能影响国家安全的，应当向网络安全办公室报网络安全审查。”该《办法》明确了网络安全审查的具体流程，并在第十条中规定了网络安全审查应考虑的国家安全风险因素，其中，特别考虑了数据安全的因素，纳入了“核心数据、重要数据或者大量个人信息被窃取、泄露、毁损以及非法利用、非法出境的风险”“上市存在关键信息基础设施、核心数据、重要数据或者大量个人信息被外国政府影响、控制、恶意利用的风险，以及网络信息安全风险”等因素。

2022 年 5 月 19 日，国家互联网信息办公室审议通过《数据出境安全评估办法》（以下简称《办法》），并于 2022 年 9 月 1 日起施行。该《办法》旨在规范数据出境活动，保护个人信息权益，维护国家安全和社会公共利益，促进数据跨境安全、自由流动。该《办法》明确需要申报数据出境安全评估的情形、数据出境风险自评估的重点评估事项、申报数据出境安全评估应当提交的材料、网信部门评估流程与重点评估事项等。

6.4.2.2 金融领域

2018 年 5 月 21 日，中国银行保险监督管理委员会印发《银行业金融机构数据治理指引》（以下简称《指引》）。该《指引》用于引导银行业金融机构加强数据治理，提高数据质量，充分发挥数据价值，提升经营管理能力。该《指引》共七章五十五条，明确了数据治理架构、数据管理、数据质量控制、数据价值实现与监督管理等内容。同时，该《指引》还明确了银行金融机构应当建立组织架构健全、职责边界清晰的数据治理架构，董事会、监事会、高级管理层和相关部门的职责分工，建立多层次、相互衔接的运行机制；应当制定数据战略；可根据实际情况设立首席数据官；应当在数据治理归口管理部门设立满足工作需要的专职岗位；应当建立一支满足数据治理工作需要的专业队伍，至少按年度对人员进行系统培训；应当建立良好的数据文化，树立数据是重要资产和数据应真实、客观的理念与准则，强化用数意识，遵循依规用数、科学用数的职业操守等。该《指引》规定银行业金融机构应当结合自身发展战略、监管要求等，制定数据战略、数据管理制度、与监管数据相关的监管统计管理制度和业务制度、覆盖全部数据的标准化规划，建立数据安全策略与标准，加强数据资料统一管理，建立数据应急预案、数据治理自我评估机制等。该《指引》第五十二条规定“对数据治理不满足《中华人民共和国银行业监督管理法》等法律法规及国务院银行业监督管理机构审慎经营规则要求的银行业金融机构，银行业监督管理机构可采取相应措施：要求制定整改方案，责令限期改正；与公司治理评价、监管评级等挂钩；依法采取其他相应监管措施及实施行政处罚”。该《指引》的实施将进一步提升银行业金融机构的数据治理能力，同时对数据合规提出了更高的要求。

2020 年 9 月 23 日，中国银保监会印发《中国银保监会监管数据安全管理办法(试行)》(以下简称《办法》)。该《办法》用于规范银保监会监管数据安全管理工作，提高监管数据安全保护能力，防范监管数据安全风险，目的是使银保监会建立健全监管数据安全协同管理体系，推动银保监会有关业务部门、各级派出机构、受托机构等共同参与监管数据安全保护工作，加强培训教育，形成共同维护监管数据安全的良好环境。

2021 年 9 月 17 日，《征信业务管理办法》(以下简称《办法》) 由中国人民银行审议通过，并于 2021 年 9 月 27 日发布，自 2022 年 1 月 1 日起施行。该《办法》第二章第七条明确采集个人信用信息应当采取合法、正当的方式，遵循最小、必要的原则，不得过度采集；征信机构采集个人信用信息应当经信息主体本人同意，并且明确告知信息主体采集信用信息的目的；征信机构通过信息提供者取得个人同意的，信息提供者应当向信息主体履行告知义务。同时，该《办法》第三章对信用信息整理、保存、加工进行了规定，明确征信机构采集的个人不良信息保存期限等。

2021 年 12 月 29 日，中国人民银行印发《金融科技发展规划(2022-2025 年)》(以下简称《规划》)，以稳妥发展金融科技，加快金融机构数字化转型。该《规划》的重点任务之一是充分释放数据要素潜能，包括强化数据能力建立、推动数据有序共享、深化数据综合应用、做好数据安全保护等。

2022 年 2 月 17 日，《银行保险机构消费者权益保护管理办法》(以下简称《办法》) 由中国银行保险监督管理委员会审议通过，并于 2022 年 12 月 12 日公布，自 2023 年 3 月 1 日施行。该《办法》第十三条规定“银行保险机构应当建立消费者个人信息保护机制，完善内部管理制度、分级授权审批和内部控制措施，对消费者个人信息实施全流程分类分级管控，有效保障消费者个人信息安全”。第四十二条规定“银行保险机构处理消费者个人信息，应当坚持合法、正当、必要、诚信原则，切实保护消费者信息安全权”。第四十六条规定“银行保险机构应当督促和规范与其合作的互联网平台企业有效保护消费者个人信息，未经消费者同意，不得在不同平台间传递消费者个人信息”。第四十七条规定“银行保险机构处理和使用个人信息的业务和信息系统，应遵循权责对应、最小必要原则来设置访问、操作权限，落实授权审批流程，实现异常操作行为的有效监控和干预”。第四十八条规定“银行保险机构应当加强从业人员行为管理，禁止违规查询、下载、复制、存储、篡改消费者个人信息。从业人员不得超出自身职责和权限非法处理和使用消费者个人信息”等。

2023 年 1 月 17 日，《证券期货业网络和信息安全管理办法》（以下简称《办法》）由中国证券监督管理委员会审议通过，并于 2023 年 2 月 27 日公布，自 2023 年 5 月 1 日施行。该《办法》对证券期货业网络和信息安全监督管理体系、网络和信息安全运行、投资者个人信息保护、网络和信息安全应急处置、关键信息基础设施安全保护、网络和信息安全促进与发展、监督管理与法律责任等方面提出了要求。

6.4.2.3 工业和互联网领域

2019 年 11 月 28 日，国家互联网信息办公室、工业和信息化部、公安部、市场监管总局印发联合制定的《 App 违法违规收集使用个人信息行为认定方法》（以下简称《方法》）。该《方法》为监督管理部门认定 App 违法违规收集、使用个人信息行为提供参考，为 App 运营者自查自纠和网民社会监督提供指引，用于落实《网络安全法》等法律法规。同时，该《方法》明确了 App 违法违规收集、使用个人信息的主要情形，可以为监督执法提供参考，也可以为企业履责合规指明方向，为网民社会监督提供依据等。

2021 年 3 月 12 日，国家互联网信息办公室、工业和信息化部、公安部、国家市场监督管理总局印发联合制定的《常见类型移动互联网应用程序必要个人信息范围规定》(以下简称《规定》)，明确移动互联网应用程序（App）运营者不得因用户不同意收集非必要个人信息，而拒绝用户使用 App 基本功能服务。该《规定》明确了 39 类常见 App 的基本功能服务和必要个人信息范围。这些 App 覆盖了大众衣食住行、学习工作等日常生活主要方面。该《规定》在保障 App 正常运行的同时，保障了用户对 App 基本功能服务的使用权，以及对收集使用非必要个人信息的知情权和决定权。

2022 年 12 月 8 日，《工业和信息化领域数据安全管理办法（试行）》（以下简称

《管理办法》）由工业和信息化部印发，并于2023年1月1日起施行。该《管理办法》的发布标志着工业和电信数据迈向全面行业监管，对规范工业和信息化领域数据处理活动，加强数据安全管理，保障数据安全，促进数据开发利用，维护国家安全和发展利益起着重要指导作用。

（1）规范工业和信息化领域数据处理活动

该《管理办法》对工业和信息化领域国家数据安全管理制度进行了细化。一是对基本概念进行了明确。该《管理办法》第三条明确了工业和信息化领域数据处理者。工业和信息化领域数据处理者是指能够在工业和信息化领域数据处理活动中自主决定数据处理目的、处理方式的各类主体。数据范围包括工业数据、电信数据和无线电数据等。处理活动包括数据收集、存储、使用、加工、传输、提供、公开等。二是构建数据分类分级保护体系。该《管理办法》第二章规定了对工业和信息化领域数据进行一般数据、重要数据和核心数据分级的“三分法”，在法规层面对各类数据的范围进行了明确划定，并针对各类数据明确了安全保护要求。三是建立数据全生命周期安全管理制度。该《管理办法》第三章针对不同级别数据，从数据收集、存储、使用、加工、传输、提供、公开等全生命周期中各环节提出分级保护要求，并进一步规定了数据处理者的主体责任。

（2）加强数据安全管理，保障数据安全

一是构建工业和信息化领域数据安全监督评价体系。该《管理办法》第四条、第五条、第六条明确工业和信息化部负责督促指导，各地方行业监管部门负责开展数据安全监管工作，对工业和信息化领域的数据处理活动和安全保护进行监督管理，从而构建“工业和信息化部、地方行业监管部门”两级监管机制。二是明确重要数据和核心数据处理者安全保护义务，包括建立覆盖本单位相关部门的数据安全工作体系，明确数据处理关键岗位和岗位职责，建立内部登记、审批工作机制等。三是建立数据安全监测预警与应急管理机制。该《管理办法》第四章要求工业和信息化部、地方行业监管部门分别建设国家层面和本地区的数据安全风险监测预警机制，组织开展数据安全风险监测、预警信息发布、及时排查安全隐患等工作。

（3）促进数据开发利用

一是在自动化决策上，该《管理办法》第十六条规定，工业和信息化领域数据处理者利用数据进行自动化决策的，应当保证决策的透明度和结果公平合理；使用、加工重要数据和核心数据的，还应当加强访问控制。二是在数据共享上，该《管理办法》第十八条规定，工业和信息化领域数据处理者对外提供数据，应当明确提供的范围、类别、条件、程序等；提供重要数据和核心数据的，应当与数据获取方签订数据安全协议，对数据获取方数据安全保护能力进行核验，采取必要的安全保护措施。三是在数据出境上，该《管理办法》第二十一条规定，重要数据和核心数据确需向境外提供的，应当依法依规进行数据出境安全评估。

（4）维护国家安全和发展利益

一是在数据分类上，该《管理办法》将与国家安全相关的重点领域的数据作为重要数据和核心数据分类的标准。二是在数据共享上，该《管理办法》第十九条规定，数据处理者应当在数据公开前分析研判可能对国家安全、公共利益产生的影响，存在重大影响的不得公开。三是在数据保护安全上，该《管理办法》规定了中央企业的数据安全保护义务，包括督促所属公司按照属地行业监管部门要求，履行重要数据目录备案、风险信息上报等责任，并且要求中央企业全面梳理、汇总企业集团本部、所属公司的数据安全相关情况，并及时报送工业和信息化部。

6.4.2.4 交通运输领域

2023 年 4 月 24 日，《公路水路关键信息基础设施安全保护管理办法》（以下简称《办法》）由交通运输部公布，并于 2023 年 6 月 1 日起施行。该《办法》第十五条规定“运营者应当加强公路水路关键信息基础设施个人信息和数据安全保护，将在我国境内运营中收集和产生的个人信息和重要数据存储在境内。因业务需要，确需向境外提供数据的，应当按照国家相关规定进行安全评估”。第十六条规定“公路水路关键信息基础设施的网络安全保护等级应当不低于第三级”等。

2022 年 3 月 29 日，工业和信息化部办公厅、公安部办公厅、交通运输部办公厅、应急管理部办公厅、市场监督管理总局办公厅联合发布《关于进一步加强新能源汽车企业安全体系建设的指导意见》，要求健全网络安全保障体系。

- 加强网络安全防护。企业要依法落实关键信息基础设施安全保护、网络安全等级保护、车联网卡实名登记、汽车产品安全漏洞管理等要求。
- 强化数据安全保护。企业要切实履行数据安全保护义务，建立健全全流程数据安全管理制度，采取相应的技术措施和其他必要措施，保障数据安全。企业要按照法律、行政法规的有关规定进行数据收集、存储、使用、加工、传输、提供、公开等处理活动，以及数据出境安全管理。
- 落实个人信息安全防护。企业要按照《个人信息保护法》以及相关法律法规的规定处理个人信息，制定内部管理和操作规程，对个人信息实行分类管理，并采取相应的加密、去标识化等安全技术措施，防止未经授权的访问以及个人信息泄露、篡改、丢失。

6.4.2.5 医疗卫生领域

2022 年 8 月 8 日，国家卫生健康委、国家中医药局、国家疾控局印发《医疗卫生机构网络安全管理办法》，要求各医疗卫生机构应“履行数据安全保护义务，坚持保障数据安全与发展并重”“建立健全数据安全和个人信息保护制度”“建立数据安全管理组织架构，明确业务部门与管理部门在数据安全活动中的主体责任”“建立健全数据安全管理制度、操作规程及技术规范”“加强数据收集、存储、传输、处理、使用、交换、销毁全生命周期安全管理工作”。

6.4.2.6 电力领域

2021 年 11 月 23 日，《电力可靠性管理办法（暂行）》（以下简称《办法》）由国家发展和改革委员会审议通过，并于 2022 年 4 月 16 日公布，自 2022 年 6 月 1 日起施行。该《办法》规定电力企业应当落实网络安全等级保护、关键信息基础设施安全保护和数据安全制度，加强网络安全审查、容灾备份、监测审计、态势感知、纵深防御、信任体系建设、供应链管理等工作。

2022 年 11 月 16 日，国家能源局印发并施行《电力行业网络安全管理办法》与《电力行业网络安全等级保护管理办法》，规定“电力企业应当按照国家网络安全等级保护制度、关键信息基础设施安全保护制度、数据安全制度、网络安全审查工作机制和电力监控系统安全防护规定的要求，对本单位的网络进行安全保护，并将网络安全纳入安全生产管理体系”“电力企业应当建立健全全流程数据安全管理和个人信息保护制度，按照国家和行业重要数据目录及数据分类分级保护相关要求，确定本单位的重要数据具体目录，对列入目录的数据进行重点保护”“网络建设完成后，电力企业应当依据国家和行业有关标准或规范要求，定期对网络安全等级保护状况开展网络安全等级保护测评”“国家能源局及其派出机构结合关键信息基础设施网络安全检查，定期组织对运营有第三级及以上网络的电力企业开展抽查”等。

6.4.2.7 物流领域

2023 年 2 月 6 日，修订后的《寄递服务用户个人信息安全管理规定》（以下简称《规定》）由国家邮政局审议通过，并于 2023 年 2 月 13 日起施行。该《规定》第五条规定“寄递企业应当建立健全寄递服务用户个人信息安全保障制度和措施，明确企业部门、岗位的安全保护责任，合理确定寄递服务用户个人信息处理的操作权限，定期对从业人员进行安全教育和培训”。第十三条规定“寄递企业应当对快递电子运单单号资源实施全过程管理，并采用射频识别、虚拟安全号码、电子纸等有效技术手段对快递电子运单信息进行去标识化处理，防止运单信息在寄递过程中泄露”等。

6.4.2.8 广播传媒领域

2022 年 5 月 20 日，国家广播电视总局印发《广播电视和网络视听领域经纪机构管理办法》（以下简称《办法》）。该《办法》第八条规定“广播电视和网络视听领域经纪机构、经纪人员收集、处理、使用个人信息，应当遵守国家有关法律规定”，对广播传媒领域落实《个人信息保护法》中个人信息保护的要求有着重要指导意义。

6.5 数据安全相关地方性法规

我国各地方同样在不断探索数据安全治理的规则及模式，已出台的《深圳经济特区数据条例》《上海市数据条例》《浙江省公共数据条例》《贵州省大数据安全保障条例》等均在不断深化我国的数据安全治理的模式，提出了一些数据安全治理的新措施。

6.5.1　创新数据安全治理新模式

《深圳经济特区数据条例》（以下简称《条例》）规定自然人对其个人数据享有人格权益，细化个人信息处理、告知与同意、个人信息权利等的具体规则。在数据安全部分，该《条例》明确数据处理全流程记录、数据存储分域分级管理、重要系统和核心数据容灾备份、建立数据销毁规程等要求。

《上海市数据条例》涉及数据权益保障、公共数据、数据要素市场、数据资源开发和应用、浦东新区数据改革、长三角区域数据合作等重点内容，强调数据资源的利用与开发，以及数据资源的共享，并通过明确数据安全责任制、开展数据处理活动所应履行的义务、健全数据分类分级保护制度等保障数据安全。

此外，其他一些省市地区也制定了数据发展与安全促进相关的法律类文件，典型的包括《重庆市数据条例》《四川省数据条例》《苏州市数据条例》《厦门经济特区数据条例》等。

6.5.2　提供公共数据治理的模式借鉴

上述地方性法规也突出对公共数据处理的保护，明确公共数据共享、利用的规则。这也为相关政务大数据共享、政务数据安全检测及敏感数据防泄露等提供有益的指导。

《深圳经济特区数据条例》明确对公共数据进行分类管理，实行公共数据目录管理制度，推动公共数据的共享，以共享为原则，以不共享为例外，构建公共数据共享、公共数据开放、公共数据利用的治理体系。《上海市数据条例》同样建立公共数据共享和开放机制，也特别规定了公共数据授权运营的模式，提高公共数据社会化开发、利用水平。《浙江省公共数据条例》全面规定公共数据平台、公共数据收集与归集、公共数据共享、公共数据开放与利用、公共数据安全等内容，促进公共数据应用创新，保护自然人、法人和非法人组织合法权益，保障数字化改革。

此外,《广东省首席数据官制度试点工作方案》提出的政府首席数据官和部门首席数据官也体现出地方在公共数据资源开发、利用上的积极尝试与探索。

6.6 数据安全相关标准

"安全发展，标准先行"，标准化工作是保障网络数据安全的重要基础。为了落实国家出台的数据安全相关法律法规要求，围绕数据安全和个人隐私保护，全国信息安全标准化技术委员会及金融、电信、工业、互联网等重点行业颁布了一系列技术标准及相关指南，对法律法规中较为原则性的规定给予了具体的指导，从防止数据泄露、保护个人权益、提升数据安全治理能力等多方面、多角度，提出细化的保护要求与防护措施，对指导各行业开展合法、合规的数据安全治理工作，促进数据充分利用、有序流动和安全共享，推动数字经济发展具有重要意义。

网络数据安全标准体系包括基础共性、安全技术、安全管理、重点领域四大类标准。

1）基础共性标准包括术语定义、数据安全框架、数据分类分级，这些标准为各类其他标准提供基础性支撑。

2）安全技术标准从数据采集、传输、存储、处理、交换、销毁等数据全生命周期维度对数据安全关键技术进行规范。

3）安全管理标准从网络数据安全保护的管理视角出发，指导行业有效落实法律法规关于网络数据安全管理的要求，包括数据安全规范、数据安全评估、监测预警与处置、应急响应与灾难备份、安全能力认证等。

4）重点领域标准结合相关领域的实际情况和具体要求，围绕移动互联网、车联网、物联网、工业互联网、云计算、大数据、人工智能等重点领域指导行业有效开展网络数据安全保护工作。

6.6.1 基础性数据安全标准

全国网络安全标准化技术委员会（简称"网安标委"）是经国家标准化管理委员会批准，专门在网络安全技术专业领域，从事信息安全标准化工作的组织，下设9个工作组：WG1- 网络安全标准体系与协调工作组、WG3- 密码技术标准工作组、WG4- 鉴别与授权标准工作组、WG5- 网络安全评估标准工作组、WG6- 通信安全标准工作组、WG7- 网络安全管理工作组、WG8- 数据安全标准工作组、SWG-ETS- 新技术安全标准特别工作组。目前，各个工作组在数据安全方面已经制定一系列相关国家标准。

（1）密码技术标准

密码是网络安全的核心技术和基础支撑，是保障数据安全的必不可少的技术之一。在国家密码主管部门指导下，信安标委 WG3- 密码技术标准工作组提出了我国的密码标准体系，如图 6-1 所示。

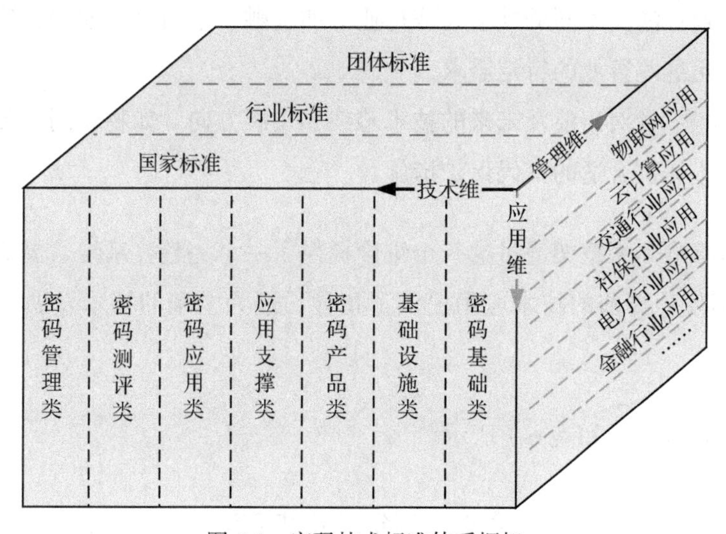

图 6-1　密码技术标准体系框架

密码技术标准体系框架是信息安全领域的核心支柱，是密码应用合规与可靠的关键。密码标准体系框架围绕技术维、管理维和应用维三大核心维度，对密码标准进行了有机组织和阐述。

1）技术维：该维度着重从技术层面对密码技术标准进行分类和刻画，具体如下。

- 密码基础类标准：关注密码算法、协议和其他基础知识。
- 密码产品类标准：指导具体的密码产品设计和实施。

- 密码基础设施类标准：涉及密码的基础服务和支持设施。
- 密码应用支撑类标准：确保密码在各种应用场景中的稳定性和可靠性。
- 密码管理类标准：涵盖密码的生命周期管理、策略制定等。
- 密码测评类标准：提供对密码应用和服务的评估和验证方法。

2）管理维：该维度强调了密码技术标准在不同的管理层级和作用范围上的区别和特点，用于确保密码技术标准能够满足从组织到国家层面的不同需求，为密码技术的规范化、标准化提供了强有力的管理支撑。

3）应用维：从实际应用角度对密码技术标准体系进行描述，其中考虑了两个方面。

- 应用行业：涉及不同的社会经济行业，如金融、电力、交通等，确保密码技术能够满足这些行业的特定需求。
- 应用场景：针对当前及未来的技术趋势和发展方向，如物联网、云计算等，为这些技术提供合适的密码保护措施。

密码技术标准体系框架通过这三个维度提供了一个完整、系统、灵活的密码技术标准视图，不仅为当前的技术应用提供了指导，还为未来的技术发展方向奠定了坚实的基础。

部分密码技术标准如表 6-1 所示。

表 6-1 部分密码技术标准

序号	标准名称	主要内容概述
1	GB/T 17901 信息技术 安全技术 密钥管理	本标准包含密钥管理框架、采用非对称技术的机制等内容，建立了密钥管理机制的通用模型，定义了密钥管理的基本概念与密钥管理服务的基本特征，规定了对密钥在其生命周期内进行管理的通用原则，建立了通信密钥分发的概念模型等，适用于建立密钥管理模型和设计密钥管理方法等
2	GB/T 25056 信息安全技术 证书认证系统密码及其相关安全技术规范	本标准规定了数字证书认证系统的密码及其相关安全技术要求，包括证书认证系统、密钥管理系统、密码算法、密码设备及接口、证书认证中心，密钥管理中心、证书认证中心运行管理要求、密钥管理中心运行管理要求、证书操作流程等。本标准适用于指导第三方认证机构的数字证书认证系统的建设和检测评估，规范数字证书认证系统中密码及相关安全技术的应用。非第三方认证机构的数字证书认证系统的建设、运行及管理，可参照本标准

（续）

序号	标准名称	主要内容概述
3	GB/T 31503　信息安全技术　电子文档加密与签名消息语法	本标准规定了电子文档加密与签名消息语法。此语法可用于对任意消息内容进行数字签名、摘要、鉴别或加密。本标准适用于电子商务和电子政务中电子文档加密与签名消息的产生、处理以及验证
4	GB/T 32905　信息安全技术　SM3 密码杂凑算法	本标准规定了 SM3 密码杂凑算法的计算方法和计算步骤，并给出了运算示例。本标准适用于商用密码应用中的数字签名和验证、消息认证码的生成与验证以及随机数的生成，可满足多种密码应用的安全需求
5	GB/T 32907　信息安全技术　SM4 分组密码算法	本标准规定了 SM4 分组密码算法的结构和描述，并给出了运算示例。本标准适用于商用密码产品中分组密码算法的实现、检测和应用
6	GB/T 32915　信息安全技术　二元序列随机性检测方法	本标准规定了商用密码应用中的随机性检测指标和检测方法。本标准适用于对随机数发生器产生的二元序列的随机性检测
7	GB/T 32918　信息安全技术　SM2 椭圆曲线公钥密码算法	本标准包含以下 5 个部分：总则、数字签名算法、密钥交换协议、公钥加密算法与参数定义，分别规定了 SM2 椭圆曲线公钥密码算法的数字签名算法、密钥交换、公钥加密算法的具体过程及相关参数。本标准适用于商用密码应用中的以下需求：1）数字签名和验证，可满足多种密码应用中的身份鉴别和数据完整性、真实性的安全需求；2）密钥交换，可满足通信双方经过两次或可选三次信息传递过程，计算获取一个由双方共同决定的共享密钥（会话密钥）；3）消息加解密，消息发送者可利用接收者的公钥对消息进行加密，接收者用对应的私钥进行解密，获取信息
8	GB/T 32922　信息安全技术　IPSec VPN 安全接入基本要求与实施指南	本标准规定了 IPSec VPN 安全接入应用过程中网关、客户端、安全管理以及密码应用等方面的基本要求，提供了 IPSec VPN 技术实现安全接入的典型场景和实施过程指南。本标准适用于采用 IPSec VPN 技术开展安全接入应用的机构，指导其基于 IPSec VPN 技术开展安全接入平台或系统的需求分析、方案设计、方案验证、配置实施、运行管理
9	GB/T 33133　信息安全技术　祖冲之序列密码算法	本标准包含算法描述、保密性算法、完整性算法三部分，分别给出了祖冲之序列密码算法的一般结构、基于祖冲之算法的保密性算法与完整性算法。本标准适用于祖冲之序列密码算法相关产品的研制、检测和使用，可应用于设计非国家秘密范畴的商业应用领域
10	GB/T 33560　信息安全技术　密码应用标识规范	本标准定义了密码应用中所使用的标识，用于规范算法标识、密钥标识、设备标识、数据标识、协议标识、角色标识等的表示和使用。本标准适用于指导密码设备、密码系统的研制和使用过程中，对标识进行规范化的使用，也可用于指导其他相关标准或协议的编制中对标识的使用。本标准适用于 PKI 体系
11	GB/T 35275　信息安全技术　SM2 密码算法加密签名消息语法规范	本标准定义了使用 SM2 密码算法的加密签名消息语法。本标准适用于使用 SM2 密码算法进行加密和签名操作时对操作结果的标准化封装
12	GB/T 35276　信息安全技术　SM2 密码算法使用规范	本标准规定了 SM2 密码算法的使用方法，以及密钥、加密与签名等的数据格式。本标准适用于 SM2 密码算法的使用，以及支持 SM2 密码算法的设备和系统的研发和检测

（续）

序号	标准名称	主要内容概述
13	GB/T 35291 信息安全技术 智能密码钥匙应用接口规范	本标准规定了基于PKI密码机制的智能密码钥匙应用接口，描述了密码相关应用接口的函数、数据类型、参数的定义和设备的安全要求。本标准适用于智能密码钥匙产品的研制、使用和检测
14	GB/T 36322 信息安全技术 密码设备应用接口规范	本标准规定了公钥密码基础设施应用技术体系下服务类密码设备的应用接口标准。本标准适用于服务类密码设备的研制、使用，以及基于该类密码设备的应用开发，也可用于指导该类密码设备的检测
15	GB/T 36968 信息安全技术 IPSec VPN技术规范	本标准规定了IPSec VPN的技术协议、产品要求和检测方法。本标准适用于IPSec VPN产品的研制、检测、使用和管理
16	GB/T 37092 信息安全技术 密码模块安全要求	本标准针对密码模块规定了安全要求，为密码模块定义了4个安全等级，并分别给出了4个安全等级的对应要求。本标准适用于保护计算机与电信系统内敏感信息的安全系统所使用的密码模块。本标准也为密码模块的设计、开发提供指导，为密码模块安全要求的检测提供参考
17	GB/T 38540 信息安全技术 安全电子签章密码技术规范	本标准规定了采用密码技术实现电子印章和电子签章的数据结构定义，以及相应的生成与验证流程。本标准适用于电子印章系统的开发和使用，也可用于指导该类系统的检测
18	GB/T 38541 信息安全技术 电子文件密码应用指南	本标准提出了电子文件的密码应用技术框架和安全目标，描述了对电子文件进行密码操作的方法和电子文件应用系统使用密码技术的方法。本标准适用于电子文件应用系统的开发和使用
19	GB/T 38625 信息安全技术 密码模块安全检测要求	本标准依据GB/T 37092-2018，规定了密码模块的监测要求和对应的送检材料要求。本标准适用于检测机构对送检密码模块的检测，也可用于指导密码模块研制厂商的自行测试
20	GB/T 38629 信息安全技术 签名验签服务器技术规范	本标准规定了签名验签服务器的功能要求、安全要求和消息协议语法规则等内容。本标准适用于签名验签服务器的研制和使用
21	GB/T 38635 信息安全技术 SM9标识密码算法	本标准包含总则与算法两部分。第1部分总则规定了SM9标识密码算法涉及的必要相关数学基础知识、密码技术和具体参数，适用于SM9标识密码的实现和应用。第2部分算法规定了SM9标识密码算法中数字签名算法、密钥交换协议、密钥封装机制和加密算法，适用于SM9标识密码算法工程化的实现，指导SM9标识密码算法相关产品的研制和检测
22	GB/T 38636 信息安全技术 传输层密码协议（TLCP）	本标准规定了传输层密码协议，包括记录层协议、握手协议族和密钥计算。本标准适用于传输层密码协议相关产品（如SSL VPN网关、浏览器等）的研制，也可用于指导传输层密码协议相关产品的检测、管理和使用
23	GB/T 39786 信息安全技术 信息系统密码应用基本要求	本标准规定了信息系统第一级到第四级的密码应用基本要求，从信息系统的物理和环境安全、网络和通信安全、设备和计算安全、应用和数据安全4个技术层面提出了第一级到第四级的密码应用技术要求，并从管理制度、人员管理、建设运行和应急处置4个方面提出了第一级到第四级的密码应用管理要求。本标准适用于指导、规范信息系统密码应用的规划、建设、运行及测评。在本标准的基础之上，各领域与行业可结合本领域与行业的密码应用需求指导、规范信息系统密码应用

（2）数据安全标准

数据安全相关标准如表 6-2 所示。

表 6-2　数据安全相关标准

序号	标准名称	主要内容概述
1	GB/T 41479—2022　信息安全技术　网络数据处理安全要求	本标准规定了网络运营者开展网络数据收集、存储、使用、加工、传输、提供、公开等数据处理的安全技术与管理要求。本标准适用于网络运营者规范网络数据处理，以及监管部门、第三方评估机构对网络数据处理进行监督管理和评估
2	GB/T 37988—2019　信息安全技术　数据安全能力成熟度模型	本标准给出了组织数据安全能力的成熟度模型架构，规定了数据采集安全、数据传输安全、数据存储安全、数据处理安全、数据交换安全、数据销毁安全、通用安全的成熟度等级要求。本标准适用于对组织数据安全能力进行评估，也可作为组织开展数据安全能力建设时的依据
3	GB/T 35274—2017　信息安全技术　大数据服务安全能力要求	本标准规定了大数据服务提供者的大数据服务安全能力要求，包括大数据组织管理安全能力、大数据处理安全能力和大数据服务安全风险管理能力的要求。本标准适用于指导大数据服务提供者的大数据服务安全能力建设，也适用于第三方机构对大数据服务提供者的大数据服务安全能力进行评估
4	GB/T 37932—2019　信息安全技术　数据交易服务安全要求	本标准规定了通过数据交易服务机构进行数据交易服务的安全要求，包括数据交易参与方、交易对象和交易过程的安全要求。本标准适用于数据交易服务机构进行安全自评估，也可供第三方评测机构对数据交易服务机构进行安全评估时参考
5	GB/T 37973　信息安全技术　大数据安全管理指南	本标准提出了大数据安全管理基本原则，规定了大数据安全需求、数据分类分级、大数据活动的安全要求、大数据安全风险评估。本标准适用于各类组织进行数据安全管理，也可供第三方评估机构参考
6	GB/T 35273—2020　信息安全技术　个人信息安全规范	本标准规定了开展收集、存储、使用、共享、转让、公开披露、删除等个人信息处理活动的原则和安全要求。本标准适用于规范各类组织的个人信息处理活动，也适用于主管监管部门、第三方评估机构等组织对个人信息处理活动进行监督、管理和评估
7	GB/T 37964—2019　信息安全技术　个人信息去标识化指南	本标准描述了个人信息去标识的目标和原则，提出了去标识化过程和管理措施。本标准针对微数据提供具体的个人信息去标识化指导，适用于组织开展个人信息去标识化工作，也适用于网络安全相关主管部门、第三方评估机构等组织开展个人信息安全监督管理、评估等工作
8	GB/T 39335—2020　信息安全技术　个人信息安全影响评估指南	本标准给出了个人信息安全影响评估的基本原理、实施流程。本标准适用于各类组织自行开展个人信息安全影响评估工作，同时可为主管监管部门、第三方测评机构等组织开展个人信息安全监督、检查、评估等工作提供参考

6.6.2　特定行业的数据安全标准

从行业领域来看，公安、金融、政务、交通、医疗、电信等重点行业领域都相继制定数据安全标准，整体数据安全治理思路与国家标准保持一致，主要区别是各行业领域结合业务场景进行了相应的细化。行业领域部分数据安全标准如表 6-3 所示。

表 6-3 行业领域部分数据安全标准

行业领域	标准名称	发布组织	主要内容概述
政务行业	GB/T 39477—2020 信息安全技术 政务信息共享 数据安全技术要求	国家市场监督管理总局 / 国家标准化管理委员会	本标准提出了政务信息共享数据安全要求技术框架，规定了政务信息共享过程中共享数据准备、共享数据交换、共享数据使用各阶段的数据安全技术要求以及相关基础设施的安全技术要求。本标准适用于指导各级政务信息共享交换平台数据安全体系建设，规范各级政务部门使用政务信息共享交换平台交换非涉及国家秘密数据安全保障工作
金融行业	JR/T 0171—2020 个人金融信息保护技术规范	全国金融标准化技术委员会 中国人民银行	本标准规定了个人金融信息在收集、传输、存储、使用、删除、销毁等生命周期各环节的安全防护要求，从安全技术和安全管理两个方面，对个人金融信息保护提出了规范性要求。本标准适用于提供金融产品和服务的金融业机构，并为安全评估机构开展安全检查与评估工作提供参考
	JR/T 0197—2020 金融数据安全 数据安全分级指南	全国金融标准化技术委员会 中国人民银行	本标准给出了金融数据安全分级的目标、原则和范围，以及数据安全定级的要素、规则和定级过程。本标准适用于金融业机构开展电子数据安全分级工作，并为第三方评估机构等单位开展数据安全检查与评估工作提供参考
	JR/T 0223—2021 金融数据安全 数据生命周期安全规范	全国金融标准化技术委员会 中国人民银行	本标准规定了金融数据生命周期安全原则、防护要求、组织保障要求以及信息系统运维保障要求，建立覆盖数据采集、传输、存储、使用、删除及销毁过程的安全框架。本标准适用于指导金融机构开展电子数据安全防护工作，并为第三方测评机构等单位开展数据安全检查与评估工作提供参考
交通行业	GB/T 37373—2019 智能交通 数据安全服务	国家市场监督管理总局 / 中国国家标准化管理委员会	本标准规定了智能运输系统安全支撑平台和数据安全服务内容。本标准适用于智能运输系统实现基于密码技术的数据安全服务
医疗行业	GB/T 39725—2020 信息安全技术 健康医疗数据安全指南	国家市场监督管理总局 / 国家标准化管理委员会	本标准给出了健康医疗数据控制者在保护健康医疗数据时可采取的安全措施。本标准适用于指导健康医疗数据控制者对健康医疗数据进行安全保护，也可供健康医疗、网络安全相关主管部门以及第三方评估机构等组织开展健康医疗数据的安全监督管理与评估等工作时参考

第 7 章 Chapter 7

数据安全治理建设方案

在数字化深度融合的时代，数据代表着知识和信息，对数据的安全治理，已经从单一的技术问题上升到一个全面的战略高度。本章将为读者呈现一个全景式的数据安全治理建设蓝图。首先介绍国内外权威的数据安全治理框架，从 Gartner 的 DSG 框架到信通院的数据安全治理框架，逐一剖析其精髓与应用。然后，深入数据安全建设，探讨从思路到实施的每一个关键步骤，确保数据的安全与完整性。最后介绍数据安全组织与能力体系建设，无论组织架构、制度体系，还是技术与人员能力体系，都将为数据安全提供坚实的保障。本章旨在为读者构建一个系统的数据安全治理视角，为数字政府数据安全治理建设保驾护航。

7.1 数据安全治理框架

数据安全治理工作备受全球关注，目前国内外有不同的数据安全治理框架，主要包括微软的 DGPC 框架（2010）、Gartner 的 DSG 框架（2015）、全国信息安全标准化技术委员会发布的 DSMM（2019）、中国信息通信研究院发布的数据安全治理框架（2021）、中关村网信联盟发布的数据安全治理框架（2022）等。《指南》参考了 DSMM，并适当参照了中关村网信联盟发布的数据安全治理框架。

7.1.1 Gartner 的 DSG 框架

2015 年，Gartner 提出了 DSG（Data Security Governance，数据安全治理）概念，并从方法论的角度阐述了数据安全治理框架。与 DGPC 框架类似，Gartner 的 DSG 框架也是从宏观层面和方法论角度阐述数据安全治理的思路和基本框架。

DSG 框架（见图 7-1）建议的数据安全治理自顶向下地从 5 个层面开展和执行。在平衡业务需求与风险层面，综合各组织战略、组织管理制度、合规要求、IT 策略、风险容忍度，制定业务发展与风险管控相平衡的数据安全治理策略。在数据梳理和数据生命周期管理层面，通过分类分级进行数据梳理。数据分类分级是数据安全治理的基础。通过数据分类分级，可更好地管理和保护数据资产，提高数据的利用价值和安全性，满足合规性和法律要求，优化数据资源的配置和利用。通过分析、评估数据在其生命周期内的各个环节所面临的安全风险，可管理数据生命周期。在定义数据安全策略层面，在数据分类分级的基础上，明确数据访问控制策略，并针对不同级别的数据制定不同级别的数据安全策略。在部署安全能力与产品层面，部署数据安全保护产品，如数据加解密服务器、数据库安全审计系统、数据访问统一身份认证系统等。在策略配置与同步层面，将数据安全管控手段全面推广并同步到各种类型的数据，包括结构化数据和非结构化数据。

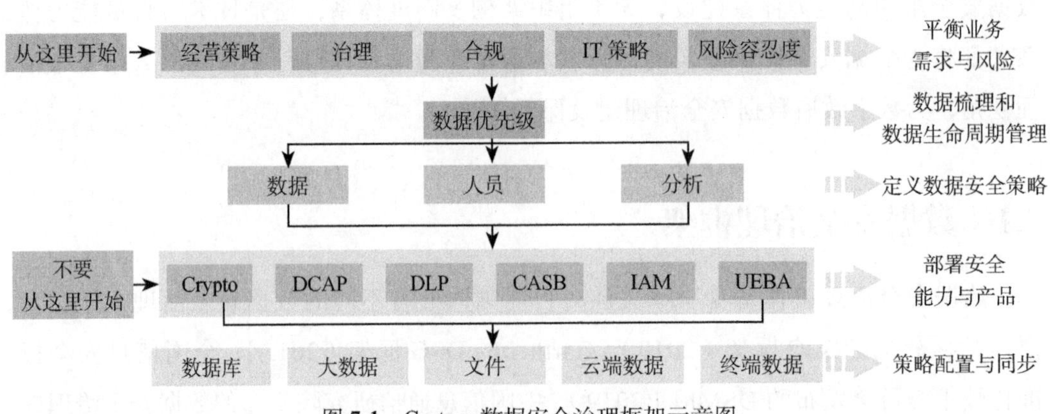

图 7-1 Gartner 数据安全治理框架示意图

7.1.2 数据安全能力成熟度模型

2019年8月，全国信息安全标准化技术委员会发布国家标准《信息安全技术 数据安全能力成熟度模型》，正式提出数据安全成熟度模型（Data Security Maturity Model，DSMM）（见图7-2）。

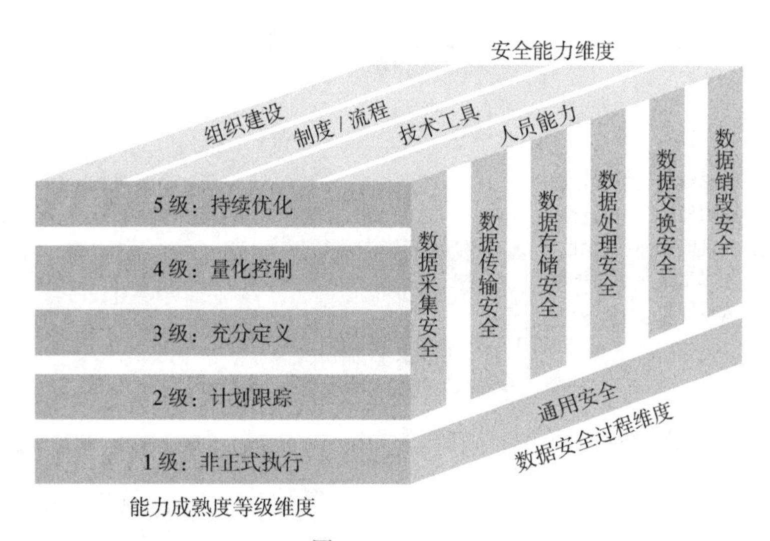

图7-2 DSMM

DSMM参考通用的能力成熟度模型，对数据安全能力成熟度进行了定义和等级划分，从高到低划分为持续优化、量化控制、充分定义、计划跟踪和非正式执行5级，实现敏感数据可用不可见、可算不可识前提下的数据分析和价值挖掘。

DSMM根据数据在组织业务场景中的生命周期安全要求与通用安全要求，定义了数据安全过程维度，并在数据安全过程维度从组织建设、制度 / 流程、技术工具以及人员能力4个方面构建了规范性的数据安全能力成熟度分级治理要求和评估方法，为组织建立和完善数据安全治理体系提供了有益参考。

7.1.3 信通院的数据安全治理框架

2021年，中国信息通信研究院（简称信通院）参考数据安全领域的相关标准，重点以中国互联网协会发布的T/ISC-0011—2021《数据安全治理能力评估方法》为基础，从组织如何落实数据安全治理要求的角度出发，提出数据安全治理总体视图和数据安全治理总体模型（见图 7-3）。

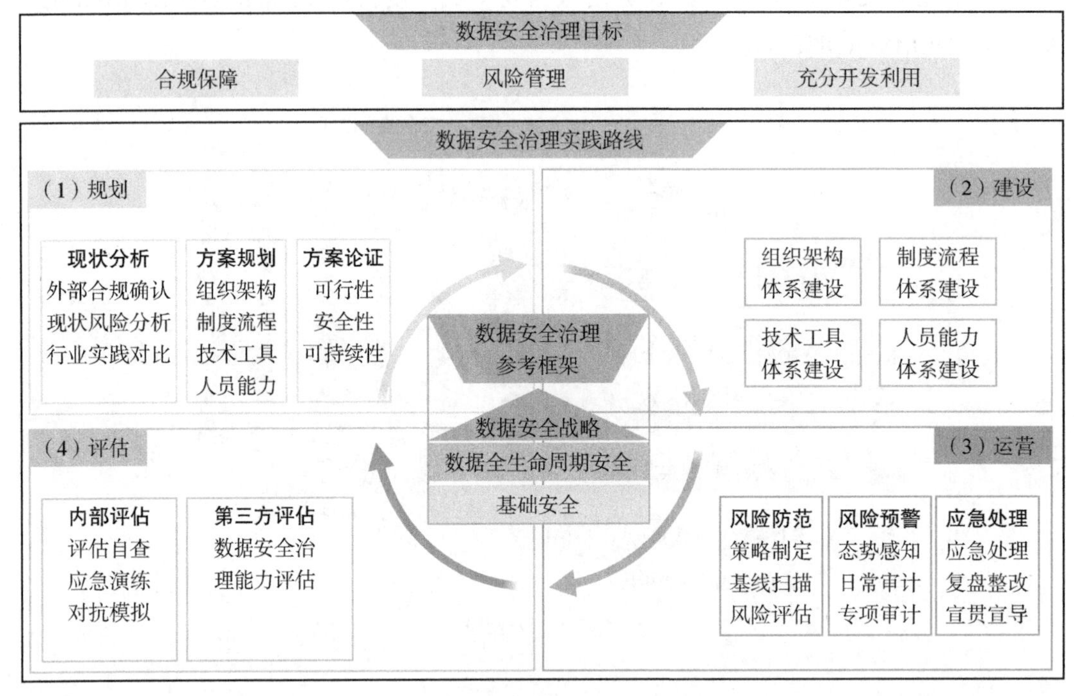

图 7-3 数据安全治理总体模型

在数据安全治理总体模型中，合规保障是数据安全治理的底线要求，风险管理是数据安全治理需要解决的重要问题，以数据开发利用和产业发展促进数据安全，以数据安全保障数据开发利用和产业发展。

数据安全治理参考框架（见图 7-4）由数据安全战略、数据全生命周期安全和基础安全组成。数据安全战略包括数据安全规划和机构人员管理。数据安全治理围绕数据全生命周期展开，以采集、传输、存储、使用、共享、销毁等环节为切入点，设置相应的管控点和管理流程，以便在不同的业务场景中组合复用。基础安全作为数据全生命周期安全建设的基本支撑，可以在多个生命周期环节中复用，是整个数据安全治理的通用要求，能够实现建设资源的有效组合。基础安全包括数据分类分级、合规管理、合作方管理、监控审计、鉴别与访问、风险与需求分析、安全事件应急 7 个能力项，主要从数据安全的保障措施上进行定义和要求。

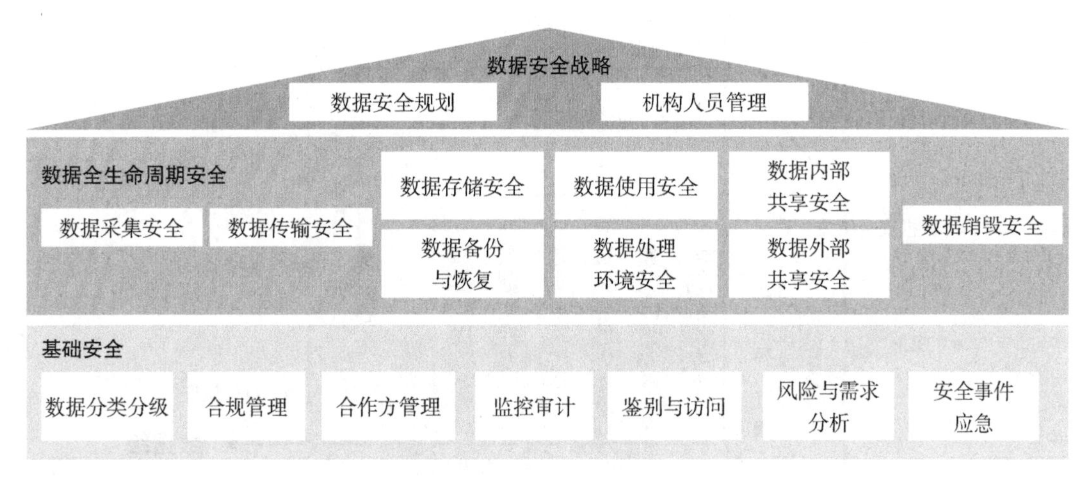

图 7-4　数据安全治理参考框架

7.1.4 《指南》中的数据安全治理框架

《指南》中的数据安全治理框架参考 GB/T 39477-2020《信息安全技术　政务信息共享　数据安全技术要求》中的政务信息共享数据安全技术要求框架，并结合 DSMM，从“点、线、面”三个维度对数据进行安全治理。框架覆盖数据全生命周期中的采集、传输、存储、处理、交换、销毁 6 个环节，实现以数据驱动发展，提升数据资产价值，同时为“让数据使用更安全”奠定基础，如图 7-5 所示。

点：以数据安全保护技术为支撑，打通数据安全治理堵点

通过各种场景中的具体应用所使用的数据安全技术点，对数据安全治理进行监管并满足合规需求，具体技术点包括数据脱敏、数据加密、数据完整性保护、身份认证、隐私计算、区块链等。

线：从业务级、系统级、数据级三条线构筑数据安全体系

以数据能力成熟度模型为载体，构建数据安全生命线、数据在全生命周期中的流转线，从业务级、系统级、数据级三条线构筑数据安全体系。

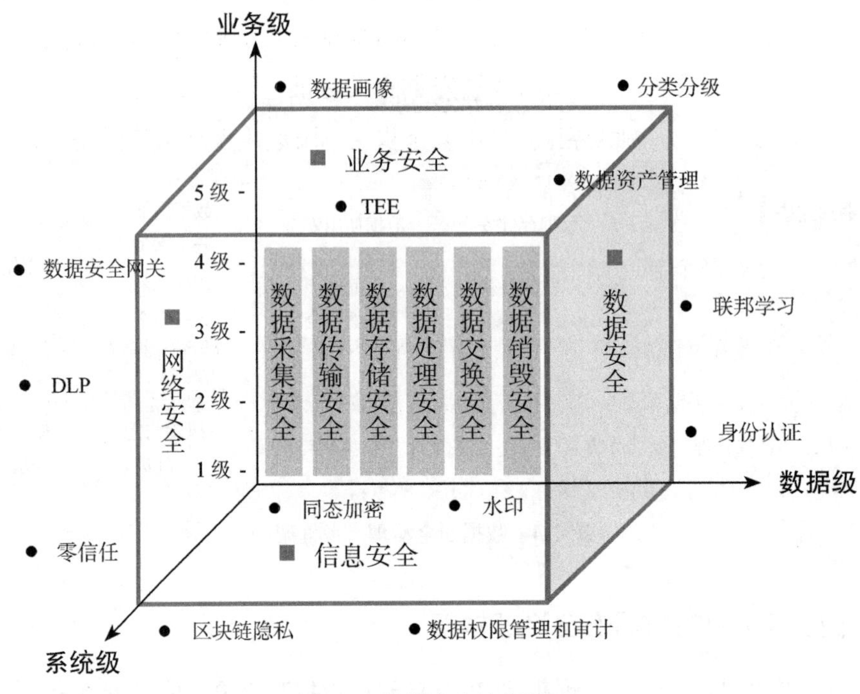

图 7-5 数据安全治理框架

1）业务要求线：以数据分类分级为基础，对数据进行等级划分，从而为组织数据的汇聚、开放和共享安全策略的制定提供支撑。

2）系统数据流线：全面保障客户端数据录入、数据传输、数据存储的 IT 全链条安全。

3）数据生命周期线：围绕数据全生命周期进行建设，以提高数据安全保障能力。

面：多个层面构建数据安全立体式防御体系

以数据全生命周期安全防护为核心，拓展数据安全应用覆盖面（数据使用层面的安全场景），从网络安全、信息安全、业务安全、数据安全 4 个层面构建多维度的立体式防御体系。

1）网络安全：涉及网络上信息的保密性、完整性、可用性、真实性和可控性的相关技术和理论。

2）信息安全：信息在生产、传输、处理和存储过程中不被泄露或破坏，确保信息的可用性、保密性、完整性和抗抵赖性，并保证信息系统的可靠性和可控性。

3）业务安全：结合业务系统的实际需要，保护业务系统免受安全威胁。

4）数据安全：以数据为中心，关注数据本身的安全和数据防护的安全。

最终，通过构建“点、线、面”结合的数据安全治理框架，逐步有序地打通数据堵点，实现数据的汇聚、共享、开放，构成全面、立体的数据安全环境。

7.2 数据安全建设

7.2.1 建设思路

数据安全建设围绕数据全生命周期处理活动展开，分为3个阶段。

1）**基础阶段**：基础防护建设，以服务为主，包括资产管理、数据分类分级、安全评估、管理制度建设、安全策略建设、方案规划。

2）**优化阶段**：策略优化及能力提升建设，以产品为主，依据管理流程和安全策略部署自动化防护工具，解决业务风险。

3）**运营阶段**：数据安全管控平台建设，主要基于管理流程、安全策略、业务场景和防护积累的经验，构建行为特征库、安全事件知识库、风险分析模型、数据安全管控平台，实现有监测、有预警、有管理、有控制、有审计、有运维、可感知。

7.2.2 建设原则

要从实际的安全需求出发，并依据安全需求进行安全设计、实施、建设，全过程、全周期、动态地为信息系统提供安全保障。数据安全建设需满足如下原则。

1）**全局性原则**：安全威胁来自最薄弱的环节，必须从全局出发规划安全系统。设计时，需考虑全局性原则。

2）**综合性原则**：安全不单靠技术措施，必须结合管理。当前，我国发生的数据安全问题中，管理问题占相当大的比例，因此建立网络安全设施体系的同时必须建立相应的制度和管理体系。

3）**均衡性原则**：安全措施的实施必须考虑相应的数据安全级别。数据中相同安全级别的保密强度要一致。

4）**节约性原则**：整体方案的设计应该尽可能不改变原来网络的设备和环境，以免资源的浪费和重复投资。

7.2.3 总体设计

数据安全建设总体框架（见图 7-6）基于“数据安全管理体系 + 数据安全技术体系 + 数据安全运营体系”的组合，落实企事业单位的数据安全治理要求，满足数据全生命周期内各个环节中的安全防护需求。

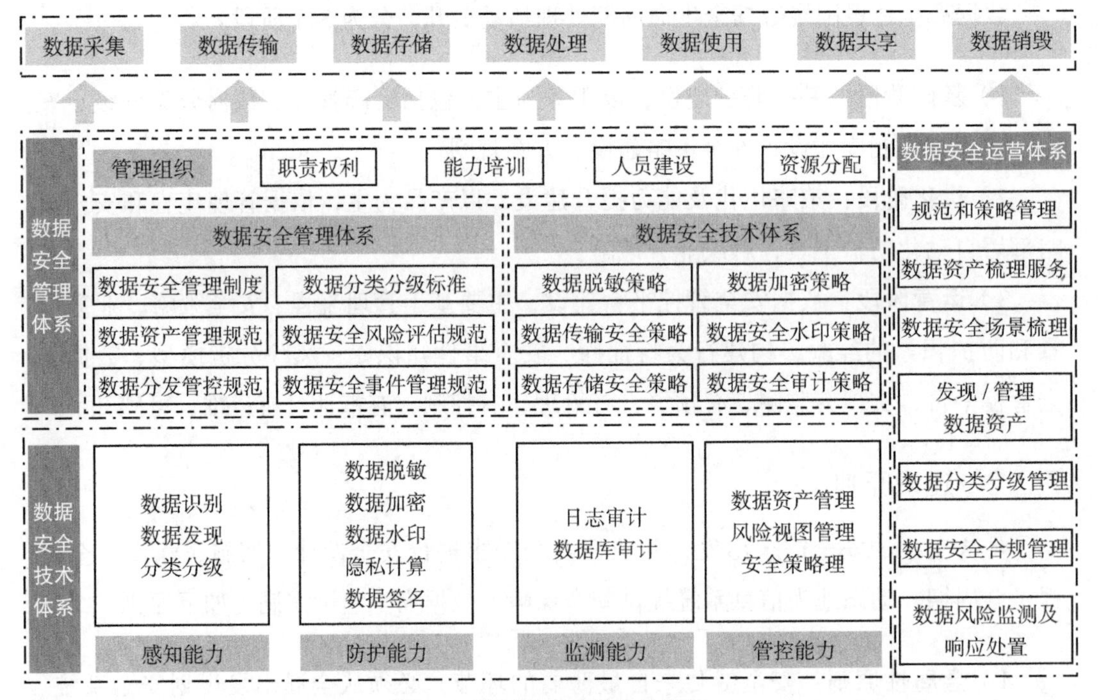

图 7-6 数据安全建设总体框架

1）数据安全管理体系：明确数据安全治理的重点目标，建立健全数据安全管理制度和操作流程及规范，如数据安全管理制度、组织人员与岗位职责、应急响应制度、合规评估制度、人员培训制度、数据分类分级指南、技术防护规范、数据安全审计规范等。

2）数据安全技术体系：数据安全技术体系应覆盖数据采集、传输、存储、处理、使用、共享、销毁等全生命周期，对数据全生命周期中的各使用场景进行风险监测，评估现有数据安全薄弱环节并进行数据安全整改，提升数据安全防护能力。

3）数据安全运营体系：从规范和策略管理、数据资产梳理服务、数据安全合规管理、数据风险监测及响应处置等维度运营，实现数据安全运营流程化、规范化，持续保护数据安全。

7.2.4　防护能力

面向数据处理活动场景，遵循法律法规要求，制定完备的数据安全管理制度、实施细则与技术标准规范，并建立相应的数据安全管理组织，定岗定责，贯彻落实管理规定。主要防护能力如下。

1）**面向海量数据分类分级：**建立自动化的数据识别发现能力，基于行业级、精细化的分类分级标准，实现智能化、快速的分类分级，并根据分类分级成果进一步开展数据安全评估与动态防护策略设置。

2）**面向全链路数据安全防护：**面向全链路的数据流动监测与数据泄露风险分析机制，有效监控数据共享和开放过程的安全风险，并通过访问控制、数据脱敏等防护手段，保障数据共享和开放的安全性；同时，针对数据所有权和控制权（使用权）分离情况，构建“可算不可见”的隐私计算技术体系，实现跨组织、跨部门的安全共享和开放。

3）**建设平台化数据安全防护中台：**以“平台化、体系化、可视化、实用化”为出发点，建立一站式数据安全集中管控能力，对包括数据资产梳理、数据安全防护、数据行为审计、数据脱敏、数据安全运维、数据加密等在内的各类数据安全产品进行“统一部署、统一监控、统一管理”，实现面向各数据处理活动的事前防护、事中监测、事后审计的整体和动态的安全防护能力。

7.3 数据安全组织与能力体系建设

7.3.1 组织架构建设

数据安全组织是数据安全体系建设的前提条件，通过建立专门的数据安全组织，落实数据安全管理责任，明确数据安全治理的政策、监督执行情况，确保数据安全相关工作能够持续、稳定地贯彻与执行。数据安全组织角色设计如图 7-7 所示。

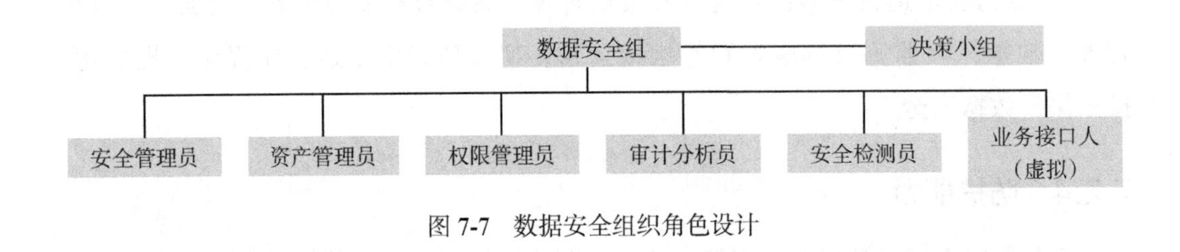

图 7-7 数据安全组织角色设计

决策小组对数据安全工作进行统筹管理，制定总体方针、技术路线、资源投入的决策。

数据安全组总体协调数据安全工作，制订工作计划，负责可行性评估、制度审核、实施方案审核等把关性工作，参与审批流程，参与产品选型。数据安全组包括安全管理员、资产管理员、权限管理员、审计分析员、安全检测员、业务接口人等。

1）**安全管理员**：负责数据安全相关制度和规范的编写、数据安全实施方案的编写，参与产品选型。参与业务系统的更新迭代、流程变更、新功能开发的讨论，根据业务状况及时调整数据安全策略。

2）**资产管理员**：数据库、表、字段的管理，负责数据资产创建、删除、修改的审批，负责资产管理相关工具的安装和使用。

3）**权限管理员**：负责数据使用的审批、权限的配置，数据使用包括数据分析、数据建模、共享、收集、数据运维；负责权限管理相关工具的安装和使用。

4）**审计分析员**：负责数据安全的审计工作，包括违规操作审计、数据使用审计、权限变更审计等，根据数据流转的各环节审计日志，定期制作审计报表，识别潜在风险，并及时发出告警；负责审计相关工具的安装和使用。

5）**安全检测员**：负责上线前检测工作，包括风险评估、渗透测试、代码审计，并编写报告；定期对安全产品的配置、功能有效性进行检测，及时发现风险并告警。

6）**业务接口人**：参与数据安全工作计划的制订，提出数据安全相关需求，对数据安全的制度、技术手段提出可行性分析，确保数据安全工作能够有效落地。

7.3.2　制度体系建设

根据数据安全治理的总体目标，制定完备的管理制度体系。图 7-8 给出了数据安全管理制度体系框架，从上到下共划分为 4 级文件，实际上可以根据具体需要进行针对性的增删和调整。

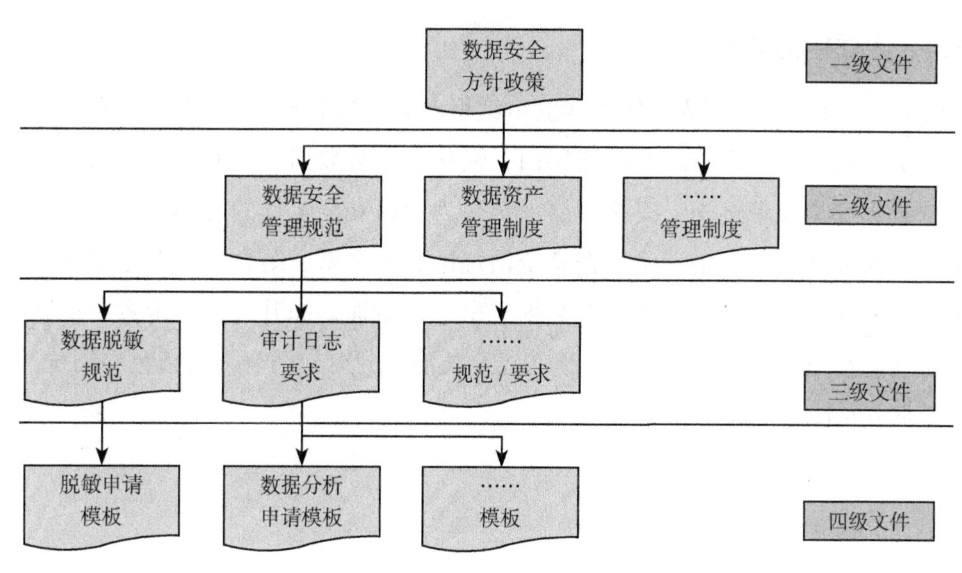

图 7-8　数据安全管理制度体系框架

一级文件为方针政策，包括数据安全工作的总体目标、基本原则等。二级文件是根据数据安全方针的要求对组织数据安全工作各关键领域的管理要求做出的具体规定，包括管理规范、管理制度等。三级文件与二级文件中的各类管理制度要求相呼应，是针对具体环节落地实施的操作规范、要求，包括相关技术规范、要求等。四级文件是管理制度具体执行过程中产生和使用的过程性文件，通常包括各种模板类文件。除一级文件外，其他级别的文件在制定的时候具有唯一上级，同级文件内容不能重复，最终形成树状结构。

7.3.3 安全技术体系

数据安全治理离不开数据安全技术。当前，数据安全技术快速发展，技术领域不断细分，技术体系不断完善。数据安全需以数据为中心，融合多种安全技术，构建全方位的数据安全技术体系。数据安全技术非常丰富，例如数据分类分级、密码算法、访问控制、数据脱敏、隐私计算、差分隐私、区块链等，而且还在不断发展中。这些技术往往是相互关联、相互融合的，甚至彼此难以分离开来。特别是，分类分级、密码算法和隐私计算技术在数据安全产业的应用非常活跃。

7.3.4 人员能力体系

数据安全治理离不开人，需要建立由组织内部人员组成的数据安全治理团队，并明确人员角色与职责划分。在战略层面，强化高层对数据安全的重视与引领，设置专门的数据安全决策机构，安排高层人员作为数据安全工作的总体负责人。加强对数据安全人才的培养和培训是数据安全治理的必要之举。结合实际业务场景，以及数据安全实际案例，针对员工开展数据安全意识培训，提升数据安全意识；开展数据安全技能培训，夯实理论知识，提升安全技能。同时，结合人员角色和岗位职责，构建数据安全能力机制。

第8章　Chapter 8

数据安全治理关键技术

随着数字化进程的加速，数据安全已不再是一个简单的词汇，而是涉及复杂的技术栈和精细的策略设计。本章将介绍数据安全防护的技术内核，探索确保数字政府数据完整性、机密性和可用性的各种关键技术。从数据分类分级技术的精细流程，到访问控制技术的精确配置，再到数据加密与脱敏技术的智慧应用，每一项技术都为数据安全治理提供了强大的支持。新兴的隐私计算技术更是为保护数据隐私提供了前所未有的可能性。通过本章的学习，希望读者能够对数据安全技术有更加深入的认识，以便为数字政府的数据安全筑起坚实的技术屏障。

8.1 数据分类分级技术

数据分类分级是确定数据保护和利用之间平衡点的一个重要依据，为政务数据、企业商业秘密和个人数据的保护奠定了基础，因此成为国家法规、政策、标准中的明确要求。

《网络安全法》第二十一条首次从法律层面提出了“数据分类”的要求，《数据安全法》则进一步明确了相关部门在分类分级保护和重要数据保护中的职能。《数据安全法》第二十一条明确指出，国家建立数据分类分级保护制度，根据数据在经济社会发展中的重要程度，以及一旦遭到篡改、破坏、泄露或者非法获取、非法利用，对国家安全、公共利益或者个人、组织合法权益造成的危害程度，对数据实行分类分级保护。国家数据安全工作协调机制统筹协调有关部门制定重要数据目录，加强对重要数据的保护。《个人信息保护法》第五章第五十一条指出，对个人信息实行分类管理，采取相应的加密、去标识化等安全技术措施。

8.1.1 数据分类分级流程

数据分类是数据分类分级保护的前提。数据分类是按照一定的原则和方法对数据进行区分和归类，主要目的是便于数据管理和使用。数据分类是数据保护工作中的一个关键部分，是建立统一、准确、完善的数据架构的基础。数据分类流程如图 8-1 所示。

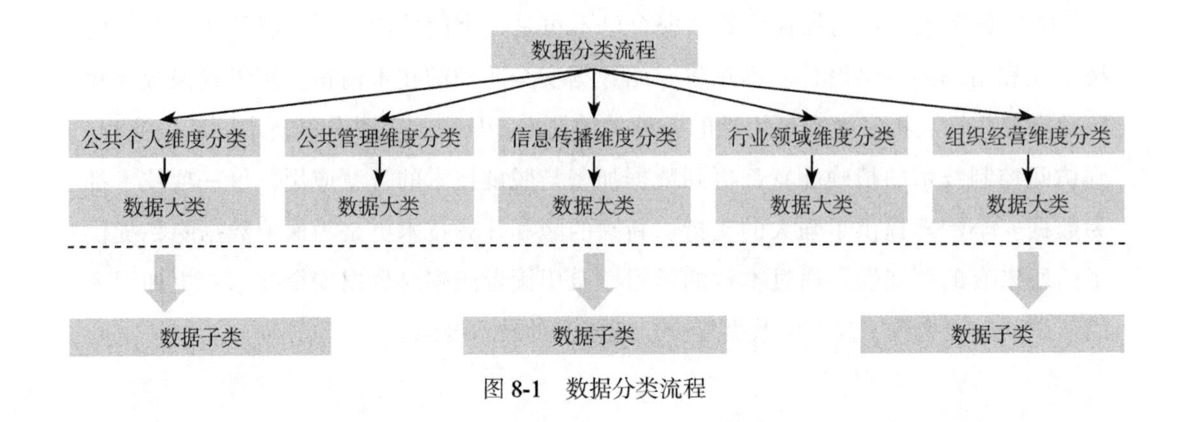

图 8-1 数据分类流程

在完成数据分类后，数据处理者应当遵循数据分级的基本原则，制定个性化的数据分级保护策略。数据分级是指在数据分类的基础上，采用规范、明确的方法区分数据的重要性和敏感度差异，将数据从低到高分为一般数据、重要数据、核心数据等级别，从而为组织数据的开放和共享安全策略制定提供支撑。数据分级流程如图 8-2 所示。

数据分类分级保护步骤如图 8-3 所示。

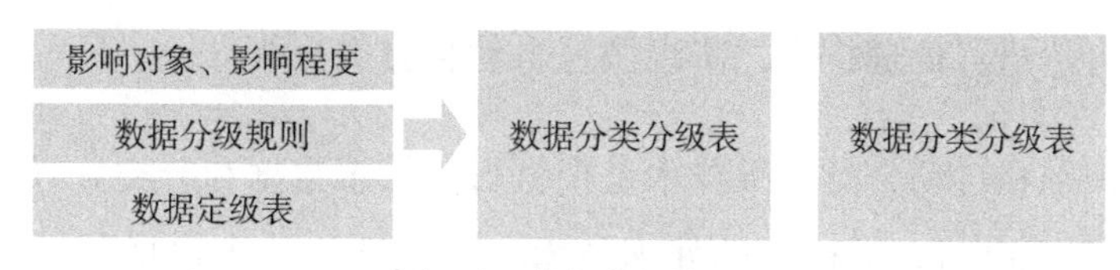

图 8-2 数据分级流程

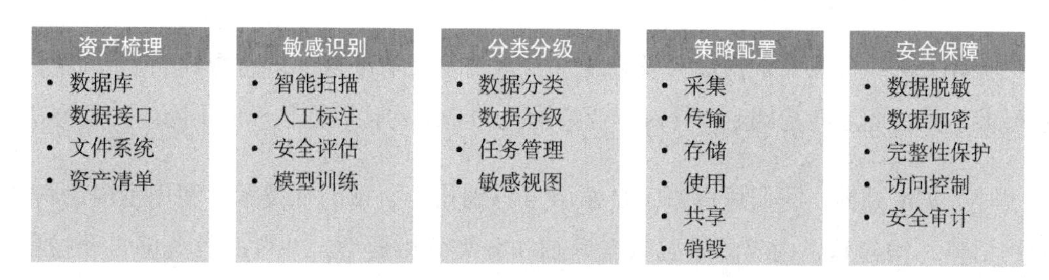

图 8-3 数据分类分级保护步骤

资产梳理是数据安全治理的基础。对各类资产进行全生命周期管理，实时跟踪资产的生命状态，形成资产清单，协助用户厘清数据资产。

敏感识别是通过智能扫描实现敏感数据发现，确定敏感数据在资产中的分布，并提供数据库中敏感数据使用情况的持续监控能力。

分类分级是结合现有行业标准对敏感数据进行分类和等级划分，以便用户根据不同的需求对数据资产进行重点防护。通过数据可视化技术为用户提供敏感数据的分布情况，并提出安全保护建议。

策略配置用于管理数据资产在整个生命周期中的流动，并根据指定的策略将数据组织成不同的层，以便更好地管理和控制数据流动。

安全保障是通过数据脱敏、数据加密、完整性保护等技术为敏感数据提供全方位安全保障能力。

8.1.2 分类分级关键技术

随着数字经济的发展和信息技术的演进，数据安全防护面临全新的挑战。数据安全产品需要转换防护思路，解决数据安全边界防护模糊的问题。

（1）利用自然语言处理技术，实现快速自动化分类分级

敏感数据识别和自动分类分级技术是根据行业敏感数据和分类分级规范要求，基于人工智能技术，辅助人工核查的处理技术。人工智能技术包括两类：基于自然语言处理的语义识别技术、基于机器学习的结构化数据识别技术。

通常来讲，行业会根据业务及合规性要求，定义本领域的敏感数据类别和敏感级别标准，并在此标准基础上，针对行业结构化和非结构化数据，形成不同的处理方法。

对于文本数据，我们可以基于自然语言识别技术、预训练技术，利用生成语料和通用语料，构建基于内容的敏感数据识别和分类分级模型，并对此类数据自动扫描，通过词法分析、知识抽取、情感计算、相似计算等技术处理，获得分类分级结果。对于结构化数据，我们可以基于机器学习算法和专家规则，构建分类或者聚类模型，通过训练形成结构化数据模型，对数据进行特征提取、向量计算、特征评分、识别分类等处理，获得分类分级结果。

（2）利用文本内容抽取技术，实现电子文件非结构化数据分类分级

基于自然语言处理技术，对非结构化的电子文件进行全文提取、关键词提取、实体识别、自动摘要、情感分析、自动分类等智能分析，构建电子档案画像，为电子档案知识图谱分析、关联分析、智能搜索和推荐提供辅助。

信息检索技术是电子文件管理的一个关键技术。传统的检索方法是借助目录、索引和关键词等来实现的，优点是简单、快捷，缺点是无法挖掘信息之间的内在联系，检索结果不能准确、全面地反映用户的需求。智能检索工具提供了动态词库、动态检索库、松耦合 WebService 接入、同义词维护等特色功能。

8.2 访问控制技术

访问控制是几乎所有系统都需要用到的一种技术。它是按用户身份及其所归属的某项定义来限制用户对某些信息项的访问，或限制对某些控制功能的使用。

访问控制可分为自主访问控制和强制访问控制两大类。自主访问控制是指用户有权对自身所创建的访问对象（文件、数据表等）进行访问，并将对这些对象的访问权授予其他用户和从授予权限的用户处收回访问权限。强制访问控制是指由系统（通过专门设置的系统安全员）对用户所创建的对象进行统一的强制性控制，按照规定的规则决定哪些用户可以对哪些对象进行什么类型操作系统的访问，即使是创建者用户，在创建一个对象后，也可能无权访问该对象。

访问控制的主要目的是限制访问主体对客体的访问，从而保障数据资源在合法范围内被有效使用和管理。访问控制的主要功能包括：保证合法用户访问受保护的数据资源，防止非法的主体进入受保护的数据资源，或防止合法用户对受保护的数据资源进行非授权的访问。访问控制首先需要对用户身份的合法性进行验证，同时利用控制策略进行管理。在用户身份和访问权限验证之后，还需要对越权操作进行监控。因此，访问控制的内容包括身份认证、控制策略实现和安全审计。

访问控制是实现数据安全共享的重要技术手段。在大数据时代，传统的访问控制技术在授权管理、策略描述、细粒度控制、隐私保护、实施架构等方面都面临着新的挑战。这些挑战也促进了访问控制技术的发展，如角色访问控制、风险访问控制、半/非结构化数据访问控制、针对隐私保护的访问控制、基于密码学的访问控制等得以提出或改进创新。多元化且多技术融合的访问控制可以更有效地满足复杂的数据访问控制需求。对大规模数据资源进行管理时，我们可根据用户的需求赋予用户不同的访问权限，并根据数据的保密程度赋予数据不同的等级。例如，针对普通数据的访问控制，可以使用属性加密和角色控制两种方法；针对用户需求不明确的访问控制，可以使用自适应访问模型。加强用户对重要或敏感数据的访问控制也是保证数据安全的重要措施，对此可采用对用户进行身份认证等方式加以控制。

8.3 数据加密技术

数据加密技术是以密码技术为基础对数据进行编码转化的保护技术，是网络安全和数据安全领域的通用关键技术。在数据安全领域，数据加密技术用于满足数据全生命周期的存储、应用、共享流通等各个环节的安全需求，并兼顾数据安全性与可用性。随着数字经济的高速发展，应用日趋复杂多样，传统加密技术的效率、强度、灵活性等已无法满足多变的业务需求。因此，一方面，随着数据共享流通场景中保护需求的不断增加，数据加密技术从静态数据加密向动态数据加密扩展。在数据流转场景中，数据加密操作需要嵌入到业务流程中，并且要根据细化的访问控制需求，提供多场景、细粒度的加密策略和密钥管理方法。另一方面，数据加密技术因为新兴领域的需求不断变化，而产生了新的演进方向。

8.4 数据脱敏技术

按照国家《数据安全法》的要求，应对各应用系统中的敏感数据、隐私数据在存储、使用和共享环节进行脱敏处理，即对敏感数据通过脱敏规则进行变形，实现敏感数据、隐私数据的不可识别，达到可靠的数据保护目的。数据脱敏处理的执行范畴是国家和行业数据安全法规的规定，包括对敏感信息、个人信息、客户信息等在全生命周期相关环节中的脱敏要求和去标识化要求。执行点包括但不限于对数据在处理、使用、访问、分享时的窃取和滥用风险防护，以及对开发、测试、运维、分析等非生产环境或外包环境中的敏感和隐私数据保护。

8.5 数据安全审计技术

数据安全审计是在传统网络安全审计基础上的延伸，按照国家《网络安全法》中关于数据保密性、完整性和可用性的要求，重点关注数据在全生命周期中被非法采集、未授权访问、窃取、滥用、泄露、破坏、伪造等情况，包括内部人员的恶意、违规、疏忽行为，形成对数据安全合规性和各类事件与风险的判断、记录和告警，与后续措施联动实现有效的数据安全实时监控、应急响应、事件处置和整改优化。

8.6 隐私计算技术

隐私计算是涉及众多学科的交叉融合技术。目前，主流的隐私计算技术包括以安全多方计算为代表的基于密码学的隐私计算技术、以可信执行环境为代表的基于可信硬件的隐私计算技术、以联邦学习为代表的人工智能和隐私保护融合衍生的隐私计算技术。此外，区块链与隐私计算的融合应用也成为业界的共识，两者相辅相成。

安全多方计算解决的问题是在多个参与方的环境中，每个数据输入参与方都拥有自己的私密数据，同时又希望利用多方的私密数据来共同完成一个函数计算的过程。安全多方计算要求数据参与计算但不透露数据，实现数据可用、不可见。安全多方计算涉及秘密共享、不经意传输、混淆电路、同态加密等多种技术。

秘密共享技术可以构建安全多方计算协议，使得在计算过程中，各参与方能够将自己的输入数据秘密地分割成数据分片并分发给其他参与方，各参与方用自己收到的数据分片进行计算和交互，从而实现安全多方计算。秘密共享的一个经典方案是Shamir 提出的阈值秘密共享方案。它的特点是秘密数据的恢复并不需要全部数据分片，只需要部分数据分片即可。例如，我们可以将一个秘密数据s分割成 5 份秘密分量，由 5 个不同人员保管，而其中任意 3 个人就可以恢复出秘密数据s，少于 3 个则无法得到秘密数据s。

不经意传输是一种保证通信双方隐私安全的通信协议，由通信双方（即消息发送方和消息接收方）参与。发送方将n个消息加密后发送给接收方，接收方只能解密其中k个加密消息，发送方无法确定接收方得到的消息是其中哪几个，这就是n选k不经意传输。不经意传输协议包括基于 RSA 的不经意传输协议、基于 ECC 的不经意传输协议、基于 IBC 的不经意传输协议等。一个安全的不经意传输协议需具备正确性、隐私性、抗冒名攻击、抗重放攻击、抗中间人攻击等性质。

混淆电路是指一参与方将安全多方计算的计算逻辑编译成布尔电路，然后将布尔电路加密并打乱顺序完成混淆操作，之后将加密电路以及与其输入相关的标签发送给另一参与方。另一方（作为接收方）通过不经意传输协议，按照输入选取标签，并在此基础上对混淆电路进行解密以获取计算结果。

同态加密是一种特殊加密算法。利用同态加密算法，加密所得的密文直接执行某种计算，然后对计算结果进行解密，解密所得结果与将相应密文解密后执行对应的运算所得结果一致。同态加密的特性保证了计算结果的正确性和数据的隐私性。当前，云服务应用广泛，云上数据安全备受关注。云端对数据进行同态加密，并直接对密文进行计算，再将计算结果从云端发回用户解密，得到相应明文的计算结果。同态加密服务是云服务中最具有诱惑力的，同态加密技术是云计算安全技术体系的制高点。

区块链本质是分布式共享账本和数据库，具有去中心化、不可篡改、多方维护、全程留痕、可以追溯、公开透明等特性。区块链的这些特性使其在隐私计算中具有特殊的作用。基于区块链的隐私计算可实现全流程可记录、可验证、可追溯、可审计的安全可信数据共享，为解决数据真实性、数据确权等问题提供可行的方案，支撑构建更广泛的数据共享网络。基于区块链的隐私计算技术可应用到全流程各环节当中，实现全程闭环的隐私安全保护。

可信执行环境（Trusted Execution Environment，TEE）是一种基于硬件和操作系统的安全架构，通过软硬件方法在中央处理器中构建出与外部隔离的安全计算环境，用于部署计算逻辑、处理敏感数据，保证内部加载的程序和数据在机密性和完整性上得到保护。TEE 技术是实现隐私计算的重要趋势技术。为了进一步提高数据安全性，TEE 常结合多方安全计算实现加密。

联邦学习是一种分布式机器学习技术，包括两个或多个参与方。这些参与方通过安全的算法和协议进行联合机器学习，可以在各方数据不出本地的情况下联合多方数据源建模和提供模型推理与预测服务。在联邦学习框架下，各参与方只交换密文形式的中间计算结果或转化结果，不交换数据，保证各方数据不流出。联邦学习可以通过结合同态加密、差分隐私、秘密共享等技术提高协作过程中的数据安全性。

第9章 Chapter 9

数据安全全生命周期管理

在数字化时代，数据是组织的核心资产，也是潜在风险的来源。正因为如此，全方位、全周期的数据安全管理显得尤为重要。本章将遵循数据的生命周期，从数据资产的梳理和敏感数据的识别出发，深入探讨在数据采集、传输、存储、处理、使用、共享及销毁等各个阶段的安全防护措施，确保数据的安全性和完整性得到全面保障。

本章旨在帮助读者构建一个全面的数据安全防护体系，从而在数据全生命周期的每个阶段都能做好安全防护工作，有效应对来自内外的安全威胁。同时，通过对数据安全风险的评估与态势的感知，组织能够及时识别并应对潜在的数据安全风险，避免或降低由数据泄露、篡改等安全事件带来的损失和影响。

数字政府作为公共信息服务的重要载体，对数据安全的重视不言而喻。希望通过本章的学习，读者能够对数据安全全生命周期管理有更为清晰和深入的理解，将理论知识有效地转化为实际应用，为构建更为安全、可信赖的数字政府贡献力量。

9.1 数据资产梳理与敏感数据识别

数据资产是指能够带来经济利益的，以物理或电子形式记录的数据资源，如文件资料、电子数据等。在企业中，并非所有的数据都是数据资产，能够为企业带来价值的数据资源才是数据资产。因此，我们需要对产生、存储、应用和销毁的数据进行有效梳理，标识出其中的数据资产。通过对数据资产及其应用的有效梳理，我们可充分了解数据资产的全生命周期管理流程。

在数据安全治理实践中，尤其关注对敏感数据资产的梳理，这是数据安全体系建设及数据资产管理中的一项基础性工作。对数据资产进行及时、准确的梳理，以掌握其中敏感数据资产的分布、数量、权限及使用状况，是进行后续数据安全治理工作的基础与先导。

数据资产梳理实现了企业对数据资产安全状况摸底及资产管理，改善了以往传统方式下企业资产管理和梳理的工作模式，提高了工作效率。通过对数据资产的梳理，我们可以确定敏感数据在系统内部的分布、敏感数据是如何被访问的、当前的账号和授权的状况。根据数据资产的价值和特征，我们可梳理出本单位的核心数据资产，对其分类分级。在此基础之上，针对数据的安全管理才能确定更加精细的措施。

合规合理的梳理方案能做到对风险预估和异常行为评测，很大程度上避免了核心数据遭破坏或泄露的安全事件发生。

结合建设情况和安全管控的需要，我们可利用数据侦听技术和业务登记实现安全管理的深化应用，具体如下。

1）通过自动侦听和业务登记来管理数据底账。
2）实现数据流向的图形化展示。
3）通过重要指标（标识率、归属率）的可视化分析进行数据底账的管控。
4）通过自动发现数据源信息来维护数据资产的底账信息及流向。

数据资产梳理核心技术主要包括静态梳理技术、动态梳理技术和数据状况的可视化呈现技术。

敏感数据识别技术的主要目标是识别和发现敏感数据，从而更有效地实施敏感数据保护，是精准数据安全防护的基础。数据识别技术应用于数据分类分级、数据安全监测、数据脱敏等产品中。传统的数据识别技术以关键字、字典和正则表达式匹配为主。这种技术辅以人工帮助可以实现结构化数据的识别。在大数据场景下，随着数据量的剧增，数据格式更加丰富多样，传统的数据识别技术对于非结构化数据识别难以适用，对于结构化数据也无法满足日益复杂的识别需求。在此需求驱动下，引入机器学习和自然语言处理等技术，通过自动生成识别规则可以解决上述难题。目前，常用的算法模型包括 HM 模型、CRF 模型、BiLSTM 模型和 BiLSTM-CRF 模型等。未来，数据识别技术将结合传统方法与智能化方法，兼顾识别覆盖率、效率与准确率，降低人工参与比率，逐步向自动化、智能化演进。

9.2　数据全生命周期安全防护措施

9.2.1　数据采集安全

在数据采集阶段，要明确采集规范，制定采集策略，完善数据采集风险评估以及保证数据采集合规合法。数据采集规范中要明确数据采集的目的、用途、方式、范围、采集源、采集渠道等内容，并对数据来源进行源鉴别和记录。采集策略要明确，只采集经过授权的数据并进行日志记录。对数据采集过程中的风险项进行定义，形成数据采集风险评估规范。数据采集全过程需要符合相关法律法规和监管要求，做到合规合法采集。

采集敏感数据可使用分类分级系统，即根据数据的业务属性，对其进行分类分级。并且，针对不同类别和安全级别的数据，制定不同的安全保护策略，防止敏感数据被损毁、误用和非授权访问，保障敏感数据的保密性、完整性和可用性。数据采集安全可从以下关键活动入手。

1）使用身份认证系统实现数据源的身份鉴别、用户授权。

2）使用数据分类分级系统对数据资产进行梳理和分类分级。

3）使用日志审计系统对采集过程中的日志记录与监控审计。

9.2.2 数据传输安全

数据传输安全是指为防止传输过程中数据泄露而采取的防护措施。数据传输安全防护包括数据机密性、完整性和真实性保护。传输数据机密性保护是保证数据传输时不被非法获取，传输数据完整性保护是保护数据传输时不被非法篡改（数据被非法篡改时可被发现），传输数据真实性保护是保护传输数据来源的真实可靠。数据传输安全可从以下关键活动入手。

1）使用红莲花浏览器和SSL VPN安全网关实现数据传输通道两端主体的身份鉴别。

2）使用红莲花浏览器采用公钥密码数据签名技术对传输数据进行签名保护。

9.2.3 数据存储安全

数据存储特别是敏感数据存储安全在数据生命周期中占有很重要的位置。数据创建以后如果没有进行安全存储，则极易被泄露和丢失。数据应确保存储在安全的环境中，在需要的情况下还应该加密存储，还需要防止存储的敏感数据被篡改。相关数据存储技术包括数据加密、数字签名、数据存储备份与恢复等。数据存储安全可从以下关键活动入手。

1）使用数据安全管控平台在分类分级基础上制定不同类别和不同级别数据存储的安全策略。

2）使用运维管控与集中审计系统建立对存储数据的访问控制机制。

3）构建存储设备 / 介质管理系统，保障存储设备 / 介质本身的安全。

4）建立数据备份与恢复制度，通过规范数据存储的冗余管理工作机制（包括制定数据备份与恢复操作规程、建立数据备份和恢复清单等），保障数据高可用性。

5）使用电子文件安全验证系统，解决电子公文、电子证照、电子票据等电子文件数据真实性问题，防止数据被篡改。

6）使用文档加密和数据防泄露产品，防止终端存储的数据被泄露。

9.2.4 数据处理安全

数据只有经过分析处理，才能将其中有价值的信息挖掘出来。同时，我们需要在保护隐私的前提下对数据进行分析处理，限制对大数据中敏感数据的挖掘。数据处理包括数据脱敏等防泄露技术。

数据处理安全可使用数据安全管控平台、数据脱敏系统、电子文件安全验证系统。数据处理安全可从以下关键活动入手。

1）使用数据库审计系统对用户处理数据的各项操作进行日志记录和监控审计。

2）使用数据脱敏系统隐藏数据中的敏感信息。

3）使用数据水印系统实现对泄露数据的溯源追责。

9.2.5 数据使用安全

数据是国家重要的基础性战略资源。然而，数据滥用等问题严重阻碍了数据共享使用的发展。一方面，在数据使用环节的数据查询、访问过程中，不严格的权限访问将导致数据泄露；另一方面，在数据共享开放环节，数据资源跨部门、跨域共享使用，不可避免地导致数据被各使用方存储、使用，其中任何一方使用不当，都可能导致数据泄露。如何保证数据的使用安全？技术方法主要集中在安全访问控制、隐私保护等方面。隐私保护技术包括安全多方计算、同态加密、差分隐私等。通过隐私计算技术，我们可实现数据的“可用、不可见”，保证数据在使用的同时不泄露隐私信息。数据使用安全可从以下关键活动入手。

1）使用统一安全认证系统建立统一认证入口，建立完整的访问控制机制，通过用户角色和权限对用户访问数据进行授权控制。

2）提供文档加密、文档安全策略、隐私计算功能，实施对文档细粒度权限控制，对各类数据应用进行日志记录和监控审计。

9.2.6 数据共享安全

数据共享带来便利的同时，也不可避免地带来了安全隐患。针对数据安全风险，访问控制技术进行了有效防控。访问控制技术主要通过给不同的用户分配不同的资源访问权限来确保数据仅被某些有权限的特定用户访问。

访问控制技术主要使用两种身份验证方式：用户身份验证和数据身份验证。用户身份验证可以定义为用户证明其真实性的方式，例如最常见的用户名验证机制或带有相关密码的身份验证机制。确保数据源真实性的方式是数据身份验证。最常用的数据身份验证方式是数字签名。数据共享安全包括数据内容共享安全和数据外部共享安全。数据共享安全可从以下关键活动入手。

1）使用审计系统对共享的数据内容进行评估、审批，对共享过程进行日志记录和监控审计。

2）通过区块链、隐私计算等手段实现数据共享计算。

9.2.7 数据销毁安全

数据安全销毁（或删除）也是数据安全的一个重要环节。数据销毁应保证数据无法还原，并且应提供数据销毁过程中的安全审计功能。审计覆盖各系统中的每个用户，对数据销毁过程中的重要用户行为和重要安全事件保留审计日志并进行审计。同时，保证包括鉴别数据、敏感数据、个人数据等的存储空间被释放或在重新分配前得到完全清除。

数据销毁的关键活动包括：利用数据擦除系统彻底删除存储中的过期数据及其备份，并确保这些数据已被永久消除或无法恢复。这一过程不仅涉及删除数据，还包括验证数据确实已经无法被恢复或重构。

9.3 数据安全风险评估与态势感知

《数据安全法》第二十二条提出要建立数据安全风险评估、安全事件报告、监测预警机制，通过数据安全风险信息的获取、分析、研判、预警等手段，结合数据安全事件应急处置机制，实现数据安全事前、事中和事后的全流程保障。

为了从源头预警数据安全风险，建立数据安全风险评估机制至关重要。这不仅涉及风险的提前警示，还包括在国家安全制度下的综合管理。具体而言，数据安全风险评估、报告、信息共享和监测预警机制是《国家安全法》规定的风险防范、评估及预警制度在数据安全领域的实际应用。在保护方面，数据安全风险评估、报告和信息共享是事前保护的关键环节，监测预警机制则属于事中保护的重要组成部分。

我们可参照信息安全风险评估方法，以数据资产为评估对象，以数据处理活动中所面临的风险为评估内容，提供一套可落地、可指导实践的数据安全风险评估方法。核心内容包括评估准备、风险识别、风险分析和风险评价。

（1）评估准备

当前，企业与组织实施风险评估工作，更多是从国家法律法规及行业监管、业务需求评估等相关要求出发，从战略层面考量风险评估结果对企业相关的影响。数据安全风险评估准备内容主要包括评估对象、评估范围、评估边界、评估团队组建、评估依据、评估准则、制定评估方案并获得管理层支持。

（2）风险识别

风险识别主要包括资产价值识别、数据处理活动要素识别、合法合规性识别、威胁识别、脆弱性识别以及已有安全措施识别，具体内容如下。

1）识别数据资产并分析其重要程度。

2）对数据应用场景进行识别。

3）识别数据应用场景中的数据威胁，并判断数据威胁发生的可能性。

4）识别数据应用场景中的脆弱性，与具体安全措施关联分析后，判断脆弱性可利用程度和脆弱性对数据资产影响的严重程度。

（3）风险分析

通过采取适当的方法与工具，可得出企业所面临的合法合规性风险、数据安全事件发生的可能性以及数据安全事件发生对组织的影响程度，从而得到数据安全风险值，具体内容如下。

1）根据数据威胁与脆弱性利用关系，结合数据威胁发生的可能性、脆弱性可利用性来判断安全事件发生的可能性。

2）根据脆弱性影响严重程度及数据重要程度计算安全事件影响严重程度。

3）根据安全事件发生的可能性以及安全事件影响严重程度，判断风险值。

（4）风险评价

企业在执行完数据安全风险分析后，通过风险值计算方法得到风险值的分布状况，并对风险等级进行划分（一般会划分为高、中、低三个等级），同时依据风险评价中风险值的等级，明确风险评估结果。风险评价主要目标为根据风险接受准则判定风险是否可以接受。

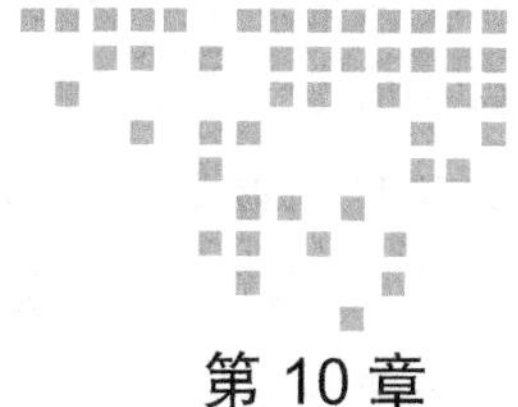

第 10 章 Chapter 10

数据安全合规与安全治理案例分析

本章将带领读者走进真实的数字政府数据安全场景，深入挖掘和分析各个安全合规与安全治理的典型案例。本章将通过详细的项目背景和安全实践介绍，为读者展现政务数据如何在真实环境中进行分类分级、如何在大数据中心安全运维，以及如何有效防止政务数据的泄露。这些案例将直观地展现数据安全理论在实际中的应用与价值，让我们看到各种安全策略在实践中的效果和影响。

对于决策者、技术人员或是任何关心数字政府数据安全的读者来说，这些生动的案例将提供宝贵的经验与启示，帮助大家更好地理解数据安全的重要性，以及如何在真实环境中落地实施。希望通过这些真实案例的深入解读，读者能够收获实践的智慧，助力完成数据安全工作。

10.1 政务数据分类分级建设案例

10.1.1 项目背景

我国明确提出了打造数字政府、培育数字经济、构建数字社会。《中共中央关于制定国民经济和社会发展第十四个五年规划和二〇三五年远景目标的建议》再次提到数据政府建设，强调提升公共服务、社会治理等数字化、智能化水平。2019 年 5 月发布的《数据安全管理办法》第十九条明确要求采用数据分类、备份、加密等措施加强对个人信息和重要数据的保护。2021 年 6 月发布的《中华人民共和国数据安全法》第二十一条明确规定了数据的分类分级保护制度，强调对数据实行分类分级保护，加强对重要数据的保护。

为了落实相关法律政策中关于政务数据分类分级的要求，并为政务领域数据分类分级工作提供规范化流程和标准化技术规范支撑，诸如《信息安全技术 政务信息共享数据安全技术要求》（GB/T 39477—2020）、《信息技术 大数据政务数据开放共享 第 1 部分：总则》（GB/T 38664.1—2020）等政务数据分类分级相关国家标准相继制定。同时，北京、浙江地区分别制定了《政务数据分级与安全保护规范》（DB11/T1918—2021）、《数字化改革公共数据分类分级指南》（DB33/T2351—2021）标准。

政务数据中存在着大量个人隐私数据和敏感数据。同时，由于政务系统与网络环境复杂、数据共享多样、数据共享频繁等特点，一旦数据被窃取或泄露将严重扰乱社会秩序。因此，基于政务领域特点和业务需求现状合理开展政务数据安全分类分级工作，将有效提升公共服务、社会治理等数字化、智能化水平，助力打造有序、安全的政务机构公共数据资源共享服务体系。

10.1.2 安全实践

10.1.2.1 数据分类分级管理要点

（1）确认数据资产范围

在进行数据分类分级前，首先需要梳理现有的数据资产，明确数据资产内容、数据资产类型，以及涉及数据资产相关方。

（2）建立组织保障

政务数据分类分级是一项庞大复杂的工程，涉及各个部门，因此需要领导和各个相关部门的支持，同时需要做好各个相关部门及相关软件供应商的沟通协调工作，还需要组建专门的团队、制定工作流程和制度、确认专门的决策团队和领导人，以保证政务数据分类分级工作正常、有序的开展。

（3）制定分类分级标准

政府部门繁多，业务体系较为复杂，因此行业或本地域内的数据分类分级标准无法完全适用于各个部门，需以行业或本地域内的数据分类分级标准为前提，结合本部门业务情况，制定本部门的数据分类分级标准。

（4）评估数据资产危害影响

在进行数据资产危害影响评估时，政府部门需考虑在数据的安全性遭受破坏时对评估对象的影响程度和影响范围等，遵循分级思路评估政务数据资源的数据集及其数据项遭篡改、破坏、泄露或非法利用后可能带来的潜在影响。

（5）数据分类识别

政务数据分类识别是一项庞大的工程。政府部门需根据分类标准进行数据分类，参考各类别的特性进行分级，以大大提高数据分级的效率。

（6）初步定义数据安全级别

数据安全管理员根据分级规则，自上而下地使用工具或者人工匹配的方式初步定义数据项的安全级别。政务数据中各数据级别主要分为一般数据、重要数据、核心数据。

（7）专家评审

政府部门需组织信息安全和业务方面的专家，对初步定义的数据级别结果进行评审，确保分级的准确性和科学性。若专家评审不通过，应重新确定数据安全等级。

（8）主管领导部门审核

将通过专家评审的数据分级结果报送至行政主管部门进行审核批准，如果不符合管理要求，则需重新定级。

（9）最终确定数据安全等级

行政主管部门审核通过后，最终确定数据安全等级。

（10）数据安全等级变更

当应用场景、分级对象、安全级别等发生变化，导致数据被泄露、篡改、丢失或滥用后的影响对象、影响程度、影响范围发生较大变化时，应重新对数据进行定级。

10.1.2.2 数据资产梳理

为了支撑政务数据安全分类分级，数据所有方需要对全部存量数据资产及新增数据资产进行梳理，建立政务数据分类分级清单，以确保数据安全分类分级工作顺利开展。清单描述格式如表10-1所示。

表10-1 政务数据分类分级清单描述格式

基本信息		分类		分级			数据周期与保护					备注
系统或应用	地区或部门	大类	子类	级别	安全威胁	重要性时效	数量	来源	用途	共享情况	保护情况	

（1）数据分类

政府部门可通过数据安全监管平台的数据资产梳理模块对政务数据进行分类，依照相关分类管理办法，标识政务数据的类型、位置等，采用数据识别与梳理手段，识别并梳理出所有的数据，进行数据的分类，并将数据分类结果以报表形式导出。数据分类模块展示内容包含行业要求、特点、业务需求、数据来源和用途等，具体展示内容依据业务情况决定。

（2）数据分级

政府部门可通过数据扫描结果，依照分类分级标准，标识数据级别、数据位置、数据类型等，采用数据识别与梳理手段，识别并梳理出所有的数据，然后参考数据类别的特性进行数据分类，并将数据分类分级结果以报表形式导出。数据分级包括一般数据、重要数据和核心数据。数据分级模块展示内容包括级别、定位、管控规则等信息，如表 10-2 所示。

表 10-2　数据分级示例

数据级别	描述
一般数据	数据特征：已经被政府、个人公开或主动披露的数据，一般公开渠道可获取的公民信息。 示例：公民法律援助申请信息、个人信用评价信息
重要数据	数据特征：法律法规明确保护的个人隐私数据，泄露会给个人带来直接经济损失的信息。 示例：社会保障卡、户口本、居住证、不动产权证
核心数据	数据特征：依据国家法律法规和强制性标准或法规划定的特别重要的数据，主要用于特定职能部门、特殊岗位的重要业务，只针对特定人员公开，且仅被必须知悉的对象访问或使用的数据。一旦泄露会给国家、社会造成严重损害。 示例：行踪轨迹信息、通信内容、征信信息、财产信息

（3）级别调整和持续优化

数据分类分级调整和持续优化采用符合性测试和实质性测试技术。

1）符合性测试。政务数据级别的调整应符合法律法规的最新要求。例如《关键信息基础设施安全保护条例》对重要数据的保护以及相关国家标准对重要数据的保护重新定义，政务数据级别需要根据新发布的这些法律法规及标准进行及时调整。

2）实质性测试。定期对数据分类分级识别结果进行评估，对识别有误或定级不准确的数据，提取样本进行策略优化。

10.2　政务大数据中心安全运维案例

10.2.1　项目背景

政务业务数据因其高敏感性，一旦被泄露或滥用，可能导致难以估量的风险和损失，因此，政务业务数据安全显得尤为重要。随着数字化转型升级，前端生产数据被集中整合到大数据平台，并通过下游大数据创新应用进一步加工处理和挖掘分析。数据的流动过程中涉及的复杂场景、繁多角色，给数据保护带来了新的挑战。因此，用户从早期就对数据安全建设十分重视，并已在行业内已采取若干技术措施来保护数据安全。

首先，现场已对数据库用户权限进行管控，核心生产库的运维账户默认只授予查询权限。但这些运维人员可以查询到数据库中的真实数据，存在数据泄露的风险；其次，现有的堡垒机作为运维行为管控设备，无法对具体的 SQL 操作进行限制，若出现误操作或恶意操作等情况，无法及时拦截阻断，可能造成不可估量的损失。

因此，针对大数据系统安全运维场景，政务部门还需进一步提升数据资产管理水平、强化数据安全防护、增强数据安全集中管控能力，解决大数据中心在数据开发、运维过程中遇到的数据安全痛点及难点问题，构建围绕敏感数据的分类分级动态运维安全防护体系，预防敏感数据在开发、运维场景下因外部攻击和内部攻击带来的盗取、泄露、滥用安全风险。

10.2.2 安全实践

本项目针对研发侧、运维侧不同的数据使用场景，提供了从事前审批、事中管控、事后审计到敏感数据脱敏的一整套安全防护方案。

传统上，仅依赖孤立的产品和技术手段难以对敏感数据开发工作和大数据系统的运维提供系统化的安全支撑。针对此问题，在政务大数据系统安全运维管控平台的建设中，我们以数据为中心，并参照 IP DR 模型 [即 I（风险识别）、P（安全防御）、D（安全检测）、R（安全响应）]，实现了对数据库安全评估系统、数据库运维管控系统、数据库脱敏系统和数据库安全审计等单个安全产品的集中管控。此外，通过汇聚各安全产品的安全信息进行关联分析，并统一制定安全管控策略，我们构建了一套覆盖数据资产识别、安全防护、风险监测、事件响应和处置、策略优化的大数据运维闭环管控系统。该系统覆盖了大数据系统运维的各个环节，显著增强了数据安全集中管控能力。该系统不仅融合了数据安全相关管理制度，还制定了规范化的运维操作审批流程。基于数据分类分级结果，防护策略被细粒度地施加到库表及字段级别。这样在同一平台上将安全策略、审批、管控和追责实现有效结合，形成一个覆盖事前预防、事中监测和事后审计的整体大数据系统安全运维防护体系。

为了应对政务领域在敏感数据开发和大数据系统运维中所面临的安全风险，如运维接入终端安全环境风险、越权访问风险、高危操作指令误操作风险、敏感数据伪脱敏风险以及从内部直接针对大数据系统发起的攻击风险等，我们通过大数据系统安全运维管控平台，制定以下对策。

1）**运维账户统一接入：**对从运维账户接入的 IP、连接工具、账户进行认证，规范运维人员的运维接入行为。

2）**数据库操作安全防护：**根据内置的安全规则库，有效阻断 SQL 注入等攻击行为，防止数据被泄露。

3）**建立细粒度的运维账户权限访问控制策略：**通过对大数据系统中的数据资产分类分级，及对数据的流转情况进行梳理，制定可细化到字段级的主客体访问控制策略。

4）**基于运维账户身份的高敏感数据查询动态脱敏：**基于数据库账户的运维访问权限只能控制到表级别，一旦授予数据库账户运维权限，运维账户对于表中存储的所有高级别数据均具有访问权限。我们可在平台设置动态脱敏规则，针对不同的运维账户身份，动态遮蔽查询返回的高级别数据内容，防止核心数据通过水滴式收集和屏幕拍摄的方式大量泄露。

5）**实现生产环境数据到加工、测试环境的高效脱敏：**根据业务需求，自定义数据脱敏规则，批量导出数据到加工、测试环境。

6）**集中风险监测与处置：**对大数据系统安全运维操作进行全面审计，有效识别暴力登录、拖库、越权访问、数据篡改、网络攻击等风险事件，并进行事件处置情况跟踪。

10.3 政务数据泄露防护案例

10.3.1 项目背景

随着互联网技术的快速发展，大数据、云存储、虚拟化、BYOD 等技术广泛应用于各个领域。如今，员工不管在办公室、路途中，还是在家里都随时可以下载和发送敏感数据，这使敏感数据被泄露的风险越来越大。保护敏感数据安全已然成为信息安全防护的重中之重。

10.3.2 安全实践

为了避免敏感数据泄露到外部网络，我们在所处的网络环境中构建了一套数据防泄露系统。这一系统包括中心管理平台、流量数据防泄露、邮件数据防泄露、网页数据防泄露 4 种产品。该系统采用网络抓包、协议解析、数据分析等技术，对网络传输的数据进行智能识别和分析，并按照预定策略对违规外发数据进行审计、告警及阻断，达成敏感数据防护的目的，有效避免敏感数据传输使用中带来的安全风险。数据防泄露系统如图 10-1 所示。

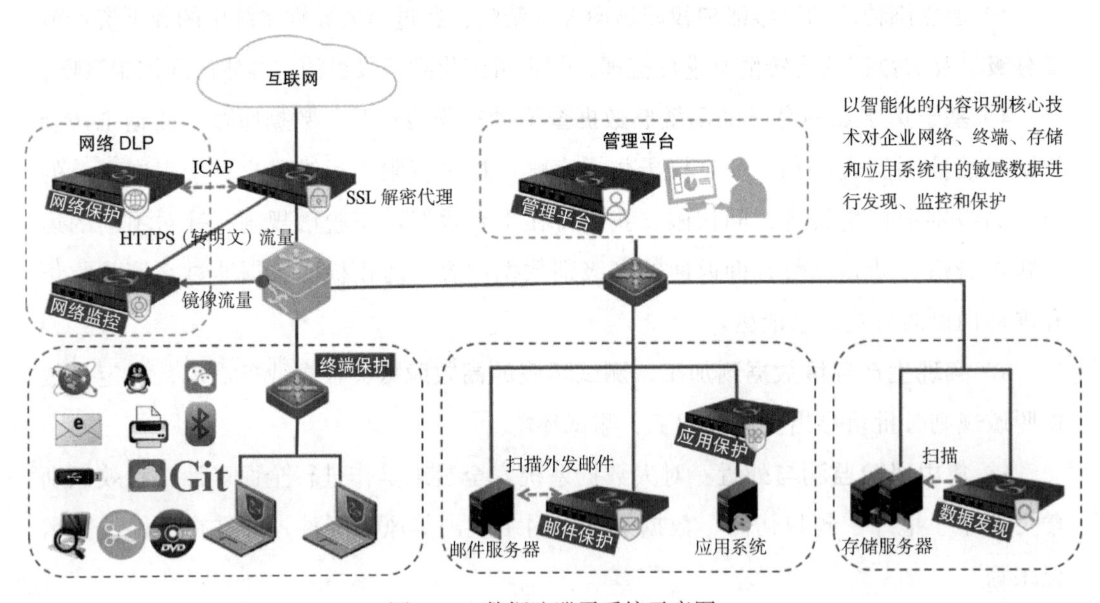

图 10-1 数据防泄露系统示意图

1）内置分类分级模型：根据行业特点和客户需求，我们按照数据价值、内容敏感程度等对数据资产进行密级划分，并根据数据资产密级高低提出数据分类管控要求，然后按照管控要求制定敏感数据分类规则，再根据规则对外发敏感数据进行扫描，直接阻断违规使用行为。

2）便捷策略配置：系统中内置了大量常见数据的识别规则，如身份证号、身份证地址、银行卡号、税号等，支持关键字、正则表达式、模糊关键字、文件指纹、自然语言处理等匹配规则任意与、或逻辑组合。我们可根据敏感数据管理制度要求，设置不同的匹配规则及策略。

3）违规行为阻断：具有对外发敏感数据泄露行为进行阻断的功能。当发生预先定义的风险事件时，系统会根据策略设置，对邮件外发事件或网页文件上传事件等行为进行阻断，防止敏感数据被泄露，同时触发审计与告警。并且，系统还具备外发审批功能。

4）特殊人员处理：针对客户中可能存在的特殊人员管控，支持按照组织架构、用户账号、姓名等设置黑名单、放行白名单、审计白名单。

5）监控保护审计：提供监控和审计外发敏感数据的可视化管理。系统采用内容分析引擎，实时监听网络传输数据，分析网络信息包的副本，检测传输数据是否违反策略，对于审计出来的风险事件自动触发异常报警。

6）违规行为通知：大部分违规行为是内部人员不注重数据安全制度导致的。当违规行为发生时，系统可根据违规行为的严重程度，通知违规行为发起者，告警当事人，实现科学防控。

7）安全态势评估：可以实时监控、统计风险分布情况，统计结果将以图表的形式展现，直观而清晰。管理者可根据处置流程、风险防控策略和事件处理策略，对风险的范围和严重性进行综合评估，从而有效掌握企业数据安全管理的风险现状。

第三部分 Part 3

典型产品功能与架构

在数字化浪潮中，信息安全已经不仅仅是技术层面的挑战，更是每个组织、企业乃至个人的核心关切。随着数据量的激增和技术的飞速发展，如何确保数据在传输、存储和应用过程中得到应有的保护，成为当前的紧迫需求。

第 11 章 *Chapter 11*

典型密码应用产品功能与架构

随着数字政府的快速发展，数据安全与合规已经成为核心的建设环节。然而，数据安全并不只是一个抽象的概念或一系列政策的罗列，需要通过一套具体、先进的产品和工具来实现。本章将为读者展现数字政府数据安全与合规建设中的一些典型产品及其功能与架构。

无论密码服务平台、身份认证系统，还是高性能服务器密码机和 IPSec SSL VPN 综合安全网关，每一种产品都扮演着关键的角色，确保政府数据的安全性和完整性。这些产品不仅代表了数据安全技术的前沿，也反映了实际应用中所面临的各种挑战和需求。

本章将深入探讨这些产品的核心功能、工作原理和架构设计，旨在为读者提供一个全面、系统的视角，了解如何通过具体的技术手段来落实数据安全要求。希望读者在了解这些先进产品的同时，能够更加清晰地把握数字政府数据安全的全貌，为未来的数据安全建设与应用选择合适的工具和策略。

11.1 密码服务平台

11.1.1 背景与需求

大部分信息系统会涉及敏感信息。系统中的关键数据、敏感数据、重要文件以明文形式进行存储和传输，存在被盗取、截获、篡改的可能，需要结合密码技术针对数据的真实性、机密性、完整性和抗抵赖性进行保护。目前，密码技术的应用还存在以下问题。

1）大多数政企单位的信息化建设已经初具规模，但在面对大规模的数据和应用融合场景时，往往体现出整个单位的密码建设缺少统一规划和顶层设计，缺少规范性，不便于统一管理和监控的问题。

2）各业务系统各自为政，独立进行密码建设，各自采购密码设备各自使用，导致设备分散，没有统一归口管理；设备不共享，利用率低，资源浪费。

3）密码设备厂商多、接口复杂，缺少统一的设备接口，上层应用开发的难度和工作量较大。

4）传统的密码设备和密码服务的建设方式固定、僵化，且不具备扩展能力，无法满足业务系统建设动态需求等。

在这种情况下，政企单位迫切需要一款能够满足统一规划、设备共享、集中监控、动态扩展需求，同时符合密评要求，可快速落地的整体密码应用解决方案。

11.1.2 产品介绍

密码服务平台（见图 11-1）是一个集密码服务、管理、态势感知于一体的平台，旨在为各类应用提供全面的密码保护和安全支持。该平台通过调用底层的各种密码软硬件资源和服务，为上层的应用提供统一、完整、可扩展的密码解决方案，以确保数据的真实性、机密性、完整性和抗抵赖性等。

密码服务平台主要由密码资源池、密钥管理、管理支撑、密码服务管理和密码态势感知 5 部分组成。密码资源池是平台的密码硬件、软件资源库，用于管理相关密

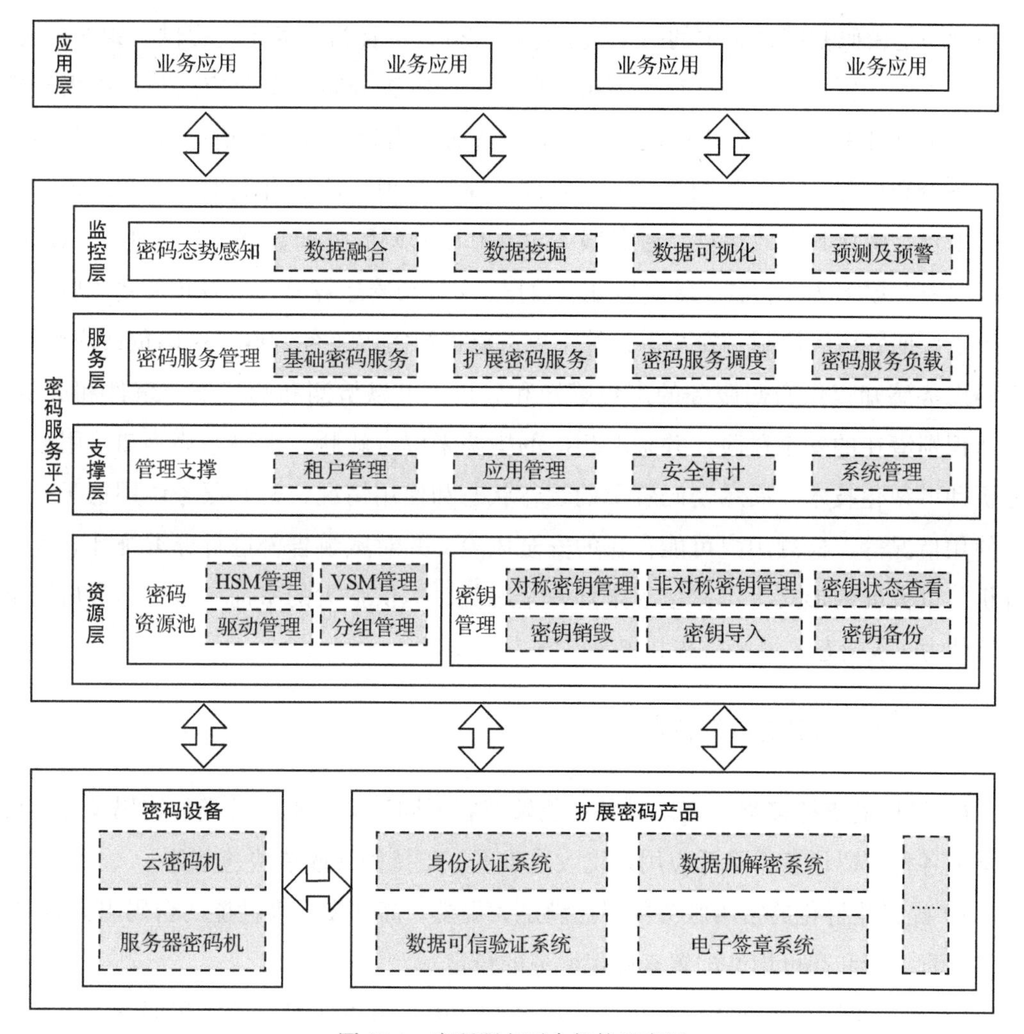

图 11-1　密码服务平台架构示意图

码资源（如加密卡、硬件安全模块、密钥库等），并根据需要动态分配密码资源，以提供高性能密码服务。采用密码资源池对密码计算资源进行集中管理，可实现密码计算资源的充分利用。平台可以管理支持虚拟化的云密码机，也支持管理传统的密码设备，如服务器密码机、签名验签服务器、安全认证网关等，通过统一的接入协议将各类密码设备整合形成密码资源池。密码资源池可根据平台的需要，随时增加密码设备数量，扩展密码设备种类，源源不断地为上层密码服务提供密码资源保障。

密钥管理是密码基础设施中的一个重要组成部分，负责为业务系统提供密钥的生成、保存、备份、更新、恢复、查询等密钥服务，以解决分布式企业应用环境中大规模密码应用所带来的密钥管理问题，提供密钥配置、密钥生成、密钥存储、密钥查看、密钥备份和恢复、密钥归档等功能。管理支撑使管理员能够有效地管理和维护密码服务平台，确保其高效运行。密码服务包含基础密码服务如数据 / 文件加密、数据 / 文件解密、数字文件签名、签名验证、数据 / 文件杂凑运算等，以及扩展密码服务如多因子认证、访问控制、安全审计等，也可以进行密码服务调度、密码负载均衡等。密码态势感知提供密码服务的态势感知和分析，可以检测和响应安全事件和威胁，迅速识别潜在的安全风险，并采取相应的措施来应对威胁。密码态势感知采用数据分析和可视化技术，展示密码资源的运行状态和使用情况、密码服务调用情况、密钥使用情况等，检测用户可能存在的安全风险，并对威胁告警进行分类统计和聚合分析，以大屏的形式为用户呈现全局安全态势，提供强大的事前、事中、事后安全管理能力（包括态势展示、威胁告警、日志监控等）。

密码服务平台具有以下特点。

1）跨厂商支持多类型密码设备：能够兼容不同厂商、不同种类的密码硬件，可以集成各种密码设备，降低应用系统改造难度，支持密评改造快速落地。

2）提供集群化的密码服务部署：满足大规模、高并发、高性能的密码服务需求，通过负责均衡和高可用性配置来确保服务的稳定。

3）统一监控和可视化：提供全面的监控功能，可以实时监测密码服务、设备状态、应用接入情况等，使整体密码应用情况清晰可视。

4）云环境适应：可按需提供弹性、可扩展的云密码资源池，根据需求灵活分配和管理密码资源，提高设备利用率，满足未来动态扩展需求。

密码服务平台是一个综合性的密码解决方案，通过整合和优化密码服务资源，可以为各种应用提供可信赖的密码保护和安全性支持，是服务于数字时代的关键且基础的密码平台。密码服务平台提供灵活的密码服务组件和接口，从根本上解决信息系统项目开发中密码基础设施的重复开发、重复投资等问题，提高应用系统的开发效率和运行维护效率。

在应用方面，密码服务平台依据业务规划，助力用户的业务系统与密码技术的融合和应用。它从安全规范角度出发，实现了密码资源的统一管理与调度、密码服务的集中控制和密钥的集中管理。该平台依托国家政策法规和安全规范，采用分层化、模块化的架构，为用户业务提供全面的密码服务。密码服务平台的应用极为广泛，覆盖金融、政务等多个行业，能够满足云计算、大数据等多种应用场景下的密码应用需求，可以帮助用户构建一个可管可控、便捷易用、安全合规的密码服务体系。

11.2 身份认证系统

11.2.1 背景与需求

在信息化时代迅猛发展过程中，安全理念已经成为人们的共识。在众多确保信息安全的措施中，身份认证和鉴别扮演着至关重要的角色，它们是网络安全架构的基石和核心。

然而，随着业务系统数量的不断增加，各行业正面临着系统多样性的挑战。这些挑战包括多种编程语言、不同的认证源以及多样化的认证协议。业务系统独立导致账户和权限管理的分散，使统一的管理和使用变得更加困难。此外，随着用户基数的增长和用户类型的多样化，以及业务系统的不断扩展，管理任务变得更加繁重且难以维护。

业务系统操作人员在使用各个应用系统时，需要根据系统各自的认证方式登录，这就要求他们记住大量的账户和密码信息，不仅给用户的日常操作带来不便，而且大大增加了安全风险。系统更容易受到非法攻击。

为了解决这些问题，我们需要一个完善的身份认证系统。该系统可提供以下功能。

1）支持多种开发语言和平台，以满足不同业务系统的需求。

2）提供统一的认证源和协议，简化账户和权限的管理。

3）适应庞大、多样化的用户群体，提供易于管理的解决方案。

4）减少用户需要记忆的账户和密码信息，通过单点登录（SSO）等技术提高用户体验。

5）强化安全措施保障，降低系统受到安全威胁和攻击的可能性。

通过身份认证系统，我们可以期待在保障信息安全的同时，为用户提供便捷的操作体验，为业务系统的管理和维护带来革新。

11.2.2 产品介绍

身份认证系统（见图 11-2）是一种关键的安全解决方案，利用密码技术为业务系统提供高级身份认证服务，确保只有合法的用户可以访问系统资源。身份认证系统结合密码技术和数字证书，通过口令和证书验证方式实现双因素身份认证，特别是支持采用 SM2 国密算法进行身份认证，进一步提升系统终端访问的安全性。

身份认证系统包括身份认证管理子系统、身份认证服务子系统和身份认证客户端。

1）身份认证管理子系统：负责管理身份认证过程中涉及的各种管理任务，包括 CA 管理、证书管理、日志管理以及系统管理模块。CA 管理模块涉及 CA 证书的配置和维护任务，以确保证书的有效性和安全性。证书管理模块涉及证书的生成、分发、更新和撤销等任务，以维护用户的身份信息。日志管理模块记录了所有身份认证活动，以进行审计和安全监控。系统管理模块允许管理员配置和监控整个身份认证系统。身份认证管理过程中的证书、日志记录等信息均存储于数据库中。

2）身份认证服务子系统：负责执行身份验证任务。它接收用户的身份认证请求，然后进行口令验证和证书验证。口令验证通常包括用户名和密码的验证，证书验证涉及用户的数字证书。只有在通过这两个验证层面后，用户才能成功访问系统资源。

3）身份认证客户端：用户与身份认证系统进行交互的界面，通常是一个应用程序或浏览器插件。用户在这里输入凭证（口令和证书），并与身份认证服务子系统进行通信。身份认证客户端负责将用户的凭证发送给身份认证服务子系统，并接收认证结果。

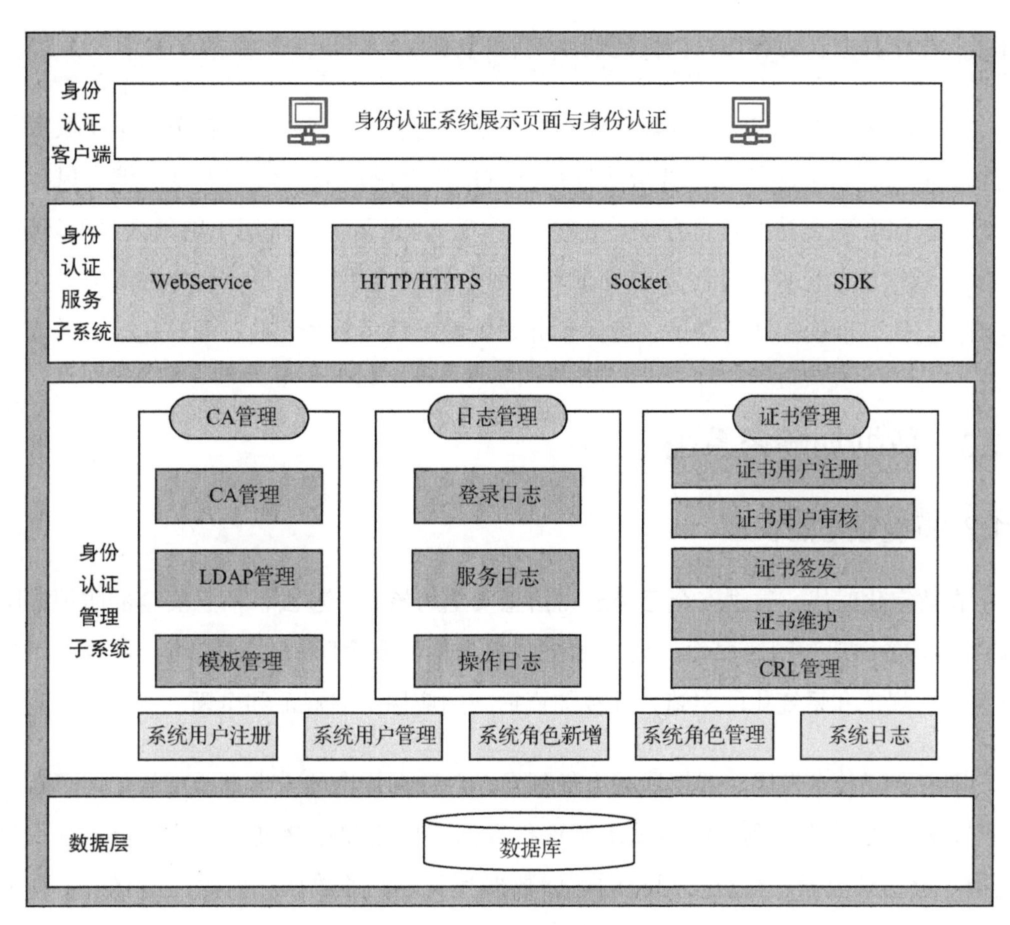

图 11-2　身份认证系统示意图

身份认证系统具有以下特点。

1）安全可靠：身份认证系统数据可靠可信，基于成熟的 PKI 体系，能准确唯一地认证用户身份，并为用户提供安全可靠的账号安全管理功能。

2）完整统一：完整统一的身份认证入口，支持不同认证厂商、多种认证设备的集成，对外提供统一的认证服务。

3）成熟的接口与协议：符合业界标准、成熟的接口与协议，提供 TCP、HTTP、WebService、LDAP 等多种协议的接入，适配各类型产品集成。

4）安全审计：完善、高效地管理控制台，严格记录访问统计、日志审计、登录日志、操作日志，为客户提供便捷的系统管理功能。

身份认证系统可应用于金融、税务、证券、电信、邮政、电子商务、电子政务等领域。例如，在金融领域，身份认证系统可用于金融服务、信贷审核、综合风控等场景，确保金融交易的安全合规。在税务领域，身份认证系统用于纳税人身份认证、电子签章认证、税务审计、发票管理等场景。这些应用场景都要求身份认证系统具有高安全性、准确性和可靠性，确保税务系统的正常运行和税收征管质量。

11.3 数据加解密系统

11.3.1 背景与需求

在数字化时代，数据安全已经成为信息安全的核心。过去，信息安全的防护措施往往集中在物理和网络层面，而应用层和数据层的安全防护相对较弱。密码应用缺乏统一的规范和系统化的实施，导致加密措施的应用不够规范和全面。

随着密码技术发展和数据泄露事件频发，对数据加密的需求日益增长。国家相关规定要求，必须充分利用密码技术来保护数据在传输和存储过程中的安全。这不仅包括身份鉴别数据，还包括用户的敏感数据和关键业务数据。因此，建立一个强大的数据加解密系统成为迫切需求。

这样的系统需满足以下需求。

1）**体系化的密码应用**：建立一个全面的密码应用体系，确保所有数据传输和存储过程都采用标准化的加密方法。

2）**规范化的操作流程**：制定严格的操作规程，确保加密措施正确实施，避免操作不当导致安全漏洞。

3）**全面的数据保护**：不仅保护传统的网络层的数据，还要加强应用层和数据层的数据安全防护，特别是对敏感数据和关键业务数据的保护。

4）**强化身份鉴别**：确保身份鉴别机制与数据加密措施相结合，提高身份验证的安全性，防止未授权的数据访问。

5）**适应性和扩展性**：满足不同规模和类型的业务需求，并具备良好的扩展性，以便随着业务的发展进行升级和扩展。

6）**易用性和透明性**：虽然安全性是首要考虑的因素，但系统的易用性也同样重要。加密过程应对用户透明，不影响正常的业务流程。

7）**合规性**：系统必须符合国家和行业的相关法律法规要求，确保数据处理的合法性。

通过实现这些需求，数据加解密系统将在确保关键信息安全的同时，支持业务的持续发展和数字化转型。

11.3.2 产品介绍

数据加解密系统（见图 11-3）旨在提供标准和定制化的密码算法服务以及集中的密钥管理功能。这个系统的主要目标是屏蔽后台众多密码机厂商的硬件接口和复杂的调用逻辑，使应用系统能够以更简单、更统一的方式实现数据的加密和解密，从而保障业务数据的安全存储和传输。

数据加解密系统主要由管理子系统和服务子系统构成。管理子系统包括应用管理、密钥管理、日志管理和系统管理等模块。应用管理模块实现对系统内业务应用的维护，具备功能有新增应用、编辑应用、禁止应用、启动应用。密钥管理模块具备密钥配置、查看、归档等功能。日志管理模块具备登录日志、操作日志、服务日志、日志管理等功能。系统管理模块具备用户管理、角色管理、菜单管理系统管理等功能。服务子系统是实际的数据加解密引擎，负责执行加密和解密操作。它通过提供统一的标准软件接口简化了应用系统与底层密码硬件的交互。应用程序可以通过调用这些接口轻松地对数据进行加密和解密，而不必关心底层硬件的复杂细节。除了加解密功能之外，数据加解密系统还可提供数据签名、签名验证、数据杂凑运算等服务。

数据加解密系统具有以下特点。

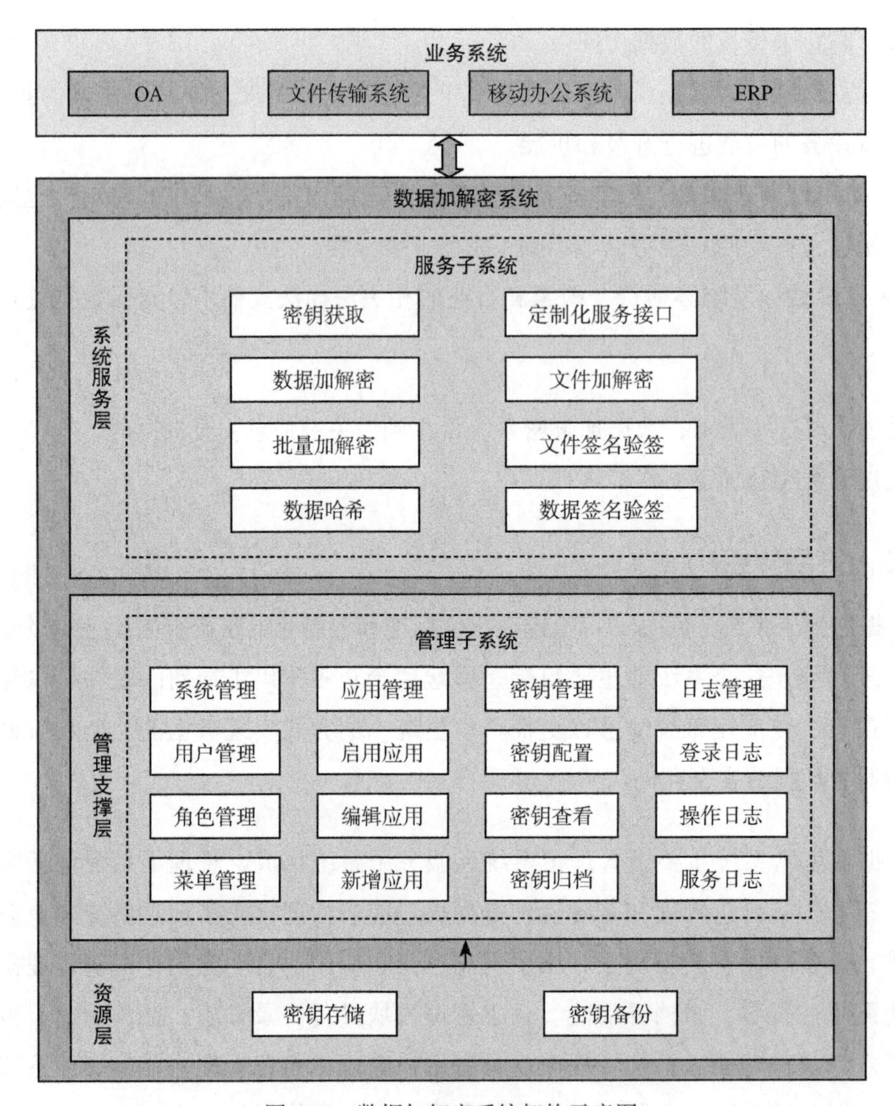

图 11-3 数据加解密系统架构示意图

1）支持国密算法，具备高性能密码运算能力。

2）提供密钥预生成，密钥自动生成等功能，减少频繁与密码机交互带来的性能损耗。

3）支持配置“一文一密”“一数据一密”等加密策略，为业务系统提供更丰富的防护策略。

数据加解密系统可为用户带来以下价值。

1）重要数据加密存储：身份鉴别数据加密存储、重要用户信息加密存储、重要业务数据加密存储。

2）符合《等保》和《密评》要求，能够支持国密改造。

3）统一管理密钥，降低系统开发和维护成本，为业务系统提供方便、快捷的密码服务。

数据加解密系统应用广泛，可应用于金融、电信、能源、政府和医疗等众多领域，对于确保数据的保密性和完整性至关重要，可有效降低数据被泄露和未经授权访问的风险。

11.4　电子文件安全验证系统

11.4.1　背景与需求

在数字化时代，电子文件已经成为政府和企业日常运作的基石，尤其是在电子政务和数字化服务日益普及的背景下。电子文件在行政管理、商业交易和社会交流中的作用日益重要，它们的安全性和可靠性对于维护社会秩序和保守商业秘密至关重要。

然而，电子文件在创建、传输和存储过程中面临着多种安全威胁，如数据泄露、非法篡改、病毒攻击和黑客入侵等。这些风险不仅威胁到信息的安全性和机密性，还可能影响到电子文件的法律效力和业务决策的准确性。

电子文件安全验证系统用于解决这些问题，具备以下功能。

1）**真实性验证**：确保电子文件内容未被未授权用户修改，保持其原始状态，以确保数据的有效性和法律效力。

2）**完整性保护**：通过加密和数字签名技术，保护电子文件在传输和存储过程中的完整性，防止任何未授权的篡改。

3）**追溯来源**：电子文件的来源必须可靠，能够追溯到创建者和原始数据，满足相关法律法规要求。

4）**合规性检查**：系统应能自动检查电子文件的要素是否符合法律法规和行业标

准，确保文件的合规性。

电子文件安全验证系统在确保关键信息安全的同时，支持政府和企业的数字化转型，提高工作效率。

11.4.2 产品介绍

电子文件安全验证系统（见图 11-4）以密码技术为核心，专门针对电子文件（数据）进行密码运算，生成唯一的凭证性标签，以证明数据真实可信。该系统能够为电子文件的整个生命周期提供全方位的凭证保护。电子文件安全验证系统的主要目标是确保数据在收集、保管、存储、利用等各环节不会被恶意篡改，从而提升数据在全生命周期的风险控制能力。

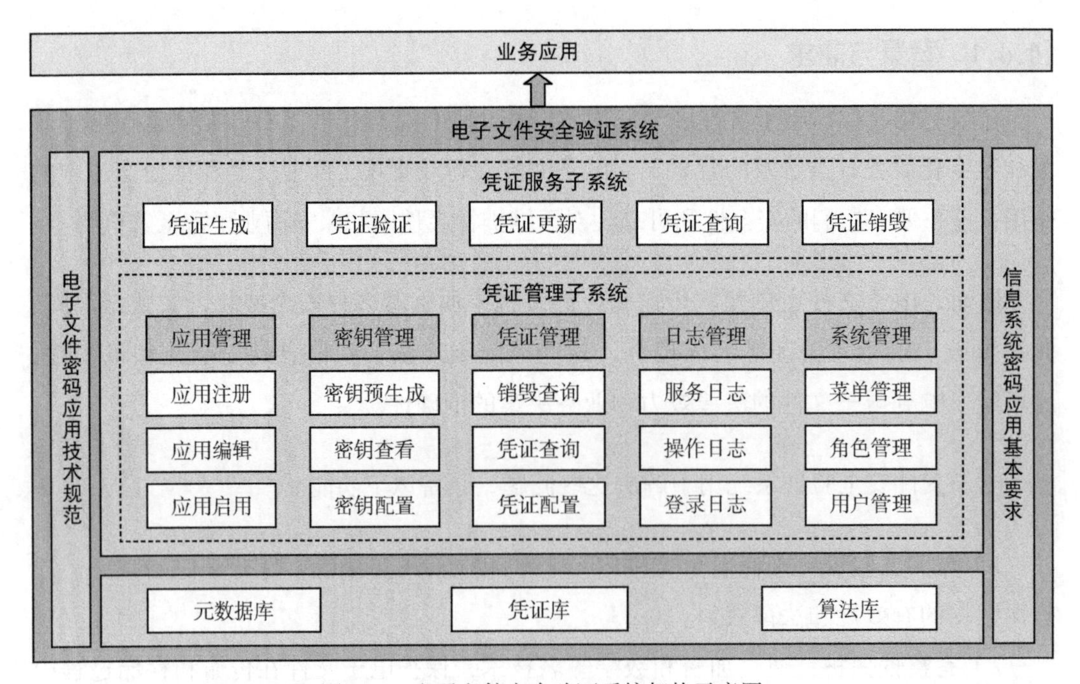

图 11-4 电子文件安全验证系统架构示意图

电子文件安全验证系统主要包括凭证管理、凭证服务两个子系统。凭证管理子系统包括应用管理、密钥管理、凭证管理、日志管理、系统管理等模块。应用管理模块实现了对系统内业务应用的维护，具备应用注册、应用编辑、应用启用功能。密钥管理模块用于配置应用系统使用的密钥的索引。凭证管理模块具备凭证配置、凭证查询、销毁查询、版本查询等功能。日志管理模块具备登录日志、操作日志、服务日志等功能。系统管理模块具备用户管理、角色管理、菜单管理等功能。凭证服务子系统包括凭证生成、凭证验证、凭证更新、凭证查询、凭证销毁等模块。电子文件安全验证系统的核心功能为凭证生成及凭证全生命周期保护，并通过凭证的生成和验证检测数据是否被恶意篡改，从而帮助用户降低数据在不同环节中的安全风险。该系统是密码应用改造的有力支撑，可以应用于电子档案防篡改、日志文件完整性保护、门禁记录完整性保护、重要数据完整性保护等多种场景，对各领域的数据安全合规保护具有重要意义。

电子文件安全验证系统通过封装复杂的密码运算接口，提供统一的应用级接口，使业务系统改造难度大幅降低，可为用户带来以下价值。

1）支撑密码测评要求的典型应用场景，如日志文件完整性保护、门禁记录完整性保护、重要数据完整性保护等。

2）对重要数据的完整性和真实性进行验证，保证数据在使用过程中真实可信，例如针对党政机关的电子公文数据进行保护，对军工单位的科研档案数据进行保护，对高校的学籍档案数据进行保护。

3）提供数据可信验证基础设施，能够同时对接多个业务系统，能够为多个系统提供数据真实性验证服务。

电子文件安全验证系统广泛应用于党政机关电子公关文保护、电子档案保护、高校学籍档案保护、军工科研档案保护、电子证照保护等场景。

11.5 国密浏览器

11.5.1 背景与需求

我国在密码学领域已经建立了一个全面的体系，包括标准规范、产品体系、应用体系和管理体系等。这一体系的建立促进了国内密码技术的发展和应用。然而，在浏览器这一关键的网络应用领域，存在着对国产密码体系支持不足等问题。主流的浏览器大多不支持国产密码算法，也不接受中国的根证书，这限制了国产密码技术的应用范围，并成为构建国家信任体系和推动国产密码应用的主要障碍。

因此，国密浏览器发展迫在眉睫，具体需求如下。

1）**国产密码算法的支持**：国密浏览器必须支持国家商用密码标准，确保所有的数据传输和存储都使用国内研发的加密技术。

2）**国家根证书的集成**：国密浏览器需要集成中国的根证书，以确保在国内网络环境中的信任链条。

3）**独立的信任体系**：国密浏览器需构建一个独立的信任体系，减少对国外证书机构的依赖，增强国家网络空间的主权和控制力。

4）**安全审计能力**：国密浏览器应具备强大的安全审计功能，能够记录和分析所有关键的操作，以便及时发现和响应安全事件。

5）**跨平台兼容性**：国密浏览器应能够在不同的操作系统和平台上运行，以满足不同用户的需求。

6）**持续的技术更新**：为了应对不断演变的网络威胁，国密浏览器需要持续更新其安全特性和密码算法等。

满足上述需求的国密浏览器将有助于加强国家信息安全防护，推动国产密码技术的应用，同时为用户提供安全、可靠的网络浏览器。

11.5.2 产品介绍

红莲花安全浏览器（见图 11-5）是一款支持国产密码算法的安全浏览器，用于支撑我国网络自主信任体系建设，符合我国网络安全要求和密码相关规范。红莲花安全浏览器基于 SM2、SM3、SM4 算法及一系列国家密码标准，实现基于 SM2 算法的 SSL 连接；支持国产算法证书，并原生支持国内各大 CA 根证书及相应证书链；可管理 USB Key 等多种形态身份认证设备、使用环境及相关控件，打造安全省心的业务使用环境，保障重要业务系统的安全。

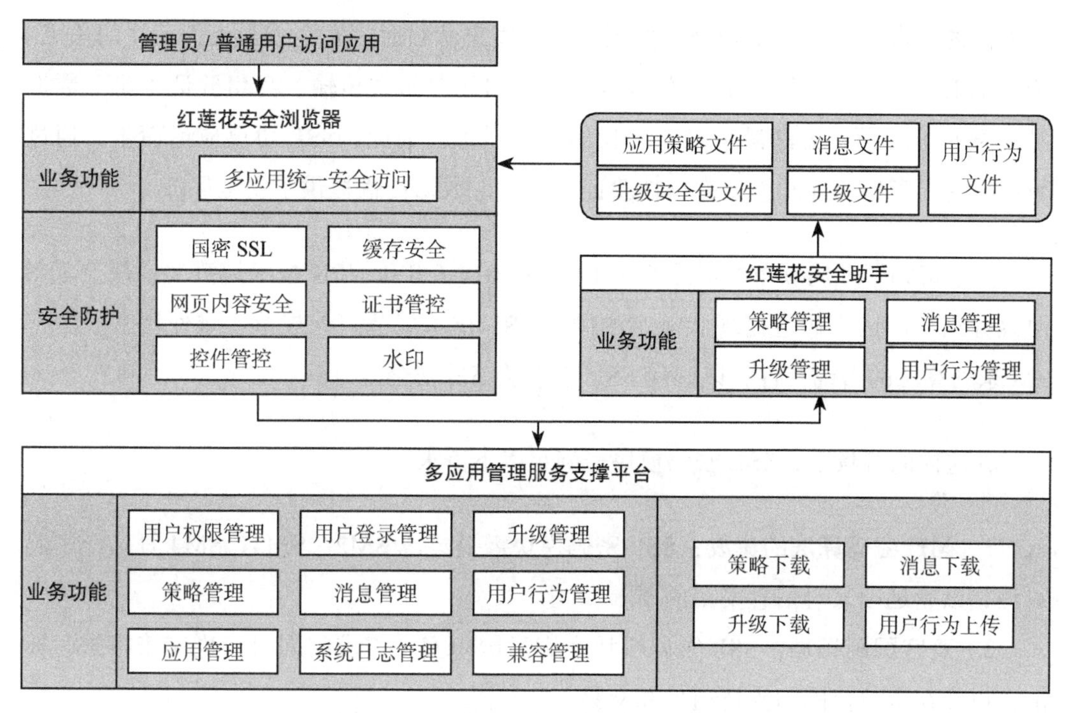

图 11-5 红莲花安全浏览器架构示意图

红莲花安全浏览器架构可分为客户端和服务端两部分。客户端是运行在用户终端的一个浏览器程序，供用户访问 Web 页面时使用。客户端集成了浏览器的基础访问功能和安全控制功能。服务端集成了插件升级、应用管理、行为管理等功能。二者结合实现了统一兼容、统一入口、统一管理，为政企用户打造了一个专用、安全、省心的业务办公环境。

红莲花安全浏览器广泛应用于金融、电信、教育、医疗等领域，用于提供高安全性、可信赖的业务办公环境，保障重要业务系统、敏感数据等的安全。

11.6 SSL 密码模块

11.6.1 背景与需求

随着网络和信息技术的飞速发展，电子商务、网上银行和网上办公等应用已经深入人们的日常生活。由于安全事件频发，在线交易和通信安全成为人们关注的焦点。传统的HTTP在安全性方面存在诸多不足，如数据明文传输、身份验证不足、数据易被篡改等问题，无法满足日益增长的安全需求。为此，SSL协议应运而生，通过数据加密、身份验证和消息完整性验证机制，为数据传输提供了安全保障。

国家密码管理局颁布的标准GM/T 0024-2014《SSL VPN技术规范》是基于TLS协议并结合国内密码应用现状制定的国密SSL技术规范。该规范要求使用基于国密SM系列算法的密码套件，以确保SSL通信链路的安全。

在这样的背景下，SSL密码模块需满足以下需求。

1）**国产密码算法的集成**：SSL密码模块需要集成SM2、SM3、SM4等国产密码算法，以满足国家对信息安全的要求。

2）**兼容国际标准**：SSL密码模块在满足国内安全需求的同时，也应兼容国际标准，以便在全球范围内支持通信和交易。

3）**安全性的提升**：SSL密码模块需通过使用国产密码算法，提高SSL通信链路的安全，防止数据被泄露和篡改。

4）**自主可控的信任体系**：SSL密码模块需构建基于国产密码算法的自主信任服务体系，减少对外部算法和技术的依赖。

5）**技术支持和服务**：SSL密码模块需为关键领域提供持续的技术支持和服务，确保信息系统的长期安全运行。

SSL密码模块将在保障国家信息安全、推动国产密码技术应用、提质增效国内信息技术产业方面发挥关键作用。

11.6.2 产品介绍

SSL密码模块（见图11-6）集成了国密算法（包括SM2、SM3、SM4和ZUC等），支持国密SSL通信，提供密钥生成和管理等功能，满足信源数据加密、数据传输加密、身份鉴别、消息完整性验证等要求，能够灵活适配各类商业应用和主流平台。

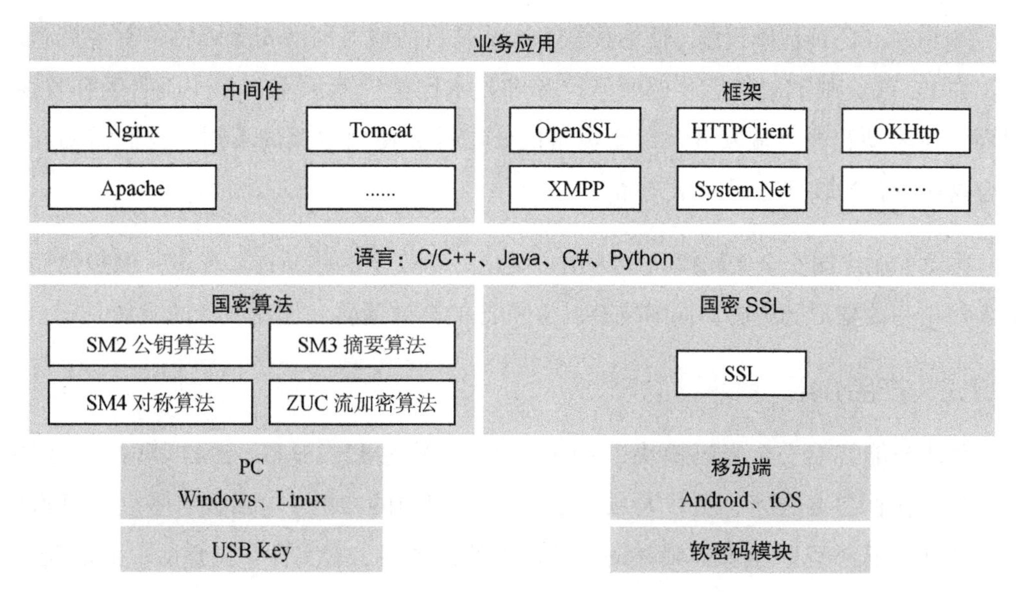

图 11-6　SSL 密码模块示意图

SSL 密码模块提供常用的国密算法运算接口，包括 SM2、SM3、SM4、ZUC 等算法接口，以及国密 SSL 通信接口、密钥生成与管理接口等。SSL 密码模块适用于各种对安全要求高的场景，如网络通信、数据存储、身份验证和消息完整性验证、云计算等。

SSL 密码模块是一款灵活、安全且可靠的密码产品，用于满足不同行业和应用的安全需求。它对国密算法的支持和 SSL 通信能力使其成为安全领域的重要工具，有助于保护数据和通信安全。

11.7　移动智能终端安全密码模块

11.7.1　背景与需求

随着移动支付和移动办公的普及，移动智能终端已经成为人们日常生活和工作中不可或缺的工具。该工具不仅提供了极大的便利，还促进了社会资源的高效配置和运转。然而，这种便捷也带来了安全隐患，如用户在使用移动智能终端时可能会遇到身份被冒用、数据被盗用或篡改、信息被泄露以及行为抵赖等风险。

PKI/CA（公钥基础设施 / 证书授权）体系是目前应对网络安全威胁的有效措施之一。在 PC 端，基于硬件芯片的密码产品和技术已被广泛采用，并被证明了有效性。然而，在移动智能终端领域，由于设备的便携性和使用习惯的不同，我们需要开发适合这些设备的软件密码安全产品。

移动智能终端安全密码模块能为用户提供一个安全的移动计算环境，保护他们的个人信息和数据不受威胁，同时支持社会资源的高效运转和创新服务的发展。

11.7.2 产品介绍

移动智能终端安全密码模块（见图 11-7）支持 SM2、SM3、SM4 算法，采用密钥分割、协同签名技术，提供与硬件 Key 基本相同的功能（包括数字签名、身份认证、数据加解密等），能够保障移动终端数据的机密性、真实性、完整性、抗抵赖性。

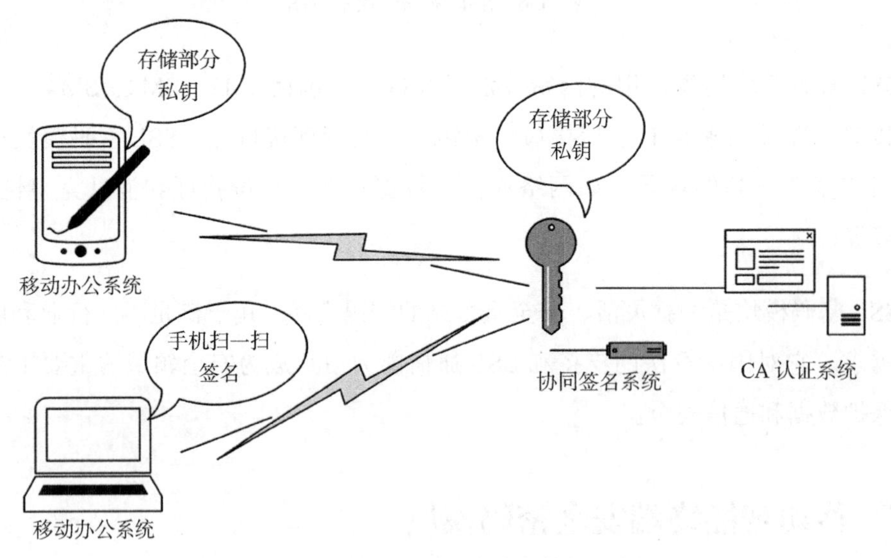

图 11-7 移动智能终端安全密码模块示意图

移动智能终端安全密码模块由终端密码模块、协同签名系统两部分组成。终端密码模块负责终端部分密钥安全存储和运算。协同签名系统包括服务器组件，用于协同完成签名和解密操作，确保数据的安全性和完整性。终端密码模块不依赖硬件密码芯片，用软件实现密码设备、密码运算和 CA 数字证书存储等功能，是实现移动互联网应用安全的核心技术。终端密码模块支持密钥分割、协同运算等密钥保护机制，支持基于国密算法的数字签名验证、对称 / 非对称加解密、杂凑运算等密码服务，支持证书请求文件生成、证书存储。

移动智能终端安全密码模块可为用户带来以下价值。

1）解决移动办公中的身份认证问题：采用密钥分割机制，签名私钥不会完整出现，有效保证签名密钥的安全，满足移动办公身份鉴别需求，安全级别等同于硬件智能密码钥匙。

2）保障移动办公环境中的数据机密性：移动办公需要确保各类文件、公文来源可靠、防篡改、加密传输。本产品能够在手机端实现信息加密和电子签名，保障数据的真实性、完整性、抗抵赖性。

3）防止手机上的信息被非法截取：使用手机浏览网页，访问手机银行、企业微信、电子邮箱等应用，一旦信息被非法截获，将造成信息泄露。本产品能够对文件、数据加密传输，即使被非法截获也不能读取内容，从而保证文件和数据的机密性。

4）实现移动端的密钥安全管理：密钥是整个 PKI 应用的核心。传统模式一般采用硬件 USB Key 来存储私钥。本产品通过密钥分割机制，将私钥安全存储于移动端和服务器端，确保任何人都无法拿到完整的签名私钥，从而达到安全存储密钥的目的。

移动智能终端安全密码模块可广泛应用于金融、移动支付、移动办公等领域，可解决移动端的身份认证、业务数据完整性和抗抵赖性等问题，为用户在互联网应用模式下创新业务提供有效的安全服务支撑。

11.8　密钥管理系统

11.8.1　背景与需求

密钥管理系统是信息安全体系的核心组成部分，涉及密钥的整个生命周期，包括密钥生成、存储、分发、使用、备份、更新、撤销、归档和恢复等环节。随着数字化转型的加速，密钥管理系统在保障电子政务、能源、电力、车联网、视频安全、智慧城市等关键领域的信息安全中扮演着越来越重要的角色。

密钥管理系统需具备以下功能。

1）**安全的密钥生命周期管理**：系统必须确保密钥在其整个生命周期中的安全，从生成到废弃，每个阶段都需要有严格的安全控制。

2）**自动化和集中管理**：随着密钥数量的增加，手动管理变得不切实际，需要自动化的解决方案来集中管理密钥，提高效率，减少错误。

3）**多租户支持**：在云环境和大型组织中，密钥管理系统需要支持多租户操作，确保不同用户或组织间的密钥隔离。

4）**安全的访问控制策略**：密钥管理系统应该有能力限制对密钥的访问。只有授权的用户和系统才能访问和使用密钥。

5）**灵活的密钥分发机制**：密钥分发是密钥管理的关键环节，需要安全且灵活的密钥分发机制来适应不同的应用场景和安全要求。

6）**密钥备份和恢复**：为了避免密钥丢失或损坏产生的不良影响，密钥管理系统应提供可靠的密钥备份和恢复机制。

7）**合规性**：密钥管理系统应遵循国家和国际的安全标准，如GM/T 0034《基于SM2密码算法的证书认证系统密码及其相关安全技术规范》。

8）**跨平台兼容性**：密钥管理系统应能够在不同的平台和设备上运行，以实现应用多样化。

9）**可扩展性和模块化**：密钥管理系统应设计为可扩展和模块化，以便随着业务需求的变化和技术的发展进行升级和扩展。

10）**审计和监控**：密钥管理系统应具备完整的审计和监控功能，记录所有与密钥相关的操作，以便进行安全分析和合规性审查。

11）**灾难恢复计划**：密钥管理系统应有一个完善的灾难恢复计划，确保在任何情况下密钥的安全和可用性。

12）**用户友好的界面**：尽管密钥管理是一个复杂的过程，但系统的用户界面应该简单直观，以便非技术用户也能轻松管理密钥。

密钥管理系统为各行业和领域提供强大的安全支持，保护关键数据和通信不受威胁，并满足相关的安全标准和法规要求。

11.8.2　产品介绍

密钥管理系统（见图 11-8）是密码系统的基础性产品，需依据国家及行业相关标准、规范进行研制，为各种应用场景提供密钥管理功能。密钥管理系统应支持 SM2、SM3、SM4 等国密算法，提供完善的对称密钥和非对称密钥管理应用体系，提供统一的密钥生成、使用、分发、存储等服务，保障密钥管理生命周期中各环节的安全。

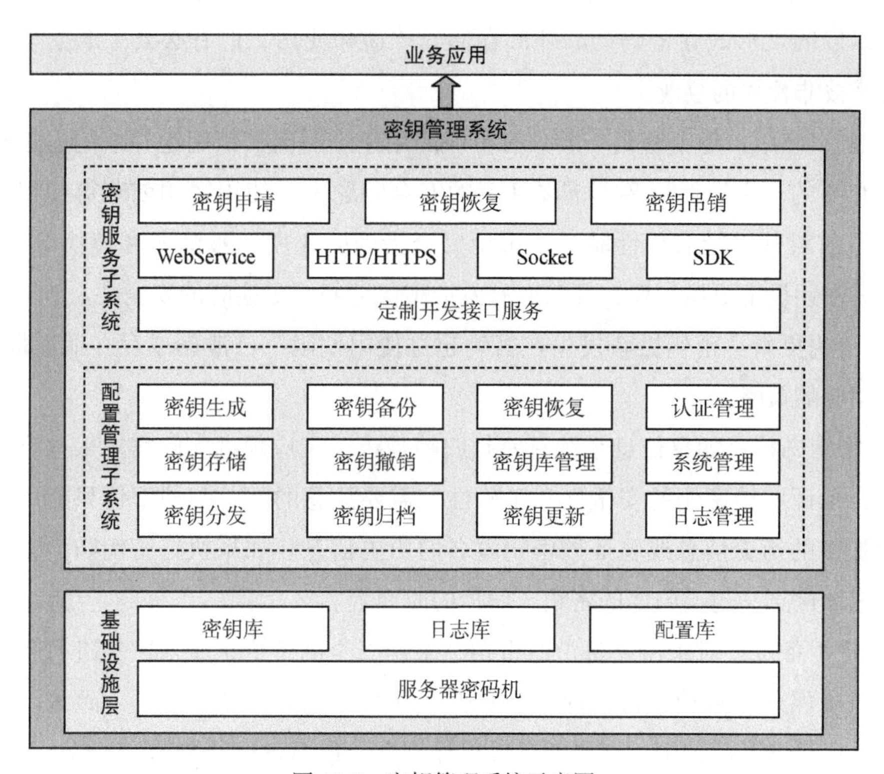

图 11-8　密钥管理系统示意图

密钥管理系统对于保证密钥全生命周期的安全性是至关重要的，可以保证密钥（除公钥外）不被非授权的访问、使用、泄露、修改和替换，可以保证公钥不被非授权的修改和替换。密钥管理涉及密钥产生、分发、存储、使用、更新、归档、备份、恢复、撤销等环节。密钥管理系统对各个环节的密钥管理均有相应要求。

1）密钥生成：密钥可以以随机、协商等不同的方式来生成。密钥在符合 GB/T 37092 标准的密码产品中生成是十分必要的，生成的同时可在密码产品中记录密钥关联信息，包括密钥种类、长度、拥有者、使用起始时间、使用终止时间等。

2）密钥分发：密钥分发是密钥从一个密码产品传递到另一个密码产品的过程，需注意截取、篡改、假冒等攻击，保证密钥的机密性、完整性以及分发者、接收者身份的真实性等。

3）密钥存储：密钥不以明文形式存储在密码产品外部是十分必要的。公钥是例外，可以以明文形式在密码产品外部存储、传递和使用，但有必要采取安全防护措施，防止被非授权的篡改。

4）密钥使用：每个密钥一般只有单一的用途。明确密钥用途并按用途正确使用是十分必要的。密钥使用环节需要注意的安全问题是：使用密钥前获得授权、使用公钥证书前对其进行有效性验证、采用安全措施防止密钥被泄露和替换等。另外，有必要为密钥设定更换周期，并采取有效措施保证密钥更换时的安全性。

5）密钥更新：密钥更新发生在密钥超过使用期限、已泄露或存在泄露风险时，应依据相应的策略。

6）密钥归档：如果信息系统有密钥归档需求，则应根据实际需求采取有效的安全措施，保证归档密钥的安全性和正确性。需要注意的是，归档密钥只能用于解密该密钥加密的历史信息或验证该密钥签名的历史信息。如果执行密钥归档，则有必要生成审计信息，包括归档的密钥、归档的时间等。

7）密钥备份：对于需要备份的密钥，采用安全的备份机制对密钥进行备份是必要的，以确保备份密钥的机密性和完整性。这与密钥存储的要求是一致的。密钥备份行为是审计涉及的范围，有必要生成审计信息，包括备份的主体、备份的时间等。

8）密钥恢复：可以支持用户密钥恢复和司法密钥恢复。密钥恢复行为是审计涉及的范围，有必要生成审计信息，包括恢复的主体、恢复的时间等。

9）密钥撤销：密钥撤销一般针对公钥证书所对应的密钥。当证书到期后，密钥自然撤销；密钥也可以按需进行撤销，撤销后的密钥不再具备使用效力。

密钥管理系统广泛应用于金融、政务、医疗等行业的密码系统，提供可靠的密钥管理解决方案，确保数据机密性和完整性，降低密钥管理的复杂度，为用户提供数据高安全性和合规性支持。

11.9 电子签章系统

11.9.1 背景与需求

电子签章系统应用于现代电子文档管理和电子商务，它通过技术手段确保电子文档的真实性、完整性和抗抵赖性。随着《中华人民共和国电子签名法》的实施，电子签章不仅在法律上得到了认可，而且在商业和政府事务中的应用也越来越广泛。然而，电子签章的专业性和技术性对于普通用户来说可能较为复杂，因此需要优化用户体验，同时保证法律效力和安全性。

电子签章系统需具备以下特点。

1）**提高用户体验**：模拟传统的签章习惯，提供简单直观的操作界面，使用户能够轻松地在电子文档上执行签章操作。

2）**具备法律效力**：符合《中华人民共和国电子签名法》及相关法律法规的要求，确保电子签章具有与手写签名或盖章同等的法律效力。

3）**安全性**：电子签章系统应采用先进的加密技术（如PKI技术），以确保签章的安全性和抗抵赖性。

4）**可靠性**：电子签章系统应采用可靠的身份验证机制，确保只有授权的个人或机构才能生成和使用电子签章。

5）**互操作性**：电子签章系统应支持与其他电子文档管理系统和商务平台的互操作，以便在不同的系统间使用电子签章。

6）**审计追踪**：电子签章系统应具备完整的审计追踪功能，记录所有签章活动的详细信息，以便法律诉讼和合规性审查。

7）**易于集成**：电子签章系统应设计为易于集成到现有的业务流程和系统中，无须大规模改造现有的工作环境。

8）**多平台支持**：电子签章系统应支持多种操作系统和设备（包括移动设备），以满足用户在不同环境下的签章需求。

9）**标准化**：电子签章系统应遵循国家和国际的电子签章标准，确保电子签章被广泛认可和兼容性。

10）**自主可控**：电子签章系统应基于自主研发的技术构建，减少对外部技术的依赖，加强国家信息安全。

11）**更新与维护**：电子签章系统应能够定期更新，以适应技术发展和法律变化，同时提供及时的技术支持和维护服务。

电子签章系统能够为用户提供一个既符合法律要求又易于使用的电子签名解决方案，从而推动电子文档管理和电子商务的发展，并提高信息安全水平。

11.9.2 产品介绍

电子签章系统（见图 11-9）将传统印章与电子签名技术相结合，基于 PKI 技术、密码技术、组件技术、图像处理技术，实现从制章、签发到盖章、验章等全业务流程电子化，从而达到传统印章的可视化效果，又保障电子文件的真实性、完整性，以及签章人行为的抗抵赖性。

电子签章生成主要流程如下。

1）选择拟进行电子签章的签章人证书，并验证签章人证书有效性。

2）获取电子印章，验证电子印章的合规性和有效性。

3）获取电子印章的签章人证书列表，确认签章人证书在证书列表中。

4）获取待签名原文。

5）对待签名原文进行杂凑运算，形成原文杂凑值。

6）按照电子签章数据格式组装待签名数据。

7）签章人对待签名数据进行数字签名，生成电子签章签名值。

8）按照电子签章数据格式，把以上数据打包形成电子签章数据。

电子签章验证主要流程如下。

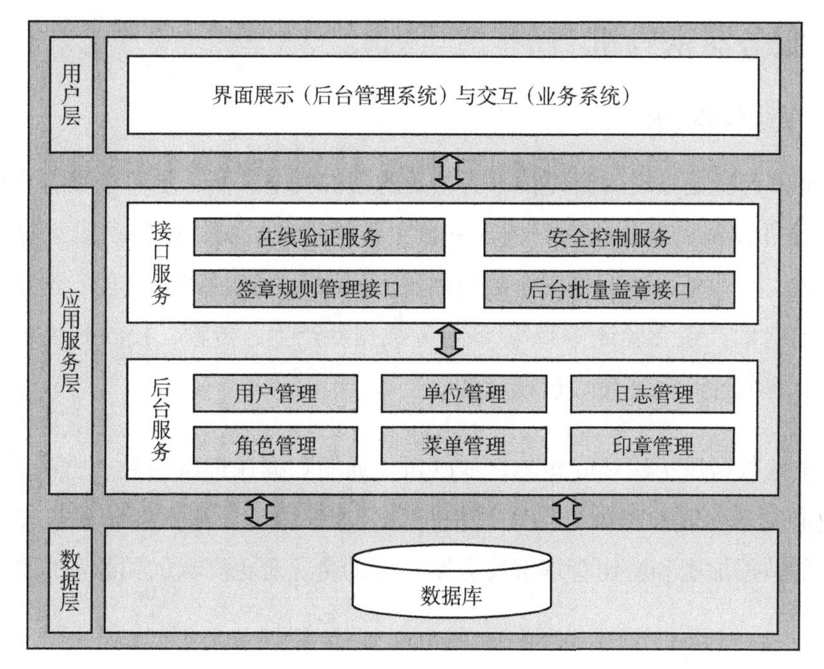

图 11-9 电子签章系统示意图

1）验证电子签章数据格式的合规性。

2）验证电子签章签名值是否正确。

3）验证签章人数字证书有效性。

4）验证签章的时间有效性。

5）验证原文杂凑值。

6）验证电子印章的有效性。

7）若以上全部验证通过，则签章有效。

电子签章系统具有全业务流程电子化、高效、便捷等特点，同时，通过 PKI 技术和密码技术确保电子文件的机密性和完整性，满足合规性要求。电子签章系统适用于多种场景，可广泛应用于金融、交通、税务、医疗、教育等多个领域，为用户提供安全、便捷的电子签章解决方案，如用于政府文件、合同、许可证等电子文档的合法签署和管理，保险合同的签署，医疗记录的电子签名，高校学生成绩单、证书的电子签署，法律合同文件的签名等。

11.10 服务器密码机

11.10.1 背景与需求

服务器密码机是以现代密码技术为核心的硬件安全产品，是一个具有物理安全保护措施的硬件设备。服务器密码机具有自主密钥管理机制，能将密码运算过程封装在内部完成，为业务系统提供安全的应用层密码服务（包括密钥管理、消息验证、数据加密、签名的产生和验证等），保证业务数据从产生、传输、接收到处理整个过程的安全性、有效性、完整性、抗抵赖性。

随着全球数据保护法规的实施，如欧盟《通用数据保护条例》《中国网络安全法》等，企业必须确保其数据处理活动严格符合合规性要求。服务器密码机提供了符合这些法规的数据加密和密钥管理解决方案，帮助企业避免高额的罚款和信誉损失。

11.10.2 产品介绍

服务器密码机（见图 11-10）是一款符合密码行业标准的高安全密码产品，遵循 GM/T 0030《服务器密码机技术规范》、GM/T 0018《密码设备应用接口规范》、GM/T 0028《密码模块安全技术要求》等相关标准，全面支持国密 SM1、SM2、SM3、SM4 算法。服务器密码机作为部署在应用服务器端的重要安全设备，可实现密钥生成、密钥管理、高速签名、验证签名、数据加密、数据解密等操作，对身份认证、交易签名验签、数据加密解密等业务有着很强的支撑作用，是信息安全产业链中最基本、不可缺少的硬件密码设备。

图 11-10 服务器密码机示意图

服务器密码机的产品功能包括密钥生成与管理、密钥的安全存储、数据加解密、数字签名的生成和验证、随机数生成、用户权限控制、密钥备份及恢复等。服务器密码机具有以下特点。

1）高安全性：支持设备内部密钥以密文形式备份至设备外部存储，并采用门限秘密共享机制确保密钥备份安全。备份密钥可恢复到相同型号的其他密码机中；采用经国家密码管理局批准使用的物理噪声源发生器生成真随机数，确保密钥安全。

2）多算法支持：支持 SM2、RSA 等非对称算法，支持 SM1、SM4 等对称算法，支持 SM3、SHA256 等杂凑算法。

3）管理方式简单、灵活：提供 C/S、B/S 两种管理模式，提供友好的管理界面，操作人员通过智能密码钥匙实现身份认证、以 SSL 安全通道的方式与服务器加密机进行交互，保证设备管理操作的机密性、真实性和抗抵赖性。

4）高可靠性的数据链路：支持服务器密码机集群，当网络出现异常导致设备连接断开时，服务器密码机会不断尝试修复连接；当网络恢复正常时，业务数据可以继续发送，不需要重启业务服务。

5）完善的接口支持：提供密码机标准接口和自定义接口，支持定制开发。

服务器密码机可以独立为业务系统提供密钥的安全管理，加密解密、签名验签服务可确保数据的机密性、真实性、完整性和抗抵赖性；也可以作为身份认证系统、数字证书认证系统、密钥管理系统、密码服务平台等系统的核心密码部件。服务器密码机可广泛应用于电子政务、财税、教育、能源、社保等领域，提供可信赖的密码解决方案，确保数据、通信的安全性和合规性。

11.11　IPSec/SSL VPN 综合安全网关

11.11.1　背景与需求

随着互联网的普及和电子商务、远程办公的兴起，基于 SSL 协议建立远程安全访问通道的 VPN，由于其强大的功能和实施的方便性越来越受到用户的广泛认可。另外，由于企业拥有众多分公司、办事处、工厂，随着企业信息化的发展，越来越多的应用系统开始用来处理企业的各项业务，企业需要将公司总部的各项应用系统推广到各个分支机构、办事处，实现应用系统的实时、统一管理。这就需要用到安全 VPN 传输，例如 IPSec VPN。而且移动设备的普及，也需要综合安全网关来确保移动设备的安全接入。

11.11.2 产品介绍

IPSec/SSL VPN 综合安全网关（见图 11-11）是一款多功能网络安全设备，集成了 IPSec VPN 功能、SSL VPN 功能和信息加密功能等，可以为企业提供多层次的网络安全保护。

图 11-11 IPSec/SSL VPN 综合安全网关示意图

IPSec/SSL VPN 综合安全网关遵循《IPSec VPN 技术规范》(GM/T 0022)、《IPSec VPN 网络产品规范》(GM/T 0023)、《SSL VPN 技术规范》(GM/T 0024)、《SSL VPN 网络产品规范》(GM/T 0025) 等密码行业标准。综合安全网关使用国家密码管理主管部门批准的非对称密码算法、对称密码算法、密码杂凑算法。非对称密码算法用于身份鉴别、数字签名和数字信封等。对称密码算法使用分组加密，用于密钥交换数据的加密保护和报文数据的加密保护，使用 CBC 工作模式。密码杂凑算法用于实现对称密钥生成和完整性校验。产品功能包括随机数生成、密钥交换、密钥更新、安全报文传输、安全报文封装、抗重放攻击、密钥更新、包过滤、身份鉴别、访问控制、信息审计等。IPSec/SSL VPN 综合安全网关支持企业应用程序的远程安全接入，允许用户远程安全地访问企业网络和资源；也支持为企业各分支机构局域网之间的端对端数据传输、访问等提供机密性、完整性保护以及数据源鉴别等安全保障。

IPSec/SSL VPN 综合网关支持多种应用模式，包括反向代理、透明模式（SSL

VPN 隧道)、NC 模式（IPSec VPN 隧道）。

在反向代理模式下，VPN 网关接受客户端的连接请求，网关将请求转发给内部的 Web 服务器，并将从 Web 服务器上得到的结果返回给客户端。其中，客户端计算机和网关建立 TCP 连接，网关和内部的 Web 服务器建立 TCP 连接。客户端不需要安装任何控件或程序，只需要将网关当作一个标准的 Web 服务器直接访问即可。客户端可以支持多种认证模式，例如使用证书对用户进行认证，使用用户密码进行认证，还可以多种认证模式进行组合。反向代理模式具有隐藏内部服务器 IP 地址的优点，而且能够提供负载均衡服务，并且，对内部服务器也屏蔽了访问终端的 IP 地址来源信息。

在透明模式下，VPN 网关使用 SSL 协议来承载所有的 IP 地址数据，因此只要 IP 地址在路由上可达，终端用户就可以经过网关访问内部网络资源。远程用户能够通过网关安全地接入内部网络，网关能够控制用户的访问权限。网关可配置用户组信息、资源信息，并通过角色将用户和资源绑定，从而对进出的数据进行访问控制。

在 NC 模式下，VPN 网关主要采用对等网关部署方式，适合实现两个或多个机构 / 部门之间的安全互联。在这种配置下，各个网关之间建立安全隧道，并使用 IPSec 协议对传输数据进行加密，以确保信息在传输过程中的安全性和保密性。

IPSec/SSL VPN 综合安全网关可广泛应用于金融、社保、能源、交通等领域，满足不同企业对网络安全的多重需求，保护数据安全。

Chapter 12 第12章

典型数据安全产品功能与架构

数据已成为当今社会的核心资产，数据的安全性与合规性的重要性受到广泛关注。特别是在数字政府建设中，如何确保众多数据资产的安全、完整和合法，是我们面临的一大挑战。为此，一个完备、先进的数据安全产品体系应运而生。它为数字政府提供了强大的后盾，保护数据全生命周期安全。

本章将介绍数字政府数据安全合规性建设中的典型数据安全产品及其功能与架构。从数据安全管控平台到隐私计算服务系统，从数据脱敏系统到国密区块链节点机，这些产品代表了当前数据安全领域的前沿技术，涵盖了数据安全的方方面面，以满足不同场景下的安全需求。

通过这一章的内容，希望为读者揭示数据安全的内在逻辑和实现细节，助力数字政府更好地选择并应用相应的安全技术和产品，从而为我国的数字资产提供坚不可摧的安全屏障。

12.1 数据安全产品体系

数据安全产品体系（见图12-1）基于“平台+技术+产品+服务”的组合模式，

满足企事业单位所面临的数据安全治理需求，确保数据全生命周期各个环节中的安全防护。平台以数据全生命周期管控平台为主。技术以数据为中心，融合多种安全技术和方法，例如，数据分类分级、密码算法、访问控制、数据脱敏、隐私计算等，而且还在不断发展之中。产品覆盖数据采集安全、数据传输安全、数据存储安全、数据处理安全、数据交换安全、数据销毁安全等数据全生命周期安全，各个环节均有相应的数据安全产品。服务包括数据资产梳理、敏感数据分析、数据标准编制、数据分类分级实施等。

服务	数据资产梳理	敏感数据分析	数据标准编制	数据分类分级实施		
产品	数据采集安全	数据传输安全	数据存储安全	数据处理安全	数据交换安全	数据销毁安全
	数据资产梳理	浏览器	数据库透明加密	统一身份认证	数据水印	数据自毁终端
	敏感数据识别	IPSec VPN SSL VPN	文档加密	数据脱敏	网闸	格式化工具
	数据分类分级	SSL 密码模块	数据库防泄露	数据水印	数据摆渡	擦除工具
	采集	传输	存储	处理	交换	销毁
技术	数据预处理	加密技术	加密技术	授权访问控制	授权访问控制 身份认证	物理销毁
	数据清洗	完整性保护	完整性保护	身份认证 数据脱敏	数据脱敏 数据水印	资料粉碎
	数据提取	信息隐藏 可信固态硬盘技术	防泄露技术 备份 / 恢复技术	数据挖掘技术 数据融合技术	完整性保护 安全交换协议	磁盘擦拭
平台	数据全周期安全管控平台			数据安全态势感知平台		

图 12-1 数据安全产品体系示意图

12.2 数据安全管控平台

12.2.1 背景与需求

随着数字化转型的加速，企业和政府机构面临大量敏感数据的数字化处理和存储，云计算的广泛应用带来了数据安全的新挑战，而随着全球化的发展，数据跨境流动成为常态。数据安全管控平台扮演着保护数据不受威胁，提供数据的加密、访问控制、监控和合规性审计，以及确保数据在全球范围内合规流动的关键角色。

数据安全管控平台应具备以下特点。

1）**数据分类分级的自动化**：平台应能自动识别和分类数据，根据数据敏感性自动采用相应的保护措施。

2）**实时监控与响应**：平台应提供实时监控功能，能够及时监测并响应数据泄露和异常访问事件。

3）**合规性管理**：平台应能够帮助企业遵守《网络安全法》《数据安全法》和《个人信息保护法》等法律法规的要求，提供合规性报告和审计跟踪。

4）**数据加密和脱敏**：平台应支持强大的数据加密技术，并能够对敏感数据进行脱敏处理，以在不影响业务流程的前提下保护数据安全。

5）**用户行为分析**：平台应集成用户行为分析功能，以识别潜在的内部威胁和异常行为。

6）**灾难恢复和数据备份**：平台应提供数据备份和灾难恢复能力，确保数据在任何情况下的可用性和完整性。

7）**数据生命周期管理**：平台应支持数据从创建到销毁的全生命周期管理，包括数据存储、使用、共享、归档和销毁等各个阶段。

8）**多云和混合云环境支持**：随着多云和混合云策略的采用，平台应能够跨多个云服务提供商和本地环境管理数据安全。

数据安全管控平台是确保企业和政府机构在数字化时代符合法规要求、保护关键数据资产的必备工具。

12.2.2 产品介绍

数据安全管控平台（见图 12-2）是数据安全能力的底座。平台关注数据的安全保护，对数据安全能力进行集中化、标准化、场景化、可视化管理，全面掌握全域敏感数据资产分类分级及分布情况，有效监控敏感数据流转路径和动态流向。数据安全管控平台能够对分类分级后的敏感数据做进一步安全处理，支持数据脱敏、数据加解密和数据完整性保护等安全防护功能。

图 12-2 数据安全管控平台示意

数据安全管控平台包括数据资产梳理、数据分类分级、数据安全处理、数据资产视图等模块。数据资产梳理主要包括数据资产识别和敏感数据识别。数据分类是基于行业特点以及系统中内置的行业数据分类模型实现的。数据分级是以数据分类为基础，采用规范、明确的方法区分数据的重要性和敏感度，并确定数据级别。数据安全处理模块具备数据脱敏、数据加解密、数据完整性保护功能。数据资产视图模块提供数据态势感知、资产地图、敏感数据分布、分级视图以及监控预警等功能。数据安全管控平台的应用场景包括政务数据安全与开放，实现数据安全合规使用，解决数据分类分级及安全保护问题。

数据安全管控平台解决了以下问题。

1）数据使用安全问题：可以构建数据安全保护机制，并在大数据环境下确保数据使用过程中，按照数据流动性以及使用需求，通过技术手段对各个场景下的安全风险进行有效规避。

2）降低数据安全风险：通过数据生命周期各阶段的隐患排查和风险防范服务来确保大数据系统中的数据安全管理活动、流程和方法的安全，降低来自组织内部和外部的各种大数据安全风险。

数据安全管控平台可以为客户带来以下价值。

1）厘清数据资产：能够帮助企业对数据资产进行全面盘点，梳理数据资产、管理数据资产基础信息、提供数据资产的敏感等级管理以及提供敏感数据资产的使用和分布情况，构建企业数据资产目录，为后续企业数据资产管理和数据安全体系建设打好基础。

2）为业务量身定制，贴身安全防护：对业务数据进行分类分级标记，针对不同品类、不同级别的数据，采取不同手段保护，不因过度保护导致数据无法使用，不因保护不周而泄密，帮助企业合理分配数据保护资源和成本。

3）推进标准规范落地：平台支持灵活的策略配置，可以按照相关标准配置，实现标准规范的落地。

12.3 数据分类分级系统

12.3.1 背景与需求

随着企业和政府机构数字化转型的加速，数据资产呈现爆炸式增长，数据的类型、来源和用途日益多样化，管理和保护这些数据资产的复杂性也随之增加。同时，全球范围内的数据保护法规越来越严格，如 GDPR、CCPA 等，要求企业必须对数据进行精细化管理（包括分类分级），以确保合规。伴随着数据泄露和滥用事件频发，企业面临的安全威胁日益严峻，需要通过数据分类分级来加强数据保护，降低风险。

信息化建设推动了数据的广泛应用，企业需要对数据资产进行有效管理，以支持决策制定和业务发展。这些均需要数据分类分级系统来对数据进行有效管理。

数据分类分级系统应具备以下特点。

1）**自动化的数据识别与分类**：系统需要能够自动识别敏感信息，并基于智能引擎和分类分级模板，实现数据的自动分类，以提高效率和准确性。

2）**动态的数据资产管理**：系统应提供数据资产地图和资产管理功能，实时跟踪数据的静态分布和动态变化，确保数据资产的全面掌控。

3）**策略管理与执行**：系统需要提供策略管理功能，根据数据的分类分级，自动采用相应的安全措施，如访问控制、加密和脱敏。

4）**合规性与监管适应性**：系统应支持当前和未来可能出现的各种监管要求，帮助企业和政府机构符合监管要求，避免法律风险。

5）**行业特定的解决方案**：系统需要能够根据不同行业的特定需求进行定制，如金融行业的风险评估、医疗行业的患者数据管理、教育行业的学生信息管理等。

6）**用户友好的操作界面**：系统应提供直观易用的操作界面，使非技术人员也能轻松管理数据分类分级。

7）**灵活的数据处理能力**：系统应能够处理各种类型和规模的数据集，支持大数据环境下的数据分类分级。

8）**安全与隐私保护**：系统在进行数据分类分级的同时，必须确保数据安全和用户隐私不被侵犯等。

数据分类分级系统可以帮助企业应对当前数据管理的挑战，实现数据资产的安全、合规和高效利用。

12.3.2　产品介绍

数据分类分级系统（见图12-3）基于智能引擎和分类分级模板实现企业和政府机构数据资产中的敏感数据分类分级自动识别，集中管控敏感信息的静态分布和动态变化，为数据脱敏、数据资产安全利用提供基础支撑，辅助决策人员制定数据安全方案。数据分类分级系统模块包括数据资产梳理、敏感识别、分类分级管理和策略管理，主要功能是数据资产梳理、分类分级管理。该系统通过自动发现技术，梳理出数据资产信息，包括数据分布的节点信息、数据库信息、数据流向信息等，并根据不同的行业标准和业务需求，对数据进行分类管理，例如按照数据类型、数据来源等维度进行分类，还可根据数据的敏感性和重要程度对数据进行分级管理，不同级别的数据有不同的访问权限和安全保障措施。数据分类分级系统可以帮助企业和政府机构实现对数据资产的全面管理和有效利用，提高数字化转型和信息化建设水平。数据分类分级系统适用于内部数据资产识别梳理、数据资产分布定位、监管要求检测等场景，有效地满足了企业和政府机构对数据资产摸底及管理的工作需求。

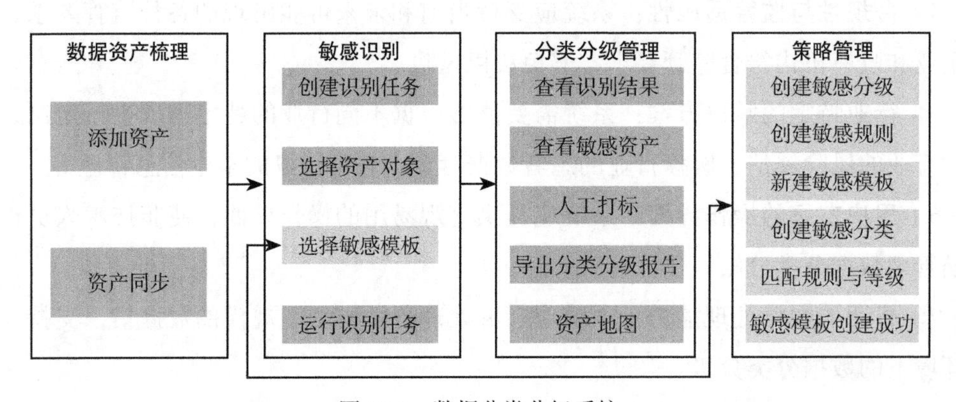

图 12-3 数据分类分级系统

数据分类分级系统应用广泛。金融行业需要对大量数据进行处理和分析，以支持风险评估、投资决策、欺诈检测等。数据分类分级系统可以帮助金融行业对数据进行分类、分级和管理，提高数据处理效率和准确性。医疗保健行业需要对患者的病历数据进行分类、分级，以便更好地了解患者的病情和治疗需求。数据分类分级系统可以帮助医疗保健行业对数据进行分类、分级和管理，提供更个性化的治疗方案和预测患者的疾病风险。教育行业需要对大量数据进行收集、分析和利用，以支持学生管理、教学研究、决策支持等。数据分类分级系统可以帮助教育行业对数据进行分类、分级和管理，提高数据处理效率和准确性。

12.4 数据脱敏系统

12.4.1 背景与需求

随着 DB 52/T 1126—2016《政府数据 数据脱敏工作指南》等一系列数据安全相关法规的实施，政府和企业面临着越来越大的数据处理合规压力。这些法规对数据脱敏的原则、方法和过程提出了明确要求，为数据脱敏工作提供了标准化的指导。《信息安全技术 个人信息安全规范》（GB/T 35273—2020）的实施，进一步明确了个人信息的处理规范，增加了数据控制者在处理个人信息时的责任和义务。《数据安全管理办法》的公开，特别是对个人信息匿名化处理的要求，体现了国家对于数据安全管理规范化的重视，旨在降低个人信息泄露的风险。近年来，数据库信息泄露事件频发，暴露了数据安全的薄弱环节，对数据库的安全性提出了更高的要求。在数据使用场景日益复杂的背景下，作为一种有效的数据保护手段，数据脱敏需求急剧增加。

12.4.2 产品介绍

数据脱敏系统（见图 12-4）是一套在保留原有数据的有效信息特征的情况下，通过对部分数据进行遮蔽、替换、混淆等，隐藏数据中敏感信息的系统。数据脱敏系统通过敏感数据发现和处理引擎自动扫描数据库，智能识别敏感数据。数据脱敏系统支持地址脱敏、URL 脱敏、身份信息脱敏、电话号码脱敏等多种脱敏方式，并支持自定义脱敏规则设置。数据脱敏系统还支持保留格式加密。通常的数据脱敏方法对敏感数据脱敏后无法恢复原始数据，而采用保留格式的加密算法对敏感数据进行脱敏，脱敏后的数据通过解密可以恢复原始数据。

数据脱敏系统的工作原理是通过识别和处理敏感数据，将其转化为非敏感的、可安全使用的数据格式，以保障数据的隐私性和安全性。根据不同的使用场景和需求，数据脱敏系统可以分为静态脱敏和动态脱敏两种。它们分别具有不同的特点和适用范围。数据脱敏系统有多种功能，可以有效地保护敏感数据的隐私性和安全性，防止数据被泄露和滥用。同时，数据脱敏系统还可以方便地进行数据共享和协作，提高数据的可用性和价值。

数据脱敏系统能解决以下问题。

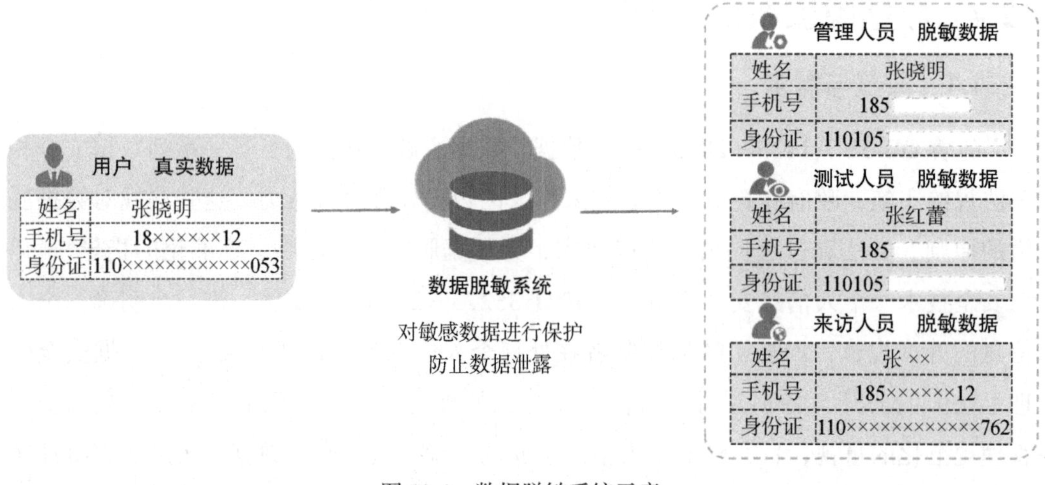

图 12-4 数据脱敏系统示意

1）防止重要数据泄露：在业务分析、开发测试、审计监管过程中，重要数据可能被泄露、非法利用，从而给企业造成经济损失。对重要的敏感数据进行脱敏处理，可严格防止敏感数据泄露、被利用。

2）实现不同安全域之间的数据安全流转：例如从内网到政务外网再到互联网，数据在不同安全级别的域中流转时，需要根据相关规定按需隐藏敏感信息。

数据脱敏系统广泛应用于企业开发、测试、共享等场景下的数据安全使用，降低开发、测试和数据交付过程中的泄露风险，保证隐私数据管理的政策合规性。开发、测试环境是业务人员为了更好地理解业务而专门搭建的环境。为了保障生产数据的安全，我们需要将生产环境中的敏感数据脱敏后放到开发、测试环境中使用。当我们需要将敏感数据共享给其他机构或个人时，为了保障数据的安全，我们需要对数据进行脱敏处理。

12.5 数据库加密系统

12.5.1 背景与需求

在数字化时代，数据库成为存储敏感信息的关键设备，涵盖个人身份信息、财务数据等。这些数据的安全至关重要，因为一旦发生泄露，不仅可能带来严重的法律责任，还可能导致重大的财务损失。数据泄露事件的频繁发生已经引起市场对于强化数据库内容保护的加密技术的高度关注。数据库加密系统需求迅速增加。

传统的数据加密方法通常在应用层实施，这不仅加大了应用程序的复杂性，也提高了维护的难度。透明加密技术的出现，提供了一种在数据库层面进行加密的解决方案，它对应用程序来说是透明的，大大简化了加密的管理工作。然而，数据加密本身并不足以全面防止未经授权的访问，这就需要将访问控制和可信计算技术相结合，从而在系统内核级别提供全面的数据安全保护。

面对来自外部的攻击者以及内部人员可能的非法访问和操作，企业急需一种能够提供全方位防护的安全系统。这样的系统不仅能够防范外部的安全威胁，还能够有效地管理和控制内部的访问权限，确保数据的安全性和完整性。

数据库加密系统在不需要业务系统改造的情况下，对数据库中的敏感数据进行透明加密，防止内外部风险造成数据泄露。

12.5.2　产品介绍

数据库加密系统（见图 12-5）利用透明加密技术对数据库中的敏感数据进行加密，并在对数据进行加密的基础上增加访问授权机制。任何访问加密数据的个人或应用都必须获得授权。此外，该系统采用可信计算技术从系统内核层面进行管控，以确保加密设备的安全，防止遭受攻击。该产品通过结合上层访问控制、中层敏感数据处理、底层密码技术和可信技术实现三重保护机制，从而增强防范内部与外部风险的能力，避免设备瘫痪和数据泄露。

该系统将数据的加密和解密过程从应用程序中抽象出来，在数据库内部进行加密操作，对应用程序则透明。这有助于避免在应用程序中进行加密和解密操作，降低了应用程序的复杂性，同时降低了应用程序的修改和维护难度。数据库加密系统可以实现在列级别、表级别或整个数据库级别进行加密操作。当需要访问加密数据时，数据库加密系统会自动解密数据，让应用程序可以像访问普通明文数据一样访问加密数据。此外，数据库加密系统还可管理用于加密和解密数据的密钥，并能够对加密数据的访问进行控制，确保只有经过授权的用户可以访问解密后的数据。

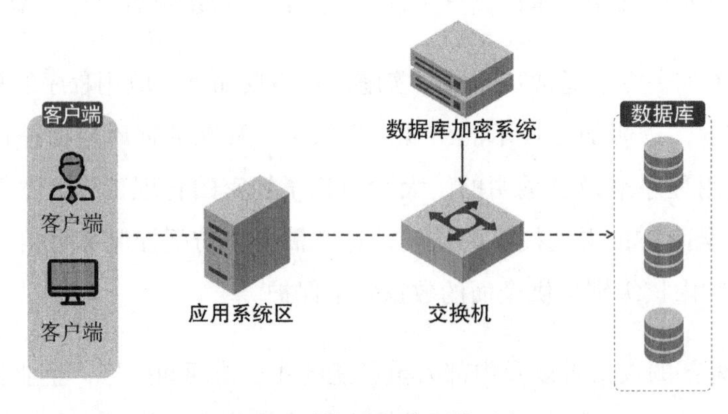

图 12-5 数据库加密系统示意

数据库加密系统可为客户带来以下价值。

1）防止数据泄露：通过对数据库中存储的数据进行密文处理，防止内外部操作导库、拖库造成数据泄露。

2）避免高权限风险：提供独立于数据库之外的权控体系，确保数据库的高权限人员无法越过加密机制查看密文数据，即使拥有 DBA 账号也无法越权访问密文数据，需得到本设备授权才能够访问。

3）访问行为安全审计：系统提供审计访问加密数据行为的功能，专门记录所有访问加密数据的行为，并提供丰富的查询条件。

4）满足合规要求：系统满足《网络安全法》中的采取数据分类、重要数据备份和加密等措施、《工业和信息化部关于近期部分互联网站信息泄露事件的通告》中的各互联网站采用加密方式存储用户信息以及等级保护、分级保护等相关要求。

12.6 数据库审计系统

12.6.1 背景与需求

随着政府部门、金融机构、企事业单位、商业组织等对重要数据库业务系统依赖程度的日益增强，数据库安全及数据安全问题越来越受到广泛关注。随着信息化建设、业务增长、系统上云等趋势的变化，各系统中的数据库服务器在不断增加，对数据库管理的方式和通道也日趋复杂多样。在如此繁杂的情况下，引发了如滥用特权账号、滥用合法权限、身份验证不规范、备份数据暴露、审计记录不足等各类安全问题，并加大了IT内控审计的难度。与此同时，数据安全问题日益突出，如系统和数据库的通信协议存在漏洞、SQL注入攻击、拒绝服务攻击、权限和账号被盗、弱口令等，给攻击者留下了可乘之机，也给管理者带来了管理层面的麻烦与困难。另外，目前国内外的很多标准、法律法规都要求相关组织单位建设安全的审计系统，并确保审计信息是安全、完整、可查及唯一的。

在普遍认知中，数据库审计系统是数据安全领域的入门级产品，历经近20年的发展，技术路线和产品定位不断革新与演变，如今已经逐渐发展为新一代智能化产品。从产品演进看，第一代数据库审计系统解决了从无到有的问题。第二代数据库审计系统通过语法解析技术实现了精准审计和告警。第三代数据库审计系统凭借全文检索、多进程并发等技术，实现了性能瓶颈的突破，真正开始审计大型业务系统上的应用。第四代数据库审计系统主攻智能发现、主动推送等智能技术方向，通过机器自学，聚类访问来源、操作行为特征、资产信息，全面掌握每个数据库被访问的基础情况，有效建立基线，形成高密度的可信边界。当访问来源及其操作行为发生变化时，自动伸缩基线，同时辅以通用型的轻量级策略，轻松建立防护圈，极大地降低人工参与，快速落地安全策略。此时，数据库审计系统已不再是独立系统，不再独立工作，而是为平台提供数据的输入。这样更能与Kafka、Flume、ELK等先进的大数据分析和流式处理技术结合，真正解决超大数据规模日志的利用问题。这也是未来数据安全保护的发展方向之一。

12.6.2　产品介绍

数据库安全审计系统（见图12-6）是一款基于SQL解析技术实时监控数据库安全的审计产品，通过对数据库操作、访问用户及外部应用用户的审计，为用户提供完整的数据库审计分析、合规报告，以及攻击威胁分析。该系统利用大数据搜索技术提供高效查询审计报告，定位事件原因，满足数据库安全和企业合规审计要求。

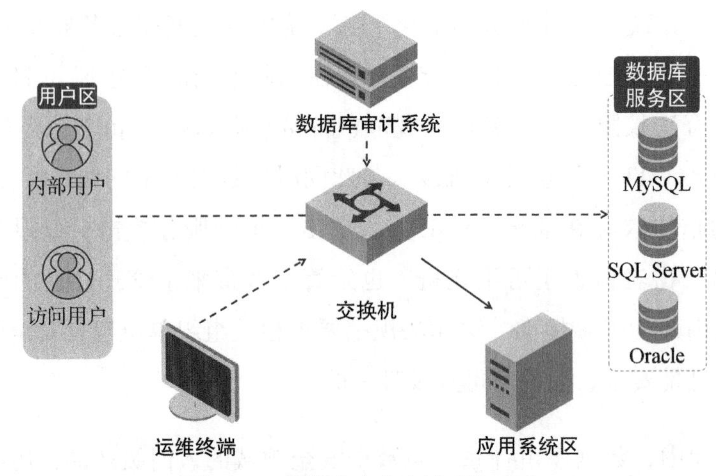

图 12-6 数据库安全审计系统示意

数据库安全审计系统的主要功能如下。

1）数据库资产自动梳理：基于嗅探技术（端口扫描），自动梳理数据库资产，快速添加规则进行审计。数据库的基本信息包括端口号、数据库类型、数据库版本、数据库实例名、数据库服务器 IP 地址等。

2）精确审计：能对 SQL 语句的执行结果（成功或失败）、执行时长、返回行数、绑定变量值进行深度解析，帮助客户有效地提升审计内容的精确性。

3）安全策略：提供黑白名单、自定义告警规则、审计例外等安全配置策略，帮助客户及时发现威胁，并告警。

4）监控数据库活动：实时监控数据库的访问行为，包括对数据库内容的查询、更新和删除等操作。

5）记录用户行为：记录用户对数据库的访问行为，包括用户名、操作时间、操作类型和操作结果等信息。

6）分析审计数据：对记录的审计数据进行综合分析，包括数据统计、异常检测和事件关联等，帮助企业了解数据库活动的特点和存在的风险。

7）提供告警功能：对异常操作和潜在的安全威胁提供实时告警，及时发现并阻止潜在的安全威胁。

8）生成审计报告：生成详细的审计报告，包括用户行为分析、异常检测结果和安全威胁概述等，帮助企业全面了解数据库的安全状况。

数据库安全审计系统能为客户带来以下价值。

1）降低数据资产管理成本：通过自动发现能力定位数据库基本信息，如数据库类型、数据库实例名、数据库服务器 IP 等，帮助梳理数据库底账，摸排僵尸库、临时库等，有效地提高了企业对于资产安全状况摸底及资产管理效率，降低了数据库资产管理成本。

2）全面摸查数据资产风险：分析数据库可能存在的安全缺陷，进行系统化的安全漏洞检查、安全配置核查，及时暴露当前系统的安全问题，帮助企业完成数据资产风险的全面、自动化摸查。

3）帮助企业快速溯源、追责：全面、精准地记录并展示数据库访问过程及操作结果，通过应用关联审计功能，对安全事件进行精准定位、追责到人，发现问题爆发点，以便快速解决。

4）满足相关法律法规要求：全面满足《网络安全法》《等级保护 2.0》等国家法律法规要求，同时满足行业 / 企业内控相关要求，如政府、金融、电信、互联网企业等行业安全相关规范。

12.7　数据内容智能分析平台

12.7.1　背景与需求

《中华人民共和国国民经济和社会发展第十四个五年规划和 2035 年远景目标纲要》强调了人工智能、云计算、大数据、物联网等关键产业的发展，以及智慧政务、智能交通、智慧教育、智慧医疗等数字化应用场景的推进，目的是加速构建数字社会和数字政府。

在政务和其他行业的数字化转型过程中，数据集成已经或正在迅速完成。现在，迫切需要采用大数据分析、语义分析等技术手段，从这些集成的数据中提炼出有价值的数据，形成数据资产。这不仅能优化业务流程，提高效率，还能为决策提供有力支持。

语义分析是一个技术密集型领域，涉及机器学习、深度学习、自然语言处理等多种人工智能基础技术，具有较高的技术门槛。由于不同行业的需求各不相同，数据特性多样，很难有一个统一的模型来解决所有业务场景中的问题。这就要求模型具有高度的定制化。

一个集成了人工智能底层技术的智能数据分析平台能够显著降低建模的难度，使先进技术应用于行业变得更加便捷。用户只需了解自己的业务和数据，无须深入了解复杂的人工智能技术和算法。通过平台的简单操作，用户就可以完成模型的建立、训练和验证，并获取专为特定行业定制的算法模型，进而将其部署在行业应用中。这样的平台能够为行业用户提供智能化服务，帮助他们改善业务流程、提升工作效率、挖掘数据价值。

12.7.2 产品介绍

数据内容智能分析平台（见图12-7）基于人工智能技术，面向数据内容（结构化、非结构化数据），提供数据内容智能化分析和服务能力，为业务数字化、智能化建设，以及基于数据的智能分析和决策提供技术支撑。

该平台包括语义学习系统、语义运行系统、语义能力库3个子系统。其中，语义学习系统用于训练模型；语义运行系统与客户应用系统对接，为客户应用系统提供基于语义内容的智能化服务；语义能力库由训练后的模型组成。

该平台能为客户带来以下价值。

1）轻松定制行业AI模型：用户无须关注复杂的人工智能算法，通过平台进行简单操作即可进行模型设计、构建、训练、评估和发布，获得专业的算法模型。

2）加速行业AI应用落地：平台积累的业务经验、模型可以在不同行业与领域共享，缩短 AI 系统构建周期，加速行业 AI 应用落地。

3）降本增效，科学决策：业务应用通过标准接口对接平台，轻松获得专业的智能化服务，实现业务数据智能处理，大幅减少人工工作量、提升工作效率、优化服务体验，降低工作成本，并依托智慧化服务，快速提升科学决策能力。

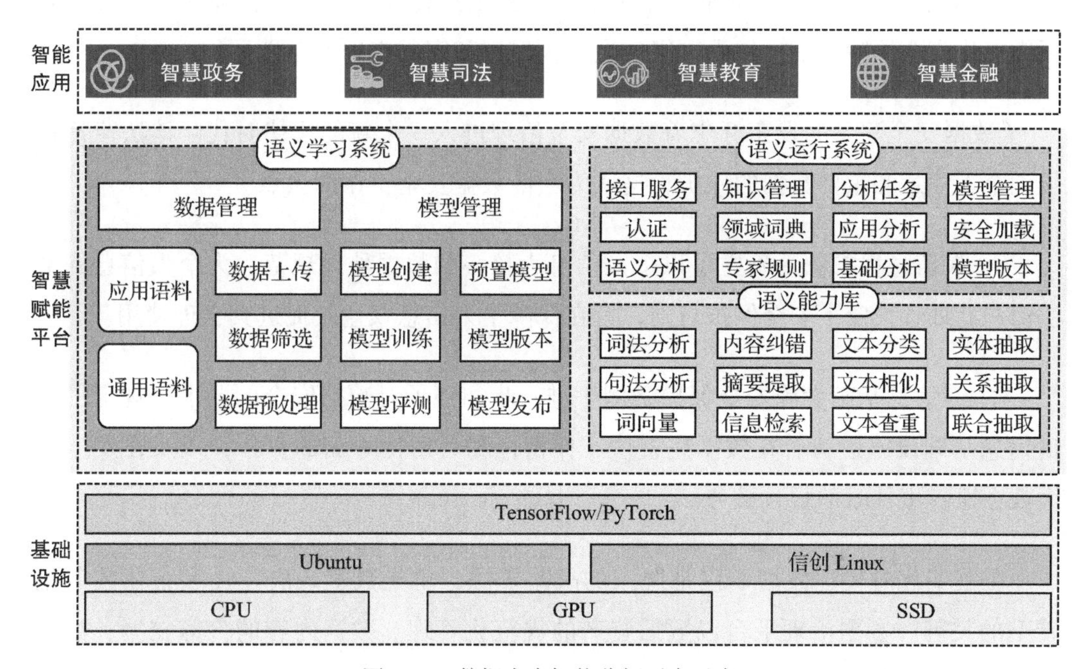

图 12-7　数据内容智能分析平台示意

该平台可以根据行业应用系统的数据训练模型，为客户提供文本分类、内容纠错、词法分析、联合抽取、摘要提取等基于自然语言处理技术的数据智能化服务能力。该平台可广泛应用于智慧审批、政府办公、电子商务、电子政务、智慧法务、金融风控等领域，为政企科学决策提供技术支撑。在电子政务领域，该平台可用于用户服务信息智能检索推荐、公文辅助分类审批办理、智能查重纠错等场景。在智慧法务领域，该平台可用于案件推理、法律智能问答、文件内容抽取及风险评估等场景。在金融风控领域，该平台可用于各类申请披露文件、报告内容信息抽取、智能审核、在线信息咨询等场景。

12.8 数据治理平台

12.8.1 背景与需求

国家“十四五”规划提出建立健全数据治理体系，研究完善行业数据安全管理政策，推动提升重要设施的安全可靠水平，增强重点行业数据安全保障能力，支持开展常态化安全风险评估，加强网络安全等级保护和密码应用安全性评估。

《数据安全法》的发布标志着数据安全治理进入一个新的法律时代。该法律特别强调个人信息和重要数据的保护，这成为当前数据安全工作的焦点。

《个人信息保护法》确立了以个人信息为核心的数据处理规范，为个人信息的全生命周期处理设定了安全保护规则，旨在保障个人信息权益并促进其合理使用。

《关键信息基础设施安全保护条例》进一步加强了对数据安全的要求，规定了关键信息基础设施运营者在数据完整性、保密性和可用性方面的责任，以及在发生重大数据泄露事件时的报告义务。

在数字化时代，数据不仅是国家的战略资源，也是数字政府建设和企业数字化转型的关键。数据治理平台以数据资产的规范化管理、数据内容的价值挖掘、数据安全管控和非结构化数据管理为核心，支持党政机关和企业快速构建数据平台，整合多部门的业务数据，提供数据存储、数据治理、数据安全管控和数据智能化服务。它构建了一个完整的政企大数据解决方案，全面提升了企业的数字治理能力，确保了企业资产的安全，为各类决策提供了科学的数据支持。

12.8.2 产品介绍

数据治理平台（见图 12-8）致力于推动“数据驱动”发展，提升数据资产价值，并确保数据安全使用。该平台融合多个业务系统，实现数据集成、数据建模、数据质量管理、数据服务、数据资产管理、数据价值开发等，帮助客户建立符合自身特征的数据架构和数据治理体系，构建满足资产性、凭证性、流通性的可信的数据管理中心，高效管理和利用数据，挖掘数据价值，支撑组织战略。该平台符合 GB/T 36073—2018《数据管理能力成熟度评估模型》以及《DAMA 数据管理知识体系指南》。

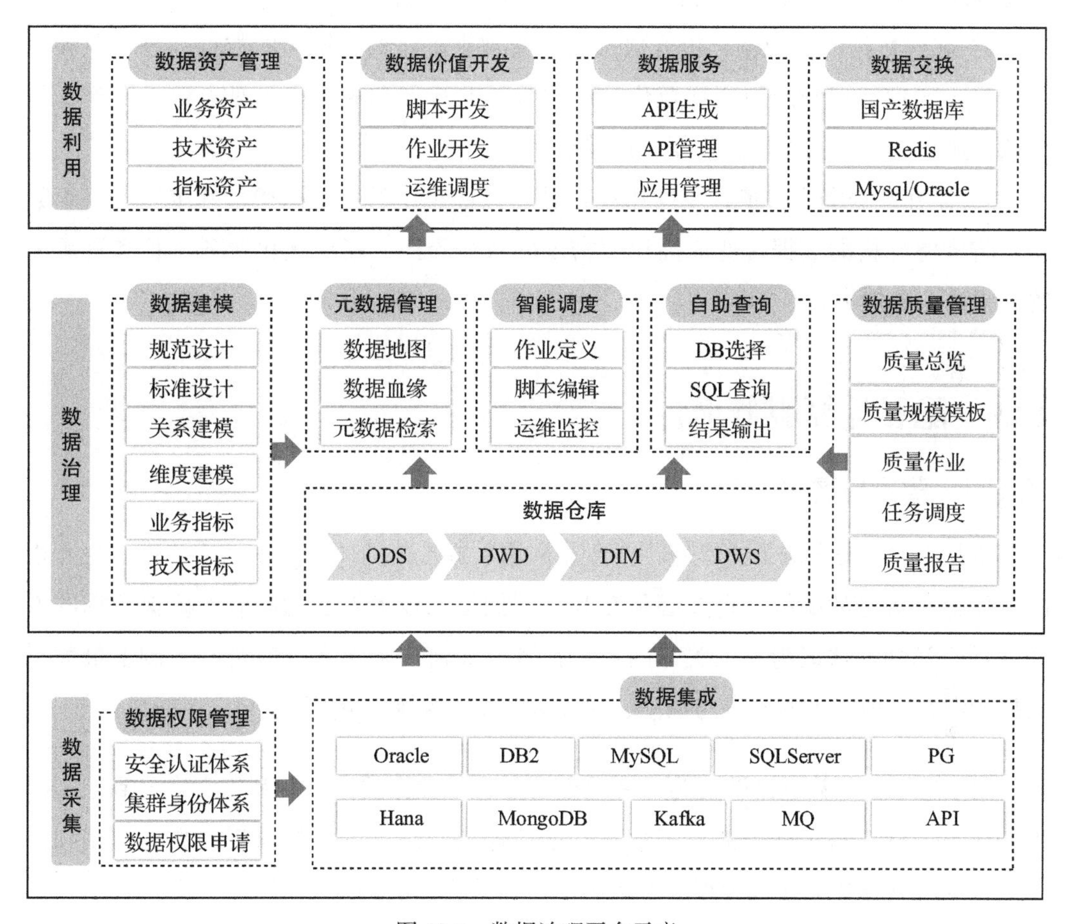

图 12-8　数据治理平台示意

数据治理平台基于各种组件进行治理，提供数据采集、元数据管理、标准管理、数据质量管理、数据服务等功能，满足多种数据处理和分析需求。该平台借助人工智能、深度学习等技术，深入分析和挖掘数据资产内容，提高数据治理效率，提升数据资产价值。

数据治理平台能为客户带来以下价值。

1）实现数据共享，促进数据管理：从数据层打通多个业务系统，打破数据孤岛，实现数据资产互联互通。将数据从业务系统中抽离出来，将数据的所有权、使用权、交易权还给组织，实现不依赖业务系统的、真正的数据管理。

2）统一数据治理规范，提升数据资产管理水平：构建统一的数据治理规范和数据体系，实现数据资产管理规范化，以便数据共享及利用。全面盘点数据资产，厘清数据血缘关系，实时掌握数据资产状况。

3）提升数据资产价值，支撑组织运营：按照组织的经营期望指标维度来组织数据，将多源异构的数据转变成高价值密度的数据资产，指导优化业务流程和资源配置，提高业务能力。

12.9 隐私计算服务平台

12.9.1 背景与需求

随着《数据安全法》的实施，企业在利用数据价值的同时，也面临着遵守更严格的数据保护规定的挑战。企业必须在利用数据推动业务发展的同时，确保数据的安全性和隐私性。这成为一项关键的双重任务。如何在确保数据安全的基础上最大化数据的潜在价值，平衡效率与风险，是企业当前必须解决的问题。

在信息时代，数据已转变为一种关键资产，但数据的共享和利用常常受到隐私保护的挑战。许多组织和个人对于数据共享持保留态度，主要是由于对数据滥用和泄露的担忧，这种顾虑在很大程度上阻碍了数据共享发展的潜力。

为了解除这些障碍，隐私计算提供了一种创新的解决方案。这项技术允许在不泄露原始数据内容的前提下进行数据的计算和分析，从而在不牺牲隐私的情况下实现数据的有效共享和利用。隐私计算技术包括多方安全计算（MPC）、同态加密（HE）、可信执行环境（TEE）等，已经在多个领域得到应用。它们为数据在流通过程中的隐私保护提供了强有力的支持。这些技术不仅保护了数据所有者的权益和个人隐私，而且促进了数据的流通和深度挖掘，实现了数据价值最大化。

因此，隐私计算是推动数据经济发展的关键驱动力。它为数据的安全共享和价值创造提供了新的可能性，帮助企业在遵守法律法规的同时，实现数据资产的战略利用。

12.9.2　产品介绍

隐私计算服务平台（见图12-9）是一种基于隐私保护技术的数据处理平台，旨在解决数据隐私和数据共享之间的矛盾。

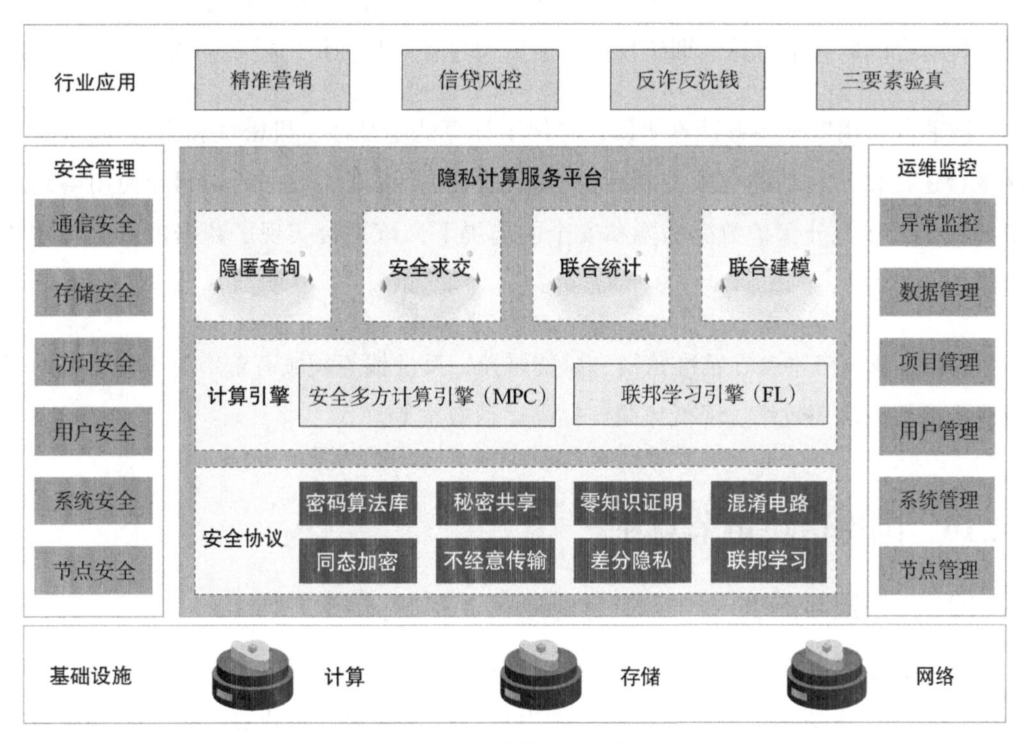

图12-9　隐私计算服务平台示意

隐私计算服务平台结合同态加密、不经意传输、秘密共享等密码技术，在保护数据本身不对外泄露的前提下，实现数据分析计算，达到对数据“可用不可见”的目的。该平台提供了基础数学运算能力和复杂场景的多方联合计算能力，确保处理过程中数据全程保持加密状态。该平台提供隐匿查询、安全求交、联合统计、联合建模等功能。该平台使用多方安全计算技术进行隐匿查询，将发起方提交的查询请求和数据进行联合计算，生成查询结果，并将结果加密返回给发起方，不暴露发起方查询请求。该平台使用安全多方计算技术进行安全求交计算，将发起方和合作方的数据集在密态下求交，发起方得到交集结果，确保除交集外的数据在计算过程中不被泄露。该平台使用安全多方计算技术按照约定好的算法进行联合统计，将发起方和合作方的数据集在密态下计算，发起方得到计算结果，确保任何原始数据不被泄露。该平台以可视化方式进行联合建模，具体为选择多方数据进行样本对齐，然后针对样本数据进行归一化、特征分箱、特征筛选等数据预处理及特征工程实现，选择一种适合的联邦学习算法训练模型，最后通过各种指标评估模型的效果。

该平台采用安全多方计算协议，确保了计算的隐私性、机密性和完整性。同时，该平台还提供了灵活的权限控制和身份验证机制，以确保数据的访问和使用得到严格的控制。在充分保护数据和隐私安全的前提下，该平台实现了数据价值的转化和释放。

隐私计算服务平台在精准营销、风贷风控、反洗钱等领域有着广泛应用，有助于企业提高数据利用效率、降低风险、提高运营效率等。

12.10 国密区块链节点机

12.10.1 背景与需求

在数字经济蓬勃发展中，区块链技术以其独特的去中心化、不可篡改和公开透明的特性，成为推动多个行业革新的关键力量。作为一种分布式账本技术，区块链在金融、医疗、教育等多个领域展现出了巨大的潜力和价值。

2019 年 2 月，国家互联网信息办公室发布了《区块链信息服务管理规定》，为区块链信息服务的健康发展提供了规范。同年 10 月，习近平在中央政治局第十八次集体学习时强调，区块链技术的集成应用在新的技术革新和产业变革中起着重要作用。随后，在 2021 年发布的“十四五”规划中，区块链被明确列为七大数字经济重点产业之一，标志着其在国家战略层面的重要地位得到了进一步的确认。

党的二十大报告提出要建设数字中国，加快发展数字经济，并促进数字经济与实体经济的深度融合，打造具有国际竞争力的数字产业集群。区块链技术在这一过程中扮演着至关重要的角色。它不仅能够促进数据共享，优化业务流程，降低运营成本，提升协同效率，还能够为数字经济的发展构建一个可信赖的体系。区块链技术的这些优势对于实现新发展理念、构建新发展格局、推动高质量发展具有不可替代的作用。

随着技术的成熟和应用案例的增多，区块链技术已经不再是一个遥远的概念，而是实实在在地站在了时代的前沿，成为数字经济时代的一个重要标志。企业和政府机构正在积极探索区块链技术的应用，以期在确保数据安全、提高透明度和效率的同时，探索新的商业模式和服务模式，为社会经济的发展注入新的动力。

12.10.2　产品介绍

区块链节点机是一种硬件设备，它连接到区块链网络并参与验证和确认交易。国密区块链节点机（见图 12-10）以国密算法作为加密和签名算法，确保用户数据和交易的安全性和隐私性。它的主要功能包括验证交易、存储区块链、参与共识过程、安全管理等。区块链节点机会对交易进行验证，确保它们是有效的并且符合区块链网络的规则。区块链节点机存储了区块链的副本，以便能够跟踪交易历史并验证新的交易。区块链节点机参与区块链网络的共识过程，这涉及确认交易、添加新的区块到区块链以及处理网络上的冲突。区块链节点机使用加密技术来保护数据的安全，并防止欺诈活动，对于维护和运行区块链网络是至关重要的。在共识算法上，区块链节点机支持 PBFT、Raft 算法，以及可扩展的共识机制，具有较高的系统的吞吐量和交易速度。在网络架构方面，该产品采用了分层架构和分布式存储技术，以提高系统的可靠性、可扩展性和性能。

国密区块链节点机是一个去中心化的数据库，集合了分布式数据存储技术、点对点传输技术、共识机制、加密算法等，具有以下特点。

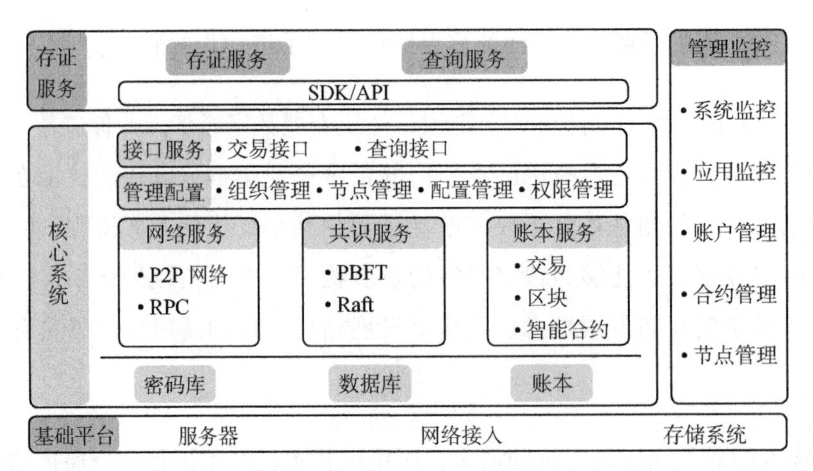

图 12-10 国密区块链节点机示意

1）区块链数据不可篡改、信息公开透明且同步更新。

2）采用硬加密技术，实现区块链硬件加密机制。

3）符合最新的《区块链密码应用技术要求》，符合区块链检测标准。

4）采用分布式节点，计算效率更高。

5）支持集群方式部署。

国密区块链节点机能为客户带来以下价值。

1）可信信息共享机制：提供真实的信息，建立基于区块链控制的共享机制。

2）提高部署便捷性：区块链是软硬一体化设备，简单上链，快速组链。

3）保障数据隐私安全：数据哈希值上链，保证数据隐私和主权。

4）助力数字资产确权：区块链的分布式、不可篡改、可追溯、公开透明、交叉验证等特性，能够有效明确数据所有权。这些特性使数据流通过程可以被跟踪和监管，从而实现数据收益的合理分配，以及数据生产要素等数字资产在市场上实现高效配置。

5）建立互认互信机制：区块链可以不依托权威信息中心和市场经济环境形成一个基于用户密码算法的信任管理机制，建立互认互信任关系。

国密区块链节点机可广泛应用于金融、物联网、供应链等领域，以实现数字化服务的协作和交互等。

12.11　统一安全认证系统

12.11.1　背景与需求

信息技术的飞速发展，企业信息化建设水平的不断提升，业务应用的深入普及和技术的日益复杂化，对信息安全管理提出了更高的要求。在数字化时代，企业面临的信息安全挑战不仅仅局限于传统的网络安全防护，还扩展到了身份认证、数据保密、信息完整性和操作抗抵赖性等多个层面。

尽管现有的网络安全防御体系如网络访问控制、入侵检测与防御系统在网络层面提供了有效的安全保障，但在用户身份验证、数据加密、关键操作审计和责任追踪等方面，仍然存在不小的挑战。特别是在身份认证领域，由于缺乏统一的认证标准和平台，不同业务系统往往采用不同的认证方法，这不仅增加了用户的操作复杂性，也给信息安全管理带来了诸多不便。

当前，企业普遍面临以下安全认证问题。

1）后端需要维护多个认证服务器和系统（由不同厂商提供），导致部署和运维管理的复杂度增加。

2）分散的认证策略分布在各个应用中，需要与多个认证系统接口对接，增加了系统集成的难度。

3）现有认证体系难以快速适应新的认证技术和设备的引入，缺乏灵活性和扩展性。

为了解决这些问题，提高信息安全管理的效率和效果，建议构建一个统一的认证管理服务系统。该系统应基于对现有信息化应用现状的深入分析和对业务需求的准确把握，实现以下核心目标。

1）提供一个集中的认证平台，支持多种认证机制，包括但不限于密码、生物识别、多因素认证等。

2）实现跨系统、跨平台的身份认证和访问控制，简化用户认证流程，提升用户体验。

3）支持快速集成新的认证技术和设备，保持系统的前瞻性和适应性。

4）强化安全审计和责任追踪功能，确保操作的可追溯性和抗抵赖性。

通过建立统一的安全认证服务系统，企业可以实现对身份认证流程的集中管理和控制，降低运维成本，提高安全性和便捷性，从而更好地应对信息化时代的安全挑战。

12.11.2 产品介绍

统一安全认证系统（见图 12-11）为数据治理整体能力提供基础支撑，能够实现账户的身份认证方式统一管理。该系统能够为组织内的多套业务系统提供用户名口令认证、短信认证、数字证书认证以及二维码认证等多种认证手段，能够实现多系统单点登录，提供统一的权限管理功能，统一管理用户信息及账号，并且可以集中控制用户访问资源的操作权限。该系统包括认证服务管理、组织 / 用户管理、权限引擎管理、日志服务管理等功能。该系统支持移动端和 PC 端的同步认证，支持主流的信创平台，使用的数字证书认证体系符合国家密码管理局相关标准。

统一安全认证系统可为客户带来以下价值。

1）提供多种认证方式，满足不同场景需求：系统支持数字证书、短信认证、动态口令认证、生物特征认证等多种认证方式，支持移动端和 PC 端的同步认证，适用于多种场景。

2）建设 PKI/CA 认证体系，提高应用安全等级：建设 PKI/CA 认证体系，为信息系统用户签发数字证书。

3）统一管理，实现多系统集成和单点登录：能够实现多系统单点登录，提供统一的权限管理功能，统一管理用户信息及账号，并且可以集中控制用户访问资源的操作权限。

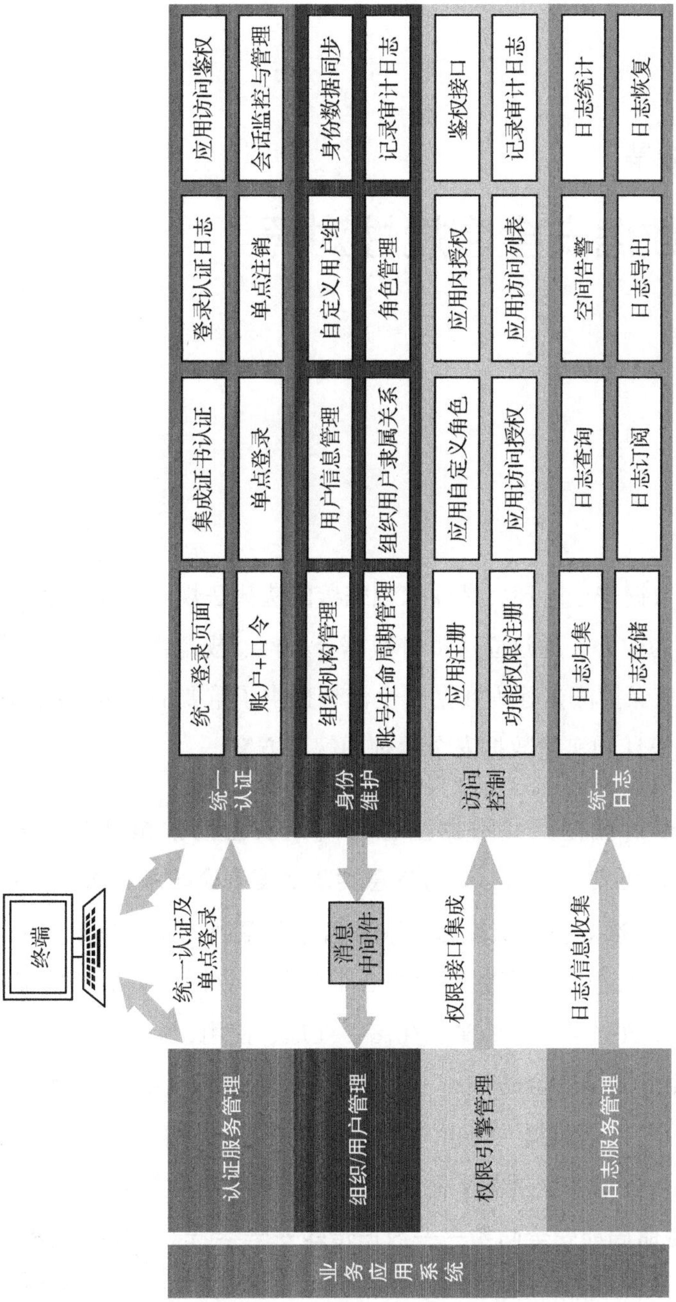

终端
统一认证及单点登录
消息中间件
权限接口集成
日志信息收集

业务应用系统
认证服务管理
组织/用户管理
权限引擎管理
日志服务管理

统一认证
统一登录页面
集成证书认证
登录认证日志
应用访问鉴权
账户+口令
单点登录
单点注销
会话监控与管理

身份维护
组织机构管理
用户信息管理
自定义用户组
身份数据同步
账号生命周期管理
组织用户隶属关系
角色管理
记录审计日志

访问控制
应用注册
应用自定义角色
应用内授权
鉴权接口
功能权限注册
应用访问授权
应用访问列表
记录审计日志

统一日志
日志归集
日志查询
空间告警
日志统计
日志存储
日志订阅
日志导出
日志恢复

图 12-11 统一安全认证系统示意

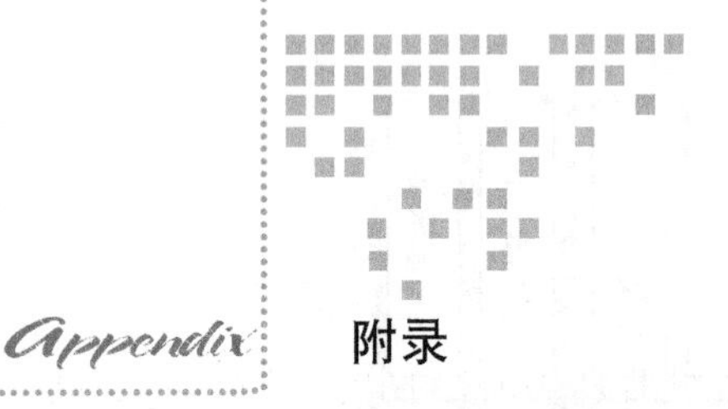

Appendix 附录

数据安全合规性对照

实现有效的数据安全治理，必须依赖完善的法律法规及行业标准。国内法律法规监管逐渐以数据为中心，通过立法提升数据合规性、规范性。《网络安全法》《数据安全法》《个人信息保护法》等为数据安全治理提供了重要的依据。我们应根据法律法规及行业标准来设计和实施数据安全治理的解决方案。

1）**数据安全治理框架和数据全生命周期安全防护措施整体安全参照 GB/T 39477—2020《信息安全技术　政务信息共享数据安全技术要求》（以下简称《数据安全技术要求》）标准。**该标准提出了政务信息共享数据安全技术要求框架，涵盖数据准备、共享数据交换和共享数据使用 3 个阶段。数据安全治理框架和数据全生命周期安全防护覆盖数据采集、传输、存储、处理、使用、共享、销毁 7 个环节。

2）**数据全生命周期安全防护——数据采集安全参照《数据安全技术要求》标准。**该标准“6.1.1 共享数据归集”要求共享数据提供方在归集共享数据过程中应采用身份鉴别、数据源认证等安全机制来保障共享数据来源的真实性。

3）**数据全生命周期安全防护——数据传输安全参照《数据安全技术要求》标准。**该标准“6.2.4.4 安全传输”规定服务方在数据交换过程中对传输的安全要求，应采用符合 GM/T 0054 等相关标准规定的密码技术，保证通信过程中数据的保密性和完整性；应具备监控数据传输过程的能力，发现问题时能及时告警并进行阻断等。

4）**数据全生命周期安全防护——数据存储安全参照《数据安全技术要求》标准。**该标准“6.3.2.1 数据存储安全”规定使用方在共享数据存储过程中对存储安全的要求，提出应对数据存储环境进行分域分级设计；应根据数据重要性、量级、使用频率等因素将数据分域分级存储；应对敏感数据分布式存储；应按照 GB/T 35273 的要求存储个人信息，防止个人信息通过关联分析等技术手段被恢复等。

5）**数据全生命周期安全防护——数据处理安全参照《数据安全技术要求》标准。**该标准“6.3.1 数据处理”给出了身份鉴别、访问控制、授权管理、数据脱敏、数据加密、数据防泄露、分布式处理、数据处理溯源、数据分析、审计等相关安全要求。

6）**数据全生命周期安全防护——数据使用安全参照《数据安全技术要求》标准。**该标准“6.3.5 数据使用监管”规定数据监管功能应满足使用监管安全技术要求，共享数据提供方应基于国家相关法律法规对数据使用和分析处理的相关要求建立数据使用监管机制，约束数据使用方对共享数据的使用等。

7）**数据全生命周期安全防护——数据共享安全参照《数据安全技术要求》标准。**该标准“5 政务信息共享安全框架”提出了政务信息共享交换业务模型、政务信息共享数据安全技术要求框架，规定了政务信息共享过程中共享数据准备、共享数据交换、共享数据使用阶段的数据安全技术要求以及相关基础设施的安全技术要求。

8）**数据全生命周期安全防护——数据销毁安全参照《数据安全技术要求》标准。**该标准“6.3.4 数据销毁”规定数据销毁功能应满足数据销毁安全技术要求，包括应建立符合数据销毁策略和管理制度的销毁审批机制，记录审批过程；应在销毁审批后以不可逆方式销毁数据内容；应对数据销毁处理过程相关的操作进行记录，以满足安全审计的要求。

9）**数据资产参照 GB/T 40685—2021《信息技术服务 数据资产 管理要求》标准。**该标准对数据资产管理提出了管理总则、管理对象、管理过程和管理保障等。其中，管理过程包括数据资产目录管理、数据资产识别、数据资产确权、数据资产应用、数据资产盘点、数据资产变更、数据资产处置、数据资产评估、数据资产审计和数据资产安全管理等。

10）数据分类分级参照《数据安全法》、《个人信息保护法》、GB/T 41479—2022《信息安全技术 网络数据处理安全要求》等。《数据安全法》第二十一条提出国家建立数据分类分级保护制度，根据数据在经济社会发展中的重要程度，以及一旦遭到篡改、破坏、泄露或者非法获取、非法利用，对国家安全、公共利益或者个人、组织合法权益造成的危害程度，对数据实行分类分级保护。《个人信息保护法》第五章第五十一条提出对个人信息实行分类管理，采取相应的加密、去标识化等安全技术措施。《信息安全技术 网络数据处理安全要求》规定网络运营者应按照相关国家标准，根据合同规定和业务运营需要，对所识别的数据进行分类分级管理。

11）数据分类分级流程及实施方法参照《网络安全标准实践指南——网络数据分类分级指引》（以下简称《指引》）。在宏观数据分级原则上，该《指引》参照以下原则对网络数据分类分级：合法合规原则、分类多维原则、分级明确原则、就高从严原则和动态调整原则等。在数据分类框架上，该《指引》按照公民个人维度、公共管理维度、信息传播维度、行业领域维度和经营组织维度对数据进行分类。在数据定级上，该《指引》将数据从低到高分成一般数据、重要数据、核心数据3个级别。

12）数据安全风险评估实施流程参照《数据安全法》和GB/T 20984—2022《信息安全技术 信息安全风险评估方法》（以下简称《评估方法》）。《数据安全法》第二十二条提出要建立数据安全风险评估、安全事件报告、监测预警机制，通过数据安全风险信息的获取、分析、研判、预警等手段，结合数据安全事件应急处置机制，实现数据安全事前、事中和事后的全流程保障。

13）数据安全风险评估——评估标准参照《评估方法》。该标准的新版描述了信息安全风险评估的基本概念、风险要素关系、风险分析原理、风险评估实施流程和评估方法，以及风险评估在信息系统生命周期不同阶段的实施要点和工作形式。

14）数据安全风险评估——风险识别参照《评估方法》。该标准规定在资产识别中，基于业务的范围和边界，对业务资产、系统资产、系统组件和单元资产进行识别与分析。其中，业务为风险评估的最高管控对象。在威胁识别中，从威胁的来源、主体、动机等角度出发，根据威胁的行为能力和频率，结合威胁的不同时机进行识别和分析。在已有安全措施分析中，将安全措施进行保护性和预防性的分类，结合威胁对已有安全措施的有效性进行分析。在脆弱性识别中，从管理和技术两个角度出发，对脆弱性被威胁利用的难易程度以及脆弱性被利用后对资产造成的损失进行分析。

15）**数据安全风险评估——风险分析和评价参照《评估方法》**。该标准规定在风险分析与评价中，依据风险计算模型对单个资产的风险进行风险值的计算与等级划分，并按照一定的规则，从资产的风险现状推断出业务的风险情况。

推荐阅读

数据大泄漏：隐私保护危机与数据安全机遇

作者：[美] 雪莉·大卫杜夫 ISBN：978-7-111-68227-1 定价：139.00元

数据泄漏可能是灾难性的，但由于受害者不愿意谈及它们，因此数据泄漏仍然是神秘的。本书从世界上最具破坏性的泄漏事件中总结出了一些行之有效的策略，以减少泄漏事件所造成的损失，避免可能导致泄漏事件失控的常见错误。

Python安全攻防：渗透测试实战指南

作者：吴涛 等编著 ISBN：978-7-111-66447-5 定价：99.00元

一线开发人员实战经验的结晶，多位专家联袂推荐。

全面、系统地介绍Python渗透测试技术，从基本流程到各种工具应用，案例丰富，便于掌握。

网络安全与攻防策略：现代威胁应对之道（原书第2版）

作者：[美] 尤里·迪奥赫内斯 等 ISBN：978-7-111-67925-7 定价：139.00元

Azure安全中心高级项目经理 & 2019年网络安全影响力人物荣誉获得者联袂撰写，美亚畅销书全新升级。 涵盖新的安全威胁和防御战略，介绍进行威胁猎杀和处理系统漏洞所需的技术和技能集。

网络安全之机器学习

作者：[印度] 索马·哈尔德 等 ISBN：978-7-111-66941-8 定价：79.00元

弥合网络安全和机器学习之间的知识鸿沟，使用有效的工具解决网络安全领域中存在的重要问题。基于现实案例，为网络安全专业人员提供一系列机器学习算法，使系统拥有自动化功能。

推荐阅读

网络空间安全导论

书号：978-7-111-57309-8 作者：蔡晶晶 李炜 主编 定价：49.00元

网络空间安全涉及多学科交叉，知识结构和体系宽广、应用场景复杂，同时，网络空间安全技术更新速度快。因此，本书面向网络空间安全的初学者，力求展现网络空间安全的技术脉络和基本知识体系，为读者后续的专业课程学习打下坚实的基础。

本书特点

◎ 以行业视角下的网络空间安全技术体系来组织全书架构，为读者展示从技术视角出发的网络空间安全知识体系。

◎ 本书以技术与管理为基础，内容从网络空间安全领域的基本知识点到实际的应用场景，使读者了解每个网络空间安全领域的知识主线；再通过完整的案例，使读者理解如何应用网络安全技术和知识解决实际场景下的综合性问题。

◎ 突出前沿性和实用性。除了基本的网络空间安全知识，本书还对大数据、云计算、物联网等热点领域面临的安全问题和企业界现有的解决方案做了介绍。同时，书中引入了很多实际工作中的案例，围绕安全需求逐步展开，将读者引入实际场景中，并给出完整的解决方案。

◎ 突出安全思维的培养。本书在介绍知识体系的同时，也努力将网络空间安全领域分析问题、解决问题的思维方式、方法提炼出来，使读者学会从网络空间安全的角度思考问题。